康有爲學術著作選

康南海自編年譜（外二種）

康有爲 著
樓宇烈 整理

中華書局

圖書在版編目(CIP)數據

康南海自編年譜:外二種/康有爲著;樓宇烈整理. -北京:中華書局,1992.9(2012.7 重印)
(康有爲學術著作選)
ISBN 978-7-101-00514-1

Ⅰ.康…　Ⅱ.①康…②樓…　Ⅲ.康有爲(1858~1927)-年譜　Ⅳ.B258

中國版本圖書館 CIP 數據核字(2012)第 054185 號

康有爲學術著作選
康南海自編年譜(外二種)
康有爲 著
樓宇烈 整理
*
中 華 書 局 出 版 發 行
(北京市豐臺區太平橋西里 38 號　100073)
http://www.zhbc.com.cn
E-mail:zhbc@zhbc.com.cn
北京瑞古冠中印刷廠印刷
*
850×1168 毫米 1/32・8¾印張・2 插頁・185 千字
1992 年 9 月第 1 版　2012 年 7 月北京第 2 次印刷
印數:2001-5000 册　定價:27.00 元

ISBN 978-7-101-00514-1

點校説明

一、康南海自編年譜在康氏生前並未刻印，僅有抄本流傳。一九五三年，翦伯贊等編輯戊戌變法史料，首次據趙豐田所藏抄本與康同璧所藏抄本對校付印。此次整理即根據這一刊本，除增入公元紀年，改正其中個別明顯誤字和標點外，一律仍舊。

二、南海康先生年譜續編是康有爲次女康同璧（字文珮）在康有爲晚年天游學院門人任啓聖的協助下於一九五八年編成初稿的。康氏自編年譜記事止於一八九八年戊戌變法這一年，年譜續編則自一八九九年起，記至一九二七年康氏逝世止。年譜續編編成後，曾印成少量油印本，在康氏家族及門人中流傳，以後經過幾次修改。一九七六年，康氏晚年天游學院門人蔣貴麟在他編輯的康南海先生遺著彙刊中，初次正式刊出年譜續編。之後沈雲龍主編的近代中國史料叢刊中也收入了此書。此次即根據蔣貴麟刊本整理出版。

三、年譜續編中摘引康有爲詩文極多，除少數未發表過的手稿外，大部分都是已發表過的。但是康同璧在編選時，對這些已發表過的詩文，有的採用正式發表時的定稿，有的則採用未經改定的初稿，不完全統一。蔣貴麟刊本校勘甚粗疏，訛誤衍脱處甚多。此次整理時，凡已正式發表的詩文，均對照其他刊本加以校勘補正。少數按原手稿所録詩文，只要文意通順，則一仍其舊，不按發表本校改，以便讀者對照比較。由於校正之處甚多，且均據已發表的通行本改正，因此未一一出注説明。

四、由於未能讀到年譜續編最初的油印本以及後來的修改本，所以對於其間的增删與區別，無法作詳細比較。此次僅就見到的少數幾處較爲重要的異文，在相應處作注説明，以供參考。

五、梁啓超著康有爲傳，是了解康有爲生平，特别是他的學術思想的重要材料。所以特從飲冰室文集中録出，附於康氏年譜之後，以便參考。

樓宇烈

一九八六年二月

目録

康南海自編年譜

原編者按：此年譜係根據趙豐田所藏鈔本録下，後經與康同璧所藏鈔本對校。原文至光緒二十四年爲止。

始祖建元。南宋時，自南雄珠璣里，始遷於南海縣西樵山北之銀塘鄉，又名蘇村。

高祖輝，字文耀，號炳堂。嘉慶舉人，誥封榮禄大夫廣西布政使，邑志有傳。

高祖妣方、鄭。誥封太夫人。

曾祖健昌，又名式鵬，號雲衢。誥封資政大夫福建按察使。

曾祖妣梁。誥封太夫人。

祖贊修，又名以乾，號述之。道光舉人，升用教授連州訓導。

祖妣陳。誥封太夫人。

父達初，字植謀，號少農。提舉銜，江西補用知縣。

母氏勞。誥封宜人。

廣東廣州府南海縣江浦司銀塘鄉民籍。

咸豐八年戊午（一八五八年），二月初五日，生於其鄉敦仁里老屋中，太宜人胎十一月而生。時已有女兄二人，長者殤矣，祖父母望孫切矣。於時連州公官欽州學正，聞而欣喜，錫名曰「有欽」。在遠寄未及至，伯祖知府公名之曰「有爲」。連州公有詩記之，聞長孫有欽生：「久切孫謀望眼穿，震雷未發巽風先。漫將璋瓦猜三索，忽報桑弧晝一乾。畫省孤燈官獨冷，書香再世汝應延。可憐大母含朝露，空話含飴慰九泉。」時陳太恭人以先年十二月新喪。連州（似遺一「公」字）囑勿刻詩，數遷而亡，今存之以記祖德。

吾家自九世祖惟卿公爲士人，至於吾爲二十一世，凡爲士人十三世矣。炳堂公爲馮魚山編修老弟子，又與馮潛齋郎中爲友，講理學，師道甚尊，成就甚衆。雲衢公受家學嚴氣正性，行己惠人，德行踸踔，尤篤守呂新吾呻吟語，劉念臺人譜，陳榕門五種遺規之學。連州公傳何樸園員外之學，而潛齋先生三傳弟子，篤行盛德，爲官師皆有惠教，欽州賓興館，連州昭忠祠祀焉。知縣公孝德仁厚，從叔祖護廣西巡撫國器，討賊於閩，有功早世。有爲生時，知縣公方居憂，授徒於鄉，吾家實以教授世其家。

咸豐九年己未（一八五九年）二歲。

咸豐十年庚申（一八六〇年）三歲。九月三妹瓊琚生。

咸豐十一年辛酉（一八六一年）四歲。時已有知識，伯祖教之，公抱余觀洋人鏡畫。侍種芝、鑾儀公食。及鑾儀公喪時，老婢襁褓往送。種芝公以布衣倡團禦賊有功於鄉，送者萬數，仗極盛，今猶髣髴。

同治元年壬戌（一八六二年）五歲。諸父以予頗敏，多提攜教誦唐人詩，從伯父教諭彝仲公，尤愛而教之。於時能誦唐詩數百首，連州公見而喜，外祖父省閩公極愛之，期以將來大器矣。

是年，知縣公出山，從征於藍山。二叔父介藩公統兵於青蓮峽等處。

同治二年癸亥（一八六三年）六歲。從番禺簡侶琴先生鳳儀讀大學、中庸、論語并朱注孝經。諸父課以屬對，出「柳成絮」，應聲答以「魚化龍」，彝仲公亟賞之，謂此子非池中物，賞給紙筆，甚樂。九月四妹順介生。知縣公從征閩中。

同治三年甲子（一八六四年）七歲。從簡先生學。是歲連州公以欽州學正俸滿，升知縣，不就，改教授，候缺歸。知縣公從征閩中，至克復嘉應還家。

同治四年乙丑（一八六五年）八歲。連州公授徒於廣府學宮孝弟祠，學者將百人，從授經焉。歲暮從彝仲公學，即在孝弟祠後，始學爲文。是時知縣公及諸叔父咸還，侍連州公館中，趨翔庭訓，至樂也。誦書經奥者，每次能二篇，數徧輒能背記，諸長老大譽之。

同治五年丙寅（一八六六年）九歲。連州公任修南海縣志事，居南海學宮志局中，今明倫堂也，爲從侍焉。從陳鶴儕先生授經於學宮中崔清獻祠，又從梁舜門先生諱健修，甲子舉人聽講焉。

乙丑之間，友之中丞公克復浙閩，兵事大定，以新授閩臬假歸，諸父咸從凱旋。於時門中以從軍起家者甚衆。阿大中郎封胡羯末，父龍兄虎，左文右武，號稱至盛。土木之工，游宴之事，棋詠之樂，孺子嬉戲其間，諸父愛其聰明，多獲從焉。始游西樵，慕山林之勝。連州公好游觀，春秋佳日，時從杖履，登鎮海樓、五羊觀、蒲澗寺，授以詩文，教以道義，知識日開矣。

同治六年丁卯（一八六七年）十歲。連州公借補連州訓導之任，以幼不能從，還鄉復從簡先生學。

時(學易禮)誦經將畢，學爲文矣。六月十三日，幼弟廣仁生。廣仁字也，於時連州公命名曰「有溥」。時知縣公指省江西，連年頻擬聽鼓，而病咳殊甚，連州公不許行。是歲家居爲多，先公素慈，捧杖捧匜抑搔，隨侍延香老屋中，至今如夢。

同治七年戊辰(一八六八年)十一歲。正月二十日知縣公卒。侍疾彌留，跪聆遺訓，諭以立志勉學，教以孝親，友愛姊弟。追思音容，淚下若縻。當時執喪如成人，里黨頗異之。既孤三月，遂從先祖於連州官舍，連州公日夜摩導以儒先高義、文學條理。始覽綱鑑而知古今，次觀大淸會典東華錄而知掌故，遂讀明史三國志。六月爲詩文皆成篇。於時神鋒開豁，好學敏銳，日昃室闇，執卷倚簷柱，就光而讀，夜或申旦，務盡卷帙。先祖聞之，戒令就寢，猶篝燈如豆於帳中，隱而讀書焉。頻閱邸報，覽知朝事，知曾文正、駱文忠、左文襄之業，而慷慨有遠志矣。知縣公既逝，家計驟絀，僅用一婢，老母寡居，手挽幼弟，與諸姊妹治井灶之事，爲生平未有之勞焉。每家書來，輒念劬勞憂思不已。

同治八年己巳(一八六九年)十二歲。從連州公學於官舍。是時岐嶷，能指揮人事，與州中諸生接，論文談事，禮容猶然。五月觀競渡，賦詩二十韻，州吏目金公稱爲神童，贈漆硯盤筆盒數事，州人屬目焉。輒從連州公游諸名勝，如北山寺石之奇，劉夢得畫不如樓之遠，大雲岩之奥，皆有賦詩。學官舍旁，爲宋張南軒先生濯纓堂、敬一亭遺跡。連州公官暇則談聖賢之學，先正之風，凡兩廡之賢哲，寺觀之祖師，儒流之大賢，以若碑帖詩文中才名之士，皆隨時指告。童子狂妄，於時動希古人。某事輒自以爲南軒，某文輒自以爲東坡，某念輒自以爲六祖、邱長春矣。俛接州中諸生，大有霸視之氣。明史之外，竟日雜覽羣書。官舍有二園，桃、柚、葡萄、梧桐、桑椹、紫微極盛，讀倦則偃息園中，或從先祖出游名勝，爲學之至樂時也。時爲制藝文，援筆輒成，但不好之，不工也。

同治九年庚午（一八七〇年）十三歲。從侍連州官舍。已而廣東布政使王公凱泰聞先祖行望，檄調還廣州辦積匪。七月從歸。先祖以予不好八股文，於時專責爲此業。九月從陳華生先生學於省城西門外第三甫桃源。始還都會，睹繁麗，日與友遨遊，不暇學也。

同治十年辛未（一八七一年）十四歲。還西樵之銀塘鄉，從從叔竹孫先生諱達節學爲文。時中丞公新築園林，藏書於澹如樓及二萬卷書樓中，兩樓對峙，中間亭沼，花木頗盛，有古檜七株，（俗名水松），數百年物，幽室曰七松軒，導以飛橋爲虹福台，種芝公書最多，庋藏其間。於時讀書園中，縱觀說部集部，昆弟聚學，有詩酒之懽。是年始就童子試。七月仲姊逸紅嫁於羅氏，未踰月，姊壻羅銘三病歿，哀哀寡婦，遽賦未亡。女兄甚才，守節事母，母非女兄不懽也。（以下係南海增補）「生平無失言失色，可謂至德矣。」

同治十一年壬申（一八七二年）十五歲。在鄉從楊仁山先生學。壬子副榜，諱學華再試童子試不售，於時專督責爲八股小題文，性不好也。但慕爲袁子才詩文，時文亦仿焉。仍縱觀說部集部雜史。中丞公自廣西布政使還，宗族宴游極盛。兩年費日力於試事及八股，進學最寡矣。

同治十二年癸酉（一八七三年）十六歲。移學於靈洲山之象台鄉，仍從楊先生學爲文，中歲而散。復還銀塘鄉，從張賓臣先生諱公輔學爲文，時文體尚路德派，最惡厭之，乃盡舍去。連州公委羊城書院監院，是歲頗奔走。時好覽經説、史學、考據書，始得毛西河集讀之。於時益吐棄八股，名爲學文，絶不一作，諸父極責，大詰之先祖前。乃出「君子有九思，至忿思難」（此題係南海增補）一題，援筆爲十六小講，各有警語，連州公稱之，乃不深責。於是乃始稍從事八股，至歲暮爲社學課文，一日成六藝。其三名前皆魁之，文百餘篇，録額十五名，而六文無一見遺者，詩亦冠軍，先祖乃大喜。及新正開課復第一，至是鄉人文譽洽美焉。

同治十三年甲戌（一八七四年）十七歲。居鄉，時出城侍先祖，而張先生閲文焉。既而從從叔竹孫先生學，於時好爲縱横之文，時時作詩，與兄弟鄉先輩倡和，又好摹仿古文。然涉獵羣書爲多，始見瀛環志略，地球圖，知萬國之故，地球之理。

光緒元年乙亥（一八七五年）十八歲。侍先祖於城，從吕拔湖先生學文。是時督責甚嚴，專事八股，一切學皆舍去，但還鄉則得披涉羣書耳。

光緒二年丙子（一八七六年）十九歲。是年應鄉試不售，憤學業之無成。邑有大儒朱九江先生，諱次琦，號子襄者，先祖之畏友，頻稱之者，乃請從之學。先生碩德高行，博極羣書，其品詣學術，在涑水、東萊之間，與國朝亭林、船山爲近，而德器過之。嘗爲襄陵知縣百九十日，惠政大行，縣人祀焉。棄官歸，講學於邑之禮山，三十年累召不出，以講學躬行，薦授五品卿。先生壁立萬仞，而其學平實敦大，皆出躬行之餘。以末世俗汙，特重氣節，而主濟人經世，不爲無用之空談高論。其教學者之恒言，則曰「四行五學」。四行者：敦行孝弟，崇尚名節，變化氣質，檢攝威儀。五學則經學、文學、掌故之學、性理之學、詞章之學也。先生動止有法，進退有度，强記博聞，每議一事，論一學，貫串今故，能舉其詞，發先聖大道之本，舉修己愛人之義，掃去漢宋之門户，而歸宗於孔子。於時捧手受教，乃如旅人之得宿，盲者之覩明，乃洗心絶欲，一意歸依，以聖賢爲必可期，以羣書爲三十歲前必可盡讀，以一身爲必能有立，以天下爲必可爲。從此謝絶科舉之文，士芥富貴之事，超然立於羣倫之表，與古賢豪君子爲羣。信乎大賢之能起人也，藉非生近其時，居近其地，烏能早親炙之哉？既從先生學，未明而起，夜分乃寢，日讀宋儒書及經説、小學、史學、掌故詞章，兼綜而並騖，日讀書以寸記。甫入學舍，先生試五代史史裁論，乃攷羣書，以史通體爲之，得二十餘頁。先生睹之，謂談博雅洽，此是著成一書，非復一文矣。乃知著書之不難，古人去我不遠，益自得自信。於時讀錢辛楣全集、趙甌北廿二史劄記，日知録、困學紀聞，遂覺浩然通闢，議論宏起。又未嘗學駢文，讀史通愛其文體，試爲之，先生遂許可。又自以爲文章易作，逋峭不難。蓋余家小有藏書，久好涉獵，讀書甚多，但無門徑，及一聞先生之説，與同學簡君竹居名朝亮、胡君少愷名景棠，日上下其議論，卽渙然融釋貫串，而疇昔雜博之學，皆爲有用，於是偶然自負於衆以不朽之業。是冬十二月，張安人歸余，俗例有入室戲新婦者，余守禮拒之，頗失諸親（友）懽，以義不欲也。

光緒三年丁丑（一八七七年）二十歲。在九江禮山草堂從朱先生學。四月，三妹適西城岡鄉游志桐湘琴，五月，連州公以連州水災，及於難。吾少孤，自八歲依於大父，飲食教誨，耳提面命，皆大父爲之，親侍十餘年，聞而哀毁，三日水漿不入口，百日内食鹽菜。及從父扶柩還，既卒哭而葬於象岡，以堪輿家言，既殯而不下窆也。卽停山上，與諸父結苦廬棺前，縗絰白衣不去身，不肉食，終是歲。於時讀喪禮，因攷三禮之學，造次皆守禮法古，嚴肅儼恪，一步不踰，人咸迂笑之。久之，宗族鄉黨，莫不敬憚焉。少年剛毅，執守大過多如此。　是冬，葬連州公。

光緒四年戊寅（一八七八年）二十一歲。　在九江禮山草堂從九江先生學。大肆力於羣書，攻周禮、儀禮、爾雅、説文、水經之學，楚詞、漢書、文選、杜詩、徐庾文，皆能背誦。九江先生提獎范氏後漢書之風俗氣節，故尤致力焉。先生精於古文，不取桐城而上言秦漢，因從學文而及周秦諸子。先生甚稱韓昌黎之文，因取韓柳集讀而學之，亦遂肖焉。　時讀子書，知道術，因面請於先生，謂昌黎道術淺薄，以至宋明國朝文章大家鉅名，探其實際，皆空疏無有。　竊謂言道當如莊荀，言治當如管韓，卽素問言醫，亦成一體。　若如昌黎，不過爲文工於抑揚演灝，但能言耳，於道無與，卽原道亦極膚淺，而浪有大名。千年來文家頡頏作氣勢自負，實無有知道者。　先生素方嚴，乃笑責其狂。　自初見時，諄諄戒吾傲，從此折節焉，然同學漸駭其不遜。　至秋冬時，四庫要書大義，略知其概，以日埋故紙堆中，汩其靈明，漸厭之。日有新思，思考據家著書滿家，如戴東原，究復何用？因棄之。　而私心好求安心立命之所，　忽絶學捐書，閉户謝友朋，静坐養心，同學大怪之。　以先生尚躬行，惡禪學，無有爲之者。　静坐時，忽見天地萬物皆我一體，大放光明，自以爲聖人，　則欣喜而笑。　忽思蒼生困苦，　則悶然而哭。　忽思有親不事，　何學爲，則卽束裝歸廬先墓上。　同門見歌哭無常，以爲狂而有心疾矣。　至冬，辭九江先生，决歸静坐焉。　此楞嚴所謂飛魔入心，求道迫切，未有歸依之時多如此。　是冬十二月二十一日，長女同薇生。

光緒五年己卯（一八七九年）二十二歲。　以西樵山水幽勝，可習静，正月遂入樵山，居白雲洞，專講道佛之書，養神明，棄渣滓。時或嘯歌爲詩文，徘徊散髮，枕卧石窟瀑泉之間，席芳草，臨清流，修柯遮雲，清泉滿聽；常夜坐彌月不睡，恣意游思，天上人間，極苦極樂，皆現身試之。始則諸魔雜沓，繼則諸夢皆息，神明超勝，欣然自得。習五勝道，見身外有我，又令我入身中，視身如骸，視人如豕。既而以事出城，遂斷此學。在西樵山時，嘗註老子，後大惡之，棄去。於時先祖棄養，頗能自主，謝絶時文，並不就試。秋間，叔父督責至甚，令就鄉試，乃至斷其資糧。於是還鄉，居於二萬卷書樓及澹如樓中，或養心，或讀書，超然物表。居樵山時，編修張延秋先生諱鼎華，與朝士四五人來游樵山，張君素以文學有盛名於京師者，至是見之，相與議論，不合，則大聲呵詆，拂衣而去。然張君盛稱之，語人曰：「來西樵但見一土山，惟見一異人。」自是粵中士夫，咸知余而震驚之。吾感其雅量，貽書予之。張君盛譽，謂粵人無此文，由是訂交焉。吾故未嘗學爲駢文，但讀六朝史熟自能之，然不自知其工也。自是來城訪張君，談則竟夕申旦，盡知京朝風氣，近時人才，及各種新書，道咸同三朝掌故，皆得咨訪焉。張君聰明絶世，强記過人，神鋒朗照，談詞如雲。吾自師九江先生，而得聞聖賢大道之緒，自友延秋先生，而得博中原文獻之傳。嘗有詩懷之曰：「南望九江北京國，拊心知己總酸辛，」實録也。

於時，舍棄攷據帖括之學，專意養心。既念民生艱難，天與我聰明才力拯救之，乃哀物悼世，以經營天下爲志，則時時取周禮王制、太平經國書、文獻通攷、經世文編、天下郡國利病全書、讀史方輿紀要，緯劃之。俛讀仰思，筆記皆經緯世宙之言。既而得西國近事彙編、李□環游地球新録，及西書數種覽之。薄游香港，覽西人宮室之瓌麗，道路之整潔，巡捕之嚴密，乃始知西人治國有法度，不得以古舊之夷狄視之。乃復閱海國圖誌、瀛寰志略等書，購地球圖，漸收西學之書，爲講西學之基矣。

光緒六年庚辰（一八八〇年）二十三歲。居鄉授諸弟有銘、有溥、有霈讀經，以涉羣書讀經史爲日課。時生計日絀，不能出游，不能講書（烈按：「講」字疑當作「購」），乃至無筆墨。但事太宜人，課諸弟，戢影窮巷，用力說文，兼作篆隸，從事皇清經解，暇則玩心神明，頗多筆記，而有述作。冬十二月二十四日，次女同璧生。是歲，治經及公羊學，著何氏糾謬，專攻何劭公者。既而自悟其非，焚去。是歲，四妹適塱心譚汝堅。

光緒七年辛巳（一八八一年）二十四歲。讀書鄉園，跬步不出，又無賓友，日讀唐宋史爲課，補温北魏宋齊梁書，兼涉叢書傳記經解。讀宋儒之書，若正誼堂集、朱子全集尤多。苦身力行，以明儒吳康齋之堅苦爲法，以白沙之瀟洒自命，以亭林之經濟爲學。於是，棄駢散文不復從事焉。園林日涉，闃其無人，長嘯獨歌，看花洗竹，至於迴塘魚静，長橋落月，徘徊還家，猶復篝燈點書不已，以此爲恆。自一飯外，陪老母色笑，即出園舍。七月，有一乞巧文，有歌去來之作，彌覺情親，誦招隱之詩，惟憂句盡，固見當時之風尚焉。是時，讀書日以寸記，專精涉獵，兼而行之。是年讀書最多，久坐積勞，至七月，臀起核刺，割之不效，十月出城就醫焉。後再割不愈，至今流水，吾精力之虧，自此始矣。是春，陳慶笙來訪，自是往還論學。

光緒八年壬午（一八八二年）二十五歲。九江先生卒，奔視與諸子營喪視葬焉。吾故夙事三禮者，故與簡君竹居議之爲多。讀遼金元明史及東華錄以爲日課。五月，順天鄉試，借此游京師，謁太學，叩石鼓，瞻宮闕，購碑刻講金石之學。時崔夔典編修甚敬余，將掃室館我。既罷，還游揚州、鎮江，登平山堂，泛舟金焦而歸。道經上海之繁盛，益知西人治術之有本。舟車行路，大購西書以歸講求焉。十一月還家，自是大講西學，始盡釋故見。

光緒九年癸未（一八八三年）二十六歲。讀東華録、大清會典則例、十朝聖訓、及國朝掌故書，購萬國公報，大攻西學書，聲、光、化、電、重學及各國史志，諸人游記，皆涉焉。於時，欲輯萬國文獻通攷，並及樂律、韻學、地圖學。是時絶意試事，專精問學，新識深思，妙悟精理，俛讀仰思，日新大進。何易一來，館之於家，易一聰明過人，能深思妙悟，至是皆館於我。中國裹足之風千年矣，折骨傷筋，害人生理，謬俗流傳，固閉已甚。吾鄉無有不裹足者，亦以不裹足，則人賤爲妾婢，富貴家無娶之者也。吾時堅不爲同薇裹足，族人無不駭奇疑笑而爲我慮之，吾不顧也。吾北游，長親追逼裹足，甚至幾裹矣，張安人識大義，特不裹。創義固不易哉？同薇不裹後，同璧及諸姪女乘勢而下，不裹易易矣。然獨立甚難，時鄰鄉區員外諤良曾游美洲，其家亦不裹足，吾乃與商，創不裹足會草例。令凡入會者，皆註姓名籍貫、家世、年歲、妻妾子女，已婚未婚，約以凡入會者，皆不裹足，其已裹者聽，已裹而復放者，同人賀而表彰之。爲作序文，集同志行之。來者甚多，實爲中國不纏足會之始。而區以會名慮犯禁，於是漸散去。至乙未年與廣仁弟創辦粤中不纏足會，實用此例及序文。後復推至上海，合士大夫爲大會，廣仁弟及卓如總其成。戊戌七月，吾並奏請禁纏足矣。以知天下事無難易，專問立志何如，昔之極難者，後或可竟行焉。吾立禁裹足之願，與廢八股之願，二十年皆不敢必其行者，而今竟行之。故學者必在發大願，既堅既誠，久之必有如其願者。

光緒十年甲申（一八八四年）二十七歲。　春夏間寓城南板箱巷，既以法越之役，粵城戒嚴，還鄉居澹如樓。早歲讀宋元明學案、朱子語類，於海幢華林讀佛典頗多，上自婆羅門，旁收四教，兼爲算學，涉獵西學書。秋冬獨居一樓，萬緣澄絶，俛讀仰思，至十二月，所悟日深。因顯微鏡之萬數千倍者，視虱如輪，見蟻如象，而悟大小齊同之理。因電機光綫一秒數十萬里，而悟久速齊同之理。知至大之外，尚有大者，至小之內，尚包小者，剖一而無盡，吹萬而不同，根元氣之混侖，推太平之世。既知無來去，則專以現在爲總持；既知無無，則專以生有爲存存；既知氣精神無生死，則專以示現爲解脱；既知無精粗，無淨穢，則專以悟覺爲受用；既以畔援歆羨皆盡絶，則專以仁慈爲施用。其道以元爲體，以陰陽爲用，理皆有陰陽，則氣之有冷熱，力之有拒吸，質之有凝流，形之有方圓，光之有白黑，聲之有清濁，體之有雌雄，神之有魂魄，以此八統物理焉；以諸天界、諸星界、地界、身界、魂界、血輪界，統世界焉。以勇禮義智仁五運論世宙，以三統論諸聖，以三世推將來，而務以仁爲主，故奉天合地，以合國合種合教一統地球。又推一統之後，人類語言文字飲食衣服宮室之變制，男女平等之法，人民通同公之法，務致諸生於極樂世界。及五百年後如何，千年後如何，世界如何，人魂人體遷變如何，月與諸星交通如何，諸星、諸天、氣質、物類、人民、政教、禮樂、文章、宮室、飲食如何，諸天順軌變度，出入生死如何？奥遠窅冥，不可思議，想入非無，不得而窮也。　合經子之奥言，探儒佛之微旨，參中西之新理，窮天人之賾變，搜合諸教，披析大地，剖析今故，窮察後來，自生物之源，人羣之合，諸天之界，衆星之世，生生色色之故，大小長短之度，有定無定之理，形魂現示之變，安身立命，六通四闢浩然自得。然後莫往莫來，因於所遇，無毀無譽，無喪無得，無始無終，汗漫無爲，謂而悠然以游於世。又以萬百億千世，生死示現，來去無數，富貴貧賤，安樂患難，帝王將相，乞丐餓莩，牛馬雞豕，皆所已作，故無所希望，無所逃避。其來現也，專爲救衆生而已，故不居天堂而故入地獄，不投淨土而故來濁世，不爲帝王而故爲士人，不肯自潔，不肯獨樂，不願自尊，而以與衆生親。爲易於援救，故日日以救世爲心，刻刻以救世爲事，舍身命而爲之。以諸天不能盡也，無小無大，就其所生之地，所遇之人，所親之衆，而悲哀振救之，日號於衆，望衆從之，以是爲道術，以是爲行己。三女同結生，數日殤。

光緒十一年乙酉（一八八五年）二十八歲。從事算學，以幾何著人類公理。既而張延秋招游京師，二月將行，二十三日頭痛大作，幾死。日讀醫書，既而目痛不能視文字，醫者束手無法，惟裹頭行吟於室。數月不出，檢視書記遺稿，從容待死，乃手定大同之制，名曰人類公理。以爲吾既聞道，既定大同，可以死矣。既而得西醫書讀之，以信西學之故，創試西藥，如方爲之，乃漸效，日走村後大樹下，至七月乃瘳。鄉試不售，時所問策有宋元學案及蒙古事，場中無對者，皆來抄問，粵城傳之。策爲沈刑部子培所問，知沈君以此也。然此爲腦亂病久，病後記性遂衰，從此不敢復事算學矣。還居西樵山白雲洞高士祠養病，張延秋先生適試闈，使發居烟滸樓，出城視之，晨夕過從極懽。四女同完生，數月殤。

光緒十二年丙戌（一八八六年）二十九歲。春秋居城，五月復居鄉之澹如樓。是冬十二月爲有溥冠，字之曰廣仁，後以字行。是歲作內外康子篇，內篇言天地人物之理，外篇言政教藝樂之事。又作公理書，依幾何爲之者。又著教學通議成。著韻學卮言，既而棄之。時張之洞督粤，春間令張延秋編修告之曰：「中國西書太少，傅蘭雅所譯西書，皆兵醫不切之學，其政書甚要，西學甚多新理，皆中國所無，宜開局譯之，爲最要事。」張香濤然之，將開局託吾與文芸閣任其事，既而不果。吾乃議以商力爲之，事卒不成。張香濤乃欲以三湖書院學海堂聘吾掌教，既有人言，皆却之。夜爲天象學，乃重定天然曆法，以爲人號稱爲年者，以地繞日一周之故，宜以三百六十五日名爲周，十年爲十周，百年爲百周焉。地之繞日，卑高及平，凡有四游，宜以二至、二分，名以南游、北游、東游、西游，分一周爲四游焉。今西人仍存十二月，既不用陰曆，何必用十二月焉。地球各國皆以冬至推曆，以各文明國皆在赤道之北故，然至高冲卑冲皆無極準，所推氣朔，得大意而已，不如以分爲準，日地相平，無少差忒。南北球異，春秋分同，而赤道之北之人較多，從其多者，應以春分爲改周之正朔。地能自轉，故有晝夜，宜以晝夜爲一轉焉。凡一切萬物，皆以十位紀之，不用散數。周天之數，皆定爲百，一日之時，法定爲十，下至十分、十微、十杪，以此類推。其度量權衡，皆以十進爲數，故歷晝夜爲一轉，分至則或八十七日爲一游，或九十三日爲一游，四游三百六十五日，四年一閏日爲一周，皆吾地球中之定義也。其月及五星各自爲表，分懸通衢，則月亦並用，不至如回教陽曆陰曆之兼用矣。

光緒十三年丁亥（一八八七年）三十歲。春居花埭伍氏之恆春園，三月還居鄉之澹如樓，八九月游香港，十一月游七星岩。是歲編人類公理，游思諸天之故，則書之而無窮也。作內外篇，兼涉西學，以經與諸子，推明太古洪水折木之事，中國始於夏禹之理，諸侯猶今土司，帝霸乘權，皆有天下，三代舊事舊制，猶未文明之故。推孔子據亂、升平、太平之理，以論地球。以爲養兵、學言語，皆於人智人力大損。欲立地球萬音院之説，以攷語言文字。創地球公議院，合公士以談合國之公理，養公兵以去不會之國，以爲合地球之計。其日所覃思大率類是，不可勝數也。

光緒十四年戊子（一八八八年）三十一歲。居鄉之澹如樓，春夏間居花埭，大通烟雨，讀佛典。時以足跡久滯鄉閭，張延秋頻招遊京師，是年鄉試，五月遂決行。是時學有所得，超然物表，而游於人中，倜儻自喜。既至而延秋病重，遂視其殁，營其喪。八月謁明陵，單騎出居庸關，登萬里長城，出八達嶺，一日而還，游湯山乃歸，得詩數十章。九月游西山。時講求中外事已久，登高極望，輒有山河人民之感。計自馬江敗後，國勢日蹙，中國發憤，只有此數年閒暇，及時變法，猶可支持，過此不治，後欲爲之，外患日逼，勢無及矣。時公卿中潘文勤公祖蔭、常熟翁師傅同龢、徐桐有時名，以書陳大計而責之，京師譁然。值祖陵山崩千餘丈，乃發憤上書萬言，極言時危，請及時變法，黄仲弢編修紹箕、沈子培刑部曾植、屠梅君侍御仁守，實左右其事。自黎純齋後，無以諸生上書者，當時大惡洋務，更未有請變法之人，吾以至微賤，首倡此論，朝士大攻之。

十月，遞與祭酒盛伯羲先生昱，祭酒素亢直，許之上。時翁常熟管監，以文中有言及「馬江敗後，不復登用人才」，以爲人才各有所宜，能言治者，未必知兵，若歸咎於朝廷之用人失宜者。時張佩綸獲罪，無人敢言，常熟恐以此獲罪，保護之不敢上。時適冬至，翁與許應騤、李文田、同侍祠天壇，許李交攻，故翁不敢上。時鄉人許、李皆位侍郎，怪吾不謁彼。吾謂彼若以吾爲賢也，則彼可來先我，我布衣也，到京師不拜客者多矣，何獨怪我？卒不謁，故見恨甚至也。國子監既不得達，盛祭酒持吾文見都御史祁文恪公世長，文恪公亟稱其忠義，許代上，約以十一月初八日到都察院遞之，御史屠梅君派人候焉。吾居米市胡同南海館，出口即菜市也，既衣冠將出，僕人譚柏來告，菜市口方殺人，車不能行，心爲之動。私念吾上書而遇殺人，兆大不吉，家有老母，豈可遂死。既而思吾既爲救天下矣，生死有命，豈可中道畏縮，慨慷登車，從南繞道行。出及門，屠御史遣人來告云，祁公車中患鼻血，眩暈而歸，須改期，遂還車。祁公以病請假，候之，而津海已冰，不能歸，遂留京師。祁公繼續請假，至正月，屠梅君以言事革職，永不敍用。歸政大婚，典禮重疊，吉祥止止，非痛哭流涕之時。朝士久未聞此事，皆大譁，鄉人至有創論欲相逐者。沈子培勸勿言國事，宜以金石陶遣。時徙居館之汗漫舫，老樹蔽天，日以讀碑爲事，盡觀京師藏家之金石凡數千種，自光緒十三年以前者，略盡睹矣。擬著一金石書，以人多爲之者，乃續包愼伯爲廣藝舟雙楫焉。

既不談政事，復事經説，發古文經之僞，明今學之正，既大收漢碑，合之急就章，輯周漢文字記，以還蒼頡篇之舊焉。屠梅君侍御仁守，篤守朱學，忠純剛直，每與語國事，輒流涕，舉朝無其比。吾頻爲草摺，九、十月時，爲草請開言路摺，請鑄銀錢摺。時鐵路議起，張之洞請開蘆漢鐵路，而苦無款，吾與屠梅君言，宜用漕運之便，十八站大路之地，先通南北之氣，道近而費省，宜先築清江浦鐵路，即以折漕爲之，去漕倉之官役，歲得千數萬，可爲築路之資。十二月屠君上之，發各督撫議，於是定築蘆漢爲幹路，籌款三千萬，調張之洞督兩湖辦焉。既而李鴻章謂陪京更急，請通奉直之路，遂改築，甫至山海關，西后提其餘款千餘萬，築頤和園，大工遂停。去年容閎乃請築津鎮鐵路，吾實助之，奉旨允行。既而政變，撤容閎差，今命胡燏棻、張翼督辦，蓋十一年矣。津蘆、津鎮皆未舉行，嚮用我言，當時以漕折行之，成功已七八年，南北之氣久通，士智民利之增進多多矣。

頤和園廣袤十餘里，咸豐十年，與圓明、清漪、靜宜等園，皆爲英人所焚，時西后以游樂爲事，自光緒九年經營海軍，籌款三千萬，所購鐵艦十餘艦，至是盡提其款築頤和園，窮極奢麗，而吏役展轉扣尅，到工者十得其二成而已。於是光緒十三年後，不復購鐵艦矣，敗於日本，實由於是。既提海軍之款，營構園林，即用海軍之人以督大工，若内府孌倖恩佑立山之流，皆任海軍之差。又慮不足，别於户部之外，開海軍捐，二三千金得實缺州縣，四五千金得實缺知府，七八千金得實缺道，皆以特旨簡放，不由吏户兩部。然其成數既比户部減數倍，於是趨者雲起，皆不於户部而於海軍焉。然所謂海軍者，特南海子頤和園之土木而已，非海上之軍也。（中國新政，名實相反如此。乙未和議成，復停止海軍，外國詫其舉措之奇，而中國人以爲美政。蓋停海軍者，停園工也。經割台憂患之後，故有此美政，外國人據其名觀之，宜其相剌謬也。）當時聞海軍捐事，以書責吏部尚書徐桐，因與屠侍御言之。屠君查得人甚多，爲之草摺，既上，奉旨停止，然屠君以此爲怨府。十二月十五日太和門災，屠侍御親救火，甫退未還宅，即先來屬草摺。一請停頤和園工。二請醇邸不預政事。三責宰相無狀，請以災異罷免。時當國者爲孫毓汶也。四請宦寺勿預政事，責李聯英也。其餘尚有數大事，屠君得罪頗以此。蓋此數請，皆國家第一大事，無人敢言者，屠君既逐，無怨色。時洪右臣給事良品亦有直聲，與屠同鄉交厚，吾走責以爲屠君爭，洪不敢也。

四月，三妹卒。先是妹婿游湘琴以去年六月歿，以商務之虧，負債甚多，皆於吾妹手任之，有甥三人，呱呱在抱，憂勞既甚，竟以殞亡。吾長妹二歲，至相友愛，妹聰明强記，端静寡言，好學不倦，以貧而死，吾遠游無成，竟不能救之，哀惻心目，乃爲文遥祭之。諸甥雖爲吾撫，其長者已有婦矣，而其幼者今歲殤矣。人倫之戚，自伊始矣。順天試已列第三名，以吾經策瓌偉，場中多能識之。侍郎孫詒經曰，此卷當是康某，大學士徐桐啣吾前書，乃謂「如此狂生不可中！」抑置副榜，房官王學士錫蕃爭之，徐更怒，抑置謄録第一。

於時，上興土木，下通賄賂，孫毓汶與李聯英密結，把持朝政，士夫掩口，言路結舌。羣僚皆以賄進，大臣退朝，卽擁娼優，酣飲爲樂，孫毓汶倡之，禮親王、張之萬和之。容貴、熙敬之流，交媚醇邸，以取權貴，不獨不能變法，卽舊政風紀，亦敗壞掃地。官方淩遲，士氣盡靡，蓋甲午之禍敗所由來。久旅京師，日熟朝局，知其待亡，决然舍歸，專意著述，無復人間世志意矣。既審中國之亡，救之不得，坐視不忍，大發浮海居夷之歎，欲行教於美，又欲經營殖民地於巴西，以爲新中國。既皆限於力，又有老母，未能遠游，遂還粤，將教授著書以終焉。

光緒十五年己丑（一八八九年）三十二歲。九月出京，冒雨游西湖，自杭至蘇州，游虎邱、獅林諸勝，破長江，登石鐘山，撫曾、彭之餘風，左江右湖，其樂無有。入九江，游廬山，謁朱子白鹿洞，望鄱陽湖。四月，溯江上游武昌，登黄鶴樓晴暉閣，游漢陽城，至十二月還粤。陳和澤尚童子，遂能有志，先來省予。

光緒十六年庚寅（一八九〇年）三十三歲。春居徽州會館，有池石之勝，既而移家羊城之雲衢書屋，先曾祖之老屋也。三月，陳千秋來見，六月，來及吾門。八月，梁啓超來學。陳通甫又字禮吉，時讀書甚多，能攷據，以客禮來見，凡三與論詩禮，泛及諸經。吾乃告之以孔子改制之意，仁道合羣之原，破棄攷據舊學之無用，禮吉恍然悟，首來受學。語及身世家難，哀慼涕下，因以生死之理告之，禮吉超然蹈道自在矣。凡論今古天下奇偉之說，諸經真僞之故，聞則信而證之；既而告以堯舜三代之文明，皆孔子所托，聞則信而證之；既則告以人生馬，馬生人，人自猿猴變出，則信而證之。乃告以諸天之界，諸星之界，大地之界，人身之界，血輪之界，各有國土、人民、物類、政教、禮樂、文章，則信而證之。又告以大地界中三世，後此大同之世，復有三統，則信而證之。天才亮特，聞一知二，志宏而思深，氣剛而力毅，學者之所未見也。是歲，既與世絕，專意著述，著婆羅門教攷、王制義證、毛詩僞證、周禮僞證、説文僞證、爾雅僞證。九月，石星巢延吾教冬課於廣府學宮孝弟祠，吾幼侍先祖教地也，欣然從之，説詩焉。三水徐勤來見。八月生子，殤。

光緒十七年辛卯（一八九一年）三十四歲。始開堂於長興里，講學，著長興學記，以爲學規。與諸子日夕講業，大發求仁之義，而講中外之故，救中國之法。來學多志士，若韓文舉、梁朝杰、曹泰，多有成者。既明而起，講貫至夜深，又以其暇著書事母，是時精力尚足。七月，新學僞經攷刻成，陳千秋、梁啓超助焉。冬，王覺任、麥孟華皆來學。義烏朱蓉生侍御一新，時教廣雅，來訪，與辨難頗多。與語中外之變，孔子之大道，朱君不信。既請吾打破後壁言之，乃大悟。其與人言，及見之書札，乃其門面語耳。

光緒十八年壬辰（一八九二年）三十五歲。移講堂於粵城衞邊街鄺氏祠，學者漸衆。正月，龍澤厚以知縣引見，道過粵，來學焉。積之仁質甚厚，嘗創辦廣仁善堂，聚衆千人，講袁學誘衆，西帥李鑑堂禮之，令辦乞丐院，又修孔廟者。以陳禮吉充學長，用孔子生二千四百四十三紀年，制大成舞，作歌以祀孔，置干戚以舞大武，歌酌桓賚般六章，復古之禮容焉。與學者習儀禮十七篇，置禮樂器，笙、磬、管、鼓、柷敔，皆具，禮必立賓主，器物位置有定，蓋太平之意也。依慮傂尺爲荀勗之十二笛，而笛管甚長，手指不能遠擫，不能成聲。乃悟古人身體甚長，故尚有長狄，去巨獸之期不遠，地熱力甚大故也。今隔二千餘年，地繞日漸遠，熱力漸小，人身漸短。因推再過二千餘年，今笛亦不合後人之用，後萬年人小極多。是歲，鄧鐵香鴻臚承修，延吾教惠州尚志堂之書院，閱文數月。七月，將赴惠州，而鐵香先生卒，遂不赴。

是時，所編輯之書甚多，而孔子改制考體裁博大，選同學高才助編纂焉。以孔子所制之禮，與三代舊制不同，更與劉歆僞禮相反，古今淆亂，莫得折衷，攷者甚難，乃剌取古今禮說，立例以括之：

一、孔子定說。以春秋公羊、董氏繁露、禮王制、論語、孟子、荀子爲主。

次、三統說。孔子每立一制，皆有三統，若建子建寅建丑，尚白尚黑尚赤，雞鳴平旦日午爲朔，託之夏殷周者，制雖異而同爲孔子之正說，皆可從也。

三、曰存舊。周初遺制，諸國舊俗，皆雜見於諸子，而管子最多，劉歆所採以爲禮者，然可以攷舊制，故次焉。

四、曰闕僞。劉歆僞撰周禮、左傳，及諸古文經之說，向來竄亂於諸經中者，辭而闢之。

五、曰傳謬。自劉歆以後，諸儒展轉附會訛傳者。

是書體裁博大，自丙戌年與陳慶笙議修改五禮通攷，始屬稿，及己丑在京師，既謝國事，又爲之。是年編次甚多，選同學諸子分葺焉。以逸周書、穆天子傳、山海經皆與周禮及劉歆之說合，剌取其說，命韓曇首輯焉，以證爲劉歆之僞撰。方言亦劉歆托之揚雄者，並剌取其說焉。又編魏晉六朝諸儒杜撰典故攷，又撰史記書目攷，以七略書名多僞，一折衷于史遷，以得其眞相。欲正定文字後，以東西漢文字寫定六經。又撰孟子大義攷，墨子經上註。

以僞左傳乃劉歆採國語而成，改分國爲紀年。以其殘本春秋前事，及晉魯之繁複者爲國語，故鄭語無春秋後事，楚語皆靈王後事，魯語記敬姜一婦人事凡八，孔子博學事凡四，吳越語，別一筆墨，不類全體。史記十二國年表，自稱採春秋、國語，乃史遷親讀國語原本爲之者。係其年月事類，按國分之，將左傳、國語合編爲國語原本，去其經文，及書不書，稱不稱，君子曰之義，又擇其盜竊諸傳記，若北宮文子所引，「有威可畏，有儀可象」等文，割自孝經之類去之，又擇其僞古文禮與周禮合者去之，以還國語原文之舊，令長女同薇編之。薇時年十五歲，天資頗穎，勤學强記，遂能編書也。薇又將廿四史，編各國風俗制度攷，以驗人羣進化之理焉。

光緒十九年癸巳（一八九三年）三十六歲。仍講學於衞邊街，冬遷草堂於府學宮仰高祠，賃之十年，爲久計，徐君勉、梁卓如之力也。君勉急朋友之難，常供養朋友之才賢者，以及刻書移草堂之費皆任焉，幾以任衄破其家矣。

學者來日衆，於時曹泰精思妙悟，徐勤堅苦强毅，以進於成。是歲以梁卓如與陳禮吉充學長焉。旦晝講學，夕則編書，諸子亦編書焉，書題甚多。撰三世演孔圖未成。八月，三叔父玉如公卒。著孟子爲公羊學攷，論語爲公羊學攷。

是時絶意試事，諸父皆强之，母意屬望迫切，乃與母言：「盡於是科，不第亦終身棄矣。」母許之。於是應鄉試，中式第八名。本置第二名，三藝皆刻矣，以次篇「書同文」，自用孔子改制義，違朱註，犯磨勘，既刻而抽出，改置第八名。是冬十二月爲母壽，溥官游於浙亦歸，家庭甚懽。然以吾不奉考官房官爲師，時論大譁，謗言宏起由此。蓋變千年之俗，誠不易也。

吾鄉有同人團練局者，咸豐四年，吾伯祖種芝公諱國熹、平紅匪創之，蓋地方自治之制也。局中地十餘里，三十二鄉，人丁五萬。自吾伯祖卒後，局事廢壞，至是大渦鄉知府張嵩芬者，以罷譴還鄉，管鄉局焉。鄉素多盜，張竟與分肥，張爲局中巨紳，無敢抗之者。其族人之爲盜者，深夜出刼，乃竟持其筐篋還局中，飲酒乃去，以所刼物分賞局壯丁。局在墟中，壯丁凡數十，墟以三八日期，三十鄉人聚而市易，人多若蟻，張族之盜曳履局門，大號於衆曰「吾爲某盜，諸君何不來執我？」衆睨之，莫敢犯。鄉鄰被刼者，夜不絶。從叔觀察□三被刼，家一空，吾胞叔亦被刼。吾姪同和，姪婿陳和澤以家頻刼，亟請我治盜，而張庇之，非攻張，盜不能去也，而吾實無暇還鄉任事。陳禮吉吾鄉人也，乃曰：「吾窮天人之理已至矣，已無書可讀矣，惟未嘗試於事，吾等日言仁，何不假同人局而試之；是亦一國士也。行仁施愛先自近始，開學校以教之，闢蠶桑以富之，修道路以治之，一歲而化成，然後委之謹愿者守之，吾復可治吾學矣。」壯其言，乃號於三十二鄉之紳，合三十餘人攻張，令其將局戳交出。戳者，局之印也，吾伯祖領之官以辦事者。

是時春祭鄉先賢，吾與祭，張率諸賊懷刃以待，賊藏其室中，相去數步，張面色大變，袍袴抖顫，吾大異之。從容行禮畢，入室，則張族人數百環堂下，將甘心於我。同和走告，而我鄉人窺見其人皆懷刃，知有變，亦走還鄉，率鄉人數百攜軍械整隊來迎。吾得出，張亦行，各率其隊伍還其鄉。

是役也，頗如兩國會盟刼質狀。吾泊船吉利鄉，吾以小舟入九江，謁朱先生廟。張遣盜逕登舟露刃問余，搜船不見，乃去。是二事者，吾幾殆矣，固知去惡之難也。於是，以千二百金大購羣書，禮吉故精於擇書，「書藏」要書咸備矣。乃議創書院，以中西之學課士，延朱菉蓀以教之。乞官兵以勦賊，賊盡走，殺渠魁數人，大禁賭，宿弊盡清。而以禁賭持正過烈，又鄉有被殺者，疑案也，禮吉以某富人行賂，疑其殺，持之甚堅，以是爲衆怨所叢。諸功未竟，張緣怨託言官劾我，又賄託潘衍桐與南海縣令楊廷槐追繳局戳。吾時被劾，爲桂林之游，禮吉已被肺病，乙未正月，遂吐血死，禮吉蓋殉節同人局者也。

自癸巳十一月攻張事起，謗言騰沸，吾幾死於是，而禮吉實殉難；與爲中國變法，吾與卓如幾死於是，而幼博、譚復生、楊漪川、林暾谷實殉難焉。十里之地，與萬里之地，五萬之民與四萬萬之民，相去萬倍，而欲矯而易，救而治之，其謗議同，其險難同，其幾死同，而傷我良人同，小有成功而傾覆同。嗚呼！任事之難如此，宜人爭講老氏學，保身家妻子，坐視生民之傾覆顛連而不恤也。吾爲同人局僅支興錢數百，而其他心力之瘁，日力之曠，金錢之耗，危殆疑謗之集，倉皇避地，與八月國變未有少異也。局一極小之事，卽成功何足勞我，費我心血，老我歲月，傷我禮吉哉？梁卓如蓋頻諫之，既以大小無殊，但推惻隱之心，以行吾仁，不計禍患，不計大小，不計成敗也。當緣隨遇，起而行之，治同人局與中國，眞未有以異哉！自禮吉之死，吾恨之深。乙未草摺令御史王佑遐劾之，有其通賊書爲據，卒賄譚鍾麟洗滌，而任局事者不可復得。禮吉之才志，亦一切無成功，「書藏」之書，多爲人士偷竊，吾入京師亦不復過問。蓋自癸未至戊戌同人局事，與中國事相終始，其乍成乍敗皆相類，存之以告天下，以我爲貪功名乎？抑行其不忍人之心乎？張故吾舊好，以其庇賊惡之。戊戌年，以其少安靜，亦復置不問，了此人天業矣。

光緒二十年甲午（一八九四年）三十七歲。二月十二日與卓如同入京會試，寓盛祭酒伯熙邸。伯熙先生，肅王從弟也，藏書冠滿洲，頗見其秘書玉牒金石之藏，園亭幽靚。既而移居三條胡同金頂廟與梁小山同寓。五月六日下車傷足遂南歸，六月到粵。

七月，給事中余晉珊劾吾惑世誣民，非聖無法，同少正卯，聖世不容，請焚新學僞經攷，而禁粵士從學。沈子培、盛伯熙、黃仲弢、文芸閣有電與徐學使琪營救，張季直走請於常熟，曾重伯亦奔走焉，皆卓如在京所爲也。以電文「伯熙」字誤作「伯翊」，徐花農疑爲褚伯約之誤也。時褚方劾李瀚章，而予之奏實鄉人陳景華賄褚爲之，李畏褚，遂令自行焚燬，粵城謗不可聞。

八月，游羅浮。九月，歸復講學。十月，曹箸偉卒。箸偉聰悟，堅苦成學，以詣羅浮求道，感瘴死。率同門弔其家，痛哉！十一月，游廣西，住風洞，刻記於黨人碑。搜得康岩素洞，自名而刻石焉。桂中諸士王濬中穎初、況仕任、黎文瀚來學。王穎初老矣，嘗爲教官，志清而氣直，好心學。寓桂林凡四十日，往來在山水窟中亦四十日，日日搜岩剔壑，及赴官紳燕會，若經年矣。

五月方在京師，有貴人問曰：「國朝可百年乎？」吾答之以「禍在眉睫，何言百年？」貴人甚謬之。時擬以三千萬舉行萬壽，舉國若狂，方謀保舉，而孫毓汶當國，政以賄成，大官化之，惟事娛樂，内通李聯英，相與交關，政俗之污壞，官方之紊亂，至是歲爲極。不數日，聞朝日之事。十七日，出及天津，則調衛汝貴乘海晏輪船東渡，衛方被酒未醒也。已而東事累敗，恭邸、李高陽、翁常熟入軍機，並督辦軍務焉。吾昔上書言：「日本改紀，將翦朝鮮而窺我邊。」又言：「數年之後，四夷逼於外，亂民起於內，安能待我十年教訓乎？恐無及也。」不及六年變作，不幸而言中矣。桂林山水極佳，山居舟行，著春秋董氏學及孔子改制攷。

光緒二十一年乙未（一八九五年）三十八歲。正月還粤，二月初一至，而二十四日禮吉死矣。哭之慟，欲爲立墓碑，至今未果也。禮吉聰明絶人，而氣魄剛毅，大道完成，爲負荷第一人，竟夭，年僅二十六，痛哉！十二日偕卓如、梁小山入京，將至大沽，日人來搜船，當頗憤，以早用吾言，必無此辱也。時内廷預備車輛五百，以備遷都，朝士紛紛，多慮國亡出京師者。吾謂此舉僅如士耳其者，必不亡，故決入京，與梁小山寓金頂廟。時旅順已失，朝廷震動，命户部左侍郎張蔭桓及前巡撫邵友濂往日本請和，日本以非全權不受。再命大學士李鴻章求和，議定割遼台，並償款二萬萬兩。三月二十一日電到北京，吾先知消息，即令卓如鼓動各省，並先鼓動粵中公車，上摺拒和議，湖南人和之。於二十八日粵楚同遞，粵士八十餘人，楚則全省矣。與卓如分託朝士鼓（動），各直省莫不發憤，連日並遞章滿察院，衣冠塞途，圍其長官之車。台灣舉人，垂涕而請命，莫不哀之。時以士氣可用，乃合十八省舉人於松筠庵會議，與名者千二百餘人，以一晝二夜草萬言書，請拒和、遷都、變法三者。卓如孺博書之，並日繕寫，（京師無點石者無自傳觀，否則尚不止一千二百人也。）徧傳都下，士氣憤湧，聯軌察院前里許，至四月八日投遞，則察院以既已用寶，無法挽回，卻不收。

先是公車聯章，孫毓汶已忌之，至此千餘人之大舉，尤爲國朝所無。閩人編修黃□曾者，孫之心腹也，初六七連日大集，初七夕，黃夜徧投各會館，阻撓此舉，妄造飛言恐嚇，諸士多有震動者。至八日，則街上徧貼飛書，誣攻無所不至，諸孝廉遂多退縮，甚且有請除名者。孫毓汶猶慮撓其謀，即先迫皇上用寶，令北洋大臣王文韶誣奏海嘯，壘械棄毀，北洋無以爲備。孫毓汶與李聯英內外恐嚇，是日翁常熟入朝房，猶力持勿用寶，電日相伊藤博文請展期五日。孫謂：「若爾，日人必破京師，吾輩皆有身家，實不敢也。」常熟厲聲責之曰：「我亦豈不知愛身家，其如國事何？」孫知不能强，乃使李聯英請之太后，迫令皇上畫押，於是大事去矣。是時降硃諭，告廷臣，皆哀痛不得已之言。皇上之苦衷，迫逼之故，有難言之隱矣。

李聯英爲宦寺，不識地圖，乃至徐用儀亦然，皆曰中國甚大，台灣乃一點地，去之何妨？太后習聞之，故輕於割棄也。

越日榜發，中進士第八名，本擬會元，總裁徐桐以次篇「優優大哉，禮儀三百，威儀三千」，題文分天地人鬼四比，惡其太奇，降第五云。殿試朝攷皆直言時事，讀卷大臣李文田與先中丞公宿嫌，又以吾不認座主，力相排。殿試徐壽蘅侍郎樹銘本置第一，各閱卷大臣皆圈矣，惟李文田不圈，並加黃簽焉，降至二甲四十八名。朝攷翁常熟欲以擬元，卷在李文田處，乃於悶鍊等字，加黃簽力爭之，遂降在二等。徐澂園、翁常熟告我，問與李嫌之故，故知之。先是殿試前，朝士皆以元相期，傳臚時，諸王猶言之。是科會、朝、殿三者皆失元，區區者不足道，雖王荆公未嘗言之，然本朝科第無不奉座主爲師者，無理已甚。沈子培以吾不認座主爲師，必累得元，力勸折節，至有「道之不行，國之興廢，命也」之語，元亦何與國事，而關係如此。子培以吾之虛望，欲藉以轉移諸公也。然吾以子培力勸，已屈節見座主矣，而卒皆失元，是知一切有命，正可體驗從自己閱歷處受用最確，乃所謂「死生有命，富貴在天」，皆非人所能爲也。枉己者，徒自貶節而已。

十一日引見，授工部主事，自知非吏才，不能供奔走。又生平講學著書，自分以布衣終，以迫於母命，屈折就試，原無意於科第，況仕宦乎？未能爲五斗折腰，故不到署。徐公樹銘至累揖相勸，吾卒不行。前書不能上，二十八日朝攷後無事，乃上拒和之論而增末節，於閏四月（按是年爲閏五月，此作四月，實誤。）六日遞之察院，以十一日上於朝。上覽而喜之，甫發下樞垣一時許，樞臣讀未畢，恭邸閱至論礦務一條，以手作圈狀。上既追入，旋發下軍機，命即日抄四份，軍機本無書手，乃調自內閣，即日抄呈。以一呈太后，以一存軍機，發各省督撫將軍議，以一存乾清宮南窗小篋，以一存勤政殿備覽觀。於羣臣上書中，凡存九摺，以胡燏棻爲第一，吾摺在第二。至戊戌五月，上再問樞臣以吾舊摺，樞中再檢上，上之强記不遺一善如此。

五月遷出南海館，再草一書，言變法次第曲折之故，凡萬餘言，尤詳盡矣。至察院遞之，都御史徐郙使人告以吾已有衙門，例不得收，令還本衙門代遞。時孫家鼐長工部，頗相慕，友人多勸到工部遞，乃於五月十一日到工部遞之，孫家鼐而爲稱道之詞，許爲代遞，五堂皆畫押矣，李文田適署工部，獨挾前嫌，不肯畫押。孫家鼐礙於情面，累書並面責之，卒不遞。再與卓如、孺博聯名遞察院，不肯收，又交袁世凱遞督辦處，榮祿亦不收，遂決意歸。

以京城街道蕪穢，請修街道，附片上焉。既不達，交王幼霞覓人上之，奉旨允行，交工部會同八旗及順天府街道廳會議，卒以具文覆奏，惟御史陳壁後行之，僅修宣武門一段焉。盛祭酒曰，修道歲支帑六十餘萬金，旗丁工部街道廳分之，若必修，則無可分矣，此所以不能行乎？陳次亮、沈子培皆以時有可爲，非僅講學著書之時，力爲挽留，於是少留。

以士大夫不通外國政事風俗，而京師無人敢創報以開知識。變法本原，非自京師始、非自王公大臣始不可，乃與送京報人商，每日刊送千份於朝士大夫，紙墨銀二兩，自捐此款。令卓如、孺博日屬文，分學校軍政各類，日騰於朝，多送朝士，不收報費，朝士乃日聞所不聞，識議一變焉。時翁常熟以師傅當國，憾於割台事，有變法之心，來訪不遇，乃就而謁之。常熟謝戊子不代上書之事，謂當時實未知日本之情，此事甚慙云。乃與論變法之事，反覆講求，自未至酉，大洽，索吾論治之書。時未知上之無權，面責常熟，力任變法，推見賢才。常熟乃謂「與君雖新見，然相知十年，實如故人，姑爲子言，宜密之。上實無權，太后極猜忌，上有點心賞近支王公大臣，太后亦剖看，視有密詔否？自經文芸閣召見後，即不許上見小臣，即吾之見客，亦有人窺門三巡數之者，故吾不敢見客，蓋有難言也。」吾乃始知宮中事，然未知其深，猶頻以書責之，至謂：「上不能保國，下不能保身。」常熟令陳次亮來謝其意，然苟不能爲張柬之之事，新政必無從辦矣。

時常熟日讀變法之書，銳意變法，吾說以先變科舉，決意欲行，令陳次亮草定十二道新政意旨，將次第行之。然恭邸高陽以常熟有毓慶之獨對，頗妒之，自四月合力攻孫毓汶、李鴻章後，漸不和矣。常熟內畏太后，欲托之恭邸而行，而恭邸不明外事，未能同心，卒不行也。時孫毓汶雖去，而徐用儀猶在政府，事事阻撓，恭邸、常熟皆欲去之，欲其自引病，疊經言官奏劾，徐猶戀棧。六月九日草摺，覓戴少懷庶子劾之，戴逡巡不敢上，乃與王幼霞御史鵬運言之，王新入台敢言，十四日上焉。是日與卓如、孺博游西山登碧雲寺塔，竟夕月明如晝，遠望京師，在烟霧中，樂甚。越日歸，而徐用儀逐出樞譯兩署焉。是時粵撫馬丕瑤受剛毅意，保奏市儈潘贊清爲三品卿，得旨賞給之。草摺交王幼霞附片上之，剛毅曾受其重金，力爲保護，不能去也。

中國風氣，向來散漫，士夫戒於明世社會之禁，不敢相聚講求，故轉移極難。思開風氣，開知識，非合大羣不可，且必合大羣而後力厚也。合羣非開會不可，在外省開會，則一地方官足以制之，非合士夫開之於京師不可，既得登高呼遠之勢，可令四方響應，而舉之於輦轂衆著之地，尤可自白嫌疑。故自上書不達之後，日以開會之義，號之於同志。陳次亮謂辦事有先後，當以報先通其耳目而後可舉會。報開兩月，輿論漸明，初則駭之，繼亦漸知新法之益。吾復挾書游説，日出與士大夫講辨，並告以開會之故，明者日衆。乃頻集通才游宴以鼓勵之，三舉不成，然沈子培刑部、陳次亮户部，皆力贊此舉。

七月初，與次亮約集客，若袁慰亭世凱、楊叔嶠鋭、丁淑衡玄鈞、及沈子培、沈子封兄弟、張巽之孝謙、陳□□。即席定約，各出義捐，一舉而得數千金，即舉次亮爲提調，張巽之幫之。張爲人故反覆，而是時高陽當國，張爲其得意門生，故沈子培舉之，使其勿散壞也。舉吾草序文及章程，與卓如擬而公商之。丁張畏謹，數議未定，吾欲事成，亦迂迴而從之。於是，三日一會於炸子橋嵩雲草堂，來者日衆。翰文齋願送羣書，議開「書藏」於琉璃廠，乃擇地購書，先屬孺博出上海辦焉。是時，偏尋琉璃廠書店，無一地球圖，京師錮塞，風氣如此，安得不敗？時英人李提摩太亦來會，中國士夫與西人通，自此會始也。

英美公使願大助西書及圖器，規模日廣，乃發公函於各督撫，劉坤一、張之洞、王文韶各捐五千金，乃至宋慶，聶士成咸捐數千金，士夫雲集，將俟規模日廓，開書藏，派游學游歷。然而丁、張齗齗挑剔，張更藉以漁利，以開局於琉璃廠，張欲託之爲書店之狀，吾面折以「今日此舉，以義倡天下之士，若以義始，而以利終，何以見天下乎？」張語塞，然而舉座不懽。時報大行，然守舊者疑謗亦漸起，當時莫知報之由來，有以爲出自德國者，有以爲出自總理衙門者，既而知出自南海館，則羣知必吾所爲矣。張既懷嫌，乃因報之有謠言，從而扇之。於是大學士徐桐、御史褚成博皆欲劾奏，沈子培、陳次亮皆來告，促卽行，乃留卓如辦事，而以八月二十九日出京。

先是自六月創報，吾獨自捐款爲之，後陳次亮、張君立皆來相助，而每期二金，積久甚多，至八月節盡，典衣給之，得次亮助盤費乃能行。二十四日同會諸子公餞唱戲，極盛會也。是日，合肥自願捐金二千入會，同會諸子擯之，議論紛紜，楊崇伊參劾之舋，遂始於此。張孝謙又邀褚成博、張仲炘二人入會，二人台中最氣燄縱橫者，蓋會事甫盛，而衰敗卽萌焉。

九月初二日到天津，初三日游山海關，入各防營，視兵望海。山海關本無形勢可守，明世防遼，爲東道扼要之地，若今海舶交通，環海寸寸可擾，山海關防兵實可罷矣。見陝撫魏午莊光燾，相待甚殷，惜其未知新法也。十二到上海，十五入江甯，居二十餘日，說張香濤開強學會，香濤頗以自任，隔日一談，每至夜深。香濤不信孔子改制，頻勸勿言此學，必供養。又使星海來言。吾告以：「孔子改制，大道也，豈爲一兩江總督供養易之哉？若使以供養而易其所學，香濤奚取焉。」在江甯時，事大順，吾曰，此事大順，將來必有極逆者矣。與黃仲弢、梁星海議章程，出上海刻之，而香濤以論學不合背盟，電來屬勿辦。則以「會章大行，不能中止」告，乃開會賃屋於張園旁，遠近響應，而江甯一切不來，處處掣肘，卽無楊崇伊之劾，亦必散矣。

時金陵有楊仁山者，講佛學有道士也，曾游倫敦，得儀器甚多，吾爲強學會購之，凡三千餘金。其天文鏡大者，能窺見火星之山海矣，以其小者送之京局。後香濤、星海背盟，王雪晴允捐之後亦背，及京局有變，款不能結，吾賠累歸之，滬局之器還之楊，然以此謗甚多。蓋任一小事皆極難，但吾惻隱之心，不以難而變耳。

吾以十二月母壽，須歸，先調君勉、易一來辦事，急須開報，以用孔子紀年，及刊上諭事，江甯震動，適有京師劾案，遂藉此停止。自強學會開後，海內移風，紛紛開會，各國屬目。自封禁後，漸諱新政，方當西后杖二妃，逐侍郎長麟、汪鳴鑾、志鋭之時。至逾年二月，撤毓慶宮，逐翁常熟、文芸閣，殺寇良才，將築圓明園以幽上，於是開新之風掃地矣。

先是翁常熟在毓慶宮獨對，吾頻謂之曰：「公趁此舉大事，不可失，若能行新政，廢八股，則一月中新政甚多，公即去官可矣。若度不能行，則勿如先辭毓慶宮，蓋同相而獨對，僚友所忌也，徒取辱耳。」公亟辭之。又翁常熟五月前能從容講求新政，及六月派總理衙門行走，事殷多至夜分，自此不暇見士大夫，而一事不辦。吾累書勸其力辭總署之差，常熟不能從，後以割膠事爲罪謗所歸，榮祿嗾其私人劾之，常熟卒以是逐。常熟去官後云，悔不聽我言也。（此書爲光緒二十一年乙未前作，故敍事止於是歲，門人羅孝高不知從何得之，蓋戊戌抄没，落於人間，而孝高得之也。更甡年七十記。）

光緒二十二年丙申（一八九六年）三十九歲。講學於廣府學宮萬木草堂。續成孔子改制攷，春秋董氏學，春秋學，使徐君勉、王鏡如爲學長。七月，與幼博弟游羅浮。八月游香港，十月至澳門，與何君穗田創辦知新報，將游南洋，不果。穗田慷慨好義，力任報事，後還省城。六月時在同人局行抽籤舉局長，行地方自治法，惜無人能行之，遂罷局事。先是爲同人購書千餘金略備，是以感欲成書院，卒不能。十二月重游廣西，與羽子兄偕鏡函偕行，鏡函學佛，若有得，而狂不可近，蓋所謂天魔入心者，至陽朔遺之還。自丙戌年編日本變政記，披羅事蹟，至今十年。至是年所得日本書甚多，乃令長女同薇譯之，稿乃具。又撰日本書目志。

光緒二十三年丁酉（一八九七年）四十歲。正月十日到桂林，再寓風洞，擬築桂林馬路，以山路不合，未成。然用日本伊豆人力車則可行也。

與唐薇卿、岑雲階議開聖學會，史淳之撥善後局萬金，游子岱布政捐千金。蔡仲岐按察希紳激昂高義主持之，乃爲草章程序文行之，借廣仁善堂供孔子，行禮日，士夫雲集，威儀甚盛。既而移之依仁坊彭公祠，設書藏講堂義學，規模甚敞。日與學者論學，義學童幼尤彬彬焉。暇則游山，桂林山水既極勝，去城七里，有中洞者岩若一室，兩面皆通，俯瞰諸岫，石筍巉然，吾欲於此結精舍焉。四月，與安會匪大作，陷灌陽，各縣蠢動，勸史撫於桂林戒嚴，不顧也。與唐薇卿謀請其歸鄉辦團，以聖學會行之。唐薇卿慷慨自捐數千金募勇，吾乃夜叩蔡臬門，請其假軍械焉，時五月杪也。編春秋攷義、春秋攷文成，撰日本書目志成。

六月，還粵講學，時學者大集，乃晝夜會講。八月，納妾梁氏。八月，築室花埭，將終隱焉。乃室成而未歸，已被抄沒。人生原逆旅，我身非我有，而何一室哉？吾一生不用營謀，稍營謀輒無益，更可信天命也。

月杪攜同薇至上海，九月游西湖，十月還上海。中國人滿久矣，美及澳洲皆禁吾民往。又亂離迫至，徧攷大地，可以殖吾民者，惟巴西經緯度與吾近，地域數千里，亞馬孫河貫之，肥饒衍沃，人民僅八百萬，若吾遷民往，可以爲新中國。當乙未，吾欲辦此未成。與次亮別曰：「君維持舊國，吾開闢新國。」時經割台後，一切不變，壓制更甚，心慮必亡，故欲開巴西以存吾種。乙未之歸，遇葡人及曾游巴西者，知巴西曾來約通商招工，其使來至香港，而東事起。巴使在香港候吾事定，至數月，東事益劇，知不諧乃歸。吾港澳商咸樂任此，何君穗田擘畫甚詳，任僱船招工之事。於是，擬入京舉此，適膠州案起，德人踞之，乃上書言事。工部長官淞溎讀至「恐偏安不可得」語，大怒，不肯代遞。

又草三疏交楊叔嶠，分交王幼霞、高理臣上之，乃與曾剛甫約同遞察院，先與都憲徐壽蘅言之。壽蘅本守舊而能待士，不以此摺爲然，而允爲我代遞也。李苾園侍郎激厲忠憤，欲聯九卿上摺。爲草之後，無聯名者，李公交司業詒穀上之，既謁常熟，投以書告歸。

與李合肥言巴西事，許辦之，惟須巴西使來求乃可行。是時將冰河，於十八日決歸，行李已上車矣，常熟來留行。翌日，給事中高燮曾奏薦請召見，並加卿銜出洋，常熟在上前力稱之。奉旨交總理衙門議，許應騤阻之於恭邸，常熟再持之，恭邸乃謂「待臣等見之乃奏聞」。奉旨令王大臣問話，御史楊深秀，博學高節，來談，欲相奏薦，草稿有「大才槃槃，孤忠耿耿」之語，力辭之。

時欲續強學會之舊，先與鄉人士開會曰粵學會。於十二月十三日在南海館創辦，京友集者二十餘人。以各會館皆爲京官會集，欲因而導之，乃草疏交御史陳其璋上言，請將總署同文館羣書頒發各省會館，以便各京官講求，奉旨俞允。又與文中允焕、夏編修虎臣及旗人數輩，創經濟學會，已爲定章程呈慶邸，請慶邸主之，且爲慶邸草序文，既而以欲删「會」字，議不合，事遂已。乃令丁叔雅、佐壽百福成知恥會。

自十一月十二日，德人發砲據膠州，擄去提督章高元，朝廷託俄使言和，德使甚桀黠，翁常熟及張樵野日與議和未就。日人參謀本部神尾宇都宮來見鄂督張之洞，請助聯英拒德，時經割台後未知日情，朝士亦多猜疑日本，恭邸更主倚俄，乃卻日本之請。吾走告常熟，明日本之可信，且與日使議請將償款再攤十年，並減息，日使矢野君極有意，而吾政府終不信是議。乃爲御史楊深秀草疏，請聯英日，又爲御史陳其璋草疏，再請聯英日，略謂：「英自康熙十一年，以救西班牙立主與法戰，乾隆六年以救澳與普法戰，又二十一年以救普與法、俄、瑞、澳戰，嘉慶元年攻法拿破侖而救普，咸豐三年至五年，與法救土耳其而聯俄，頓重兵於斯巴土撥，死士二萬，糜兵費七千萬鎊，光緒二年與法奧意救土耳其而拒俄，頓重兵於毛魯塌島，故英真救人之國也。日本與我唇齒，俄德得志東方，非彼之利者。昔東事之役，彼以國小變法自強已久，欲奮揚威武，以求自立，既得勝，得遼東而不得，其勢不得不恨俄德，其來請聯助，乃真情也。英海軍甲地球，又扼蘇彝士河之權利，若英不欲戰，歐西各國不能飛渡，若聯英日，則東西南三面如環玦，皆可晏然。今地球大勢東流，皆以我爲土耳其，若我與聯，英人必出。」

上於常熟，請主持之，乃作聯英日策，徧告朝士。李苾園侍郎深然之，持以示廖仲山尚書，合肥不以爲然，因面詰張樵野，張謂：「英大國，未必許助我。」遲疑不敢發，遂割膠州。已而英使果出，請將旅順、大連灣、威海衛通商。及俄使巴德蘭富聞悉，當大怒，謂李合肥曰：「若貴國必要將旅順大連灣通商，則吾兩國從前盟約皆斷。」朝議數日不敢決。吾聞之，上書常熟曰，此中國生機也。吾意且欲盡開沿邊口岸以衆國敵俄，況旅順大連灣乎？必勿拒英，雖俄怒，以諸國力抗之，必無害也，言甚切。又與張樵野言，張以吾言英可聯，今英果出，甚信之，謂可面告常熟，卒不遇。而西后及恭邸畏俄甚，卒不徇英請。

時償日本之一萬萬，英人又許代借三釐息不扣，俄聞之，又強相借四釐息扣。於是議論紛紛，有主兩借者，有主兩不借者。吾言可借英款，俄大言恐嚇，必不緣此小故發兵也。政府畏俄，又不敢，乃用兩不借之說。此事英實有庇護之意，而兩拒之，殊爲失機，惟有與同志歎息而已。然經此事後，俄英日之情皆見，朝士漸知英日之可信，而知俄之叵測，自此羣議，咸知聯英日矣。

吾又告常熟，謂俄欲眈眈，諸國並來，吾無以拒之，請盡開沿邊各口，與諸國通商，既可藉諸國之力以保境，又可開士民之智識。又謄書與廖仲山言之，常熟大以爲然，倡言於總署，於是王大臣集議，多不通情勢，咸駁是說，議不行。然自是大連灣、廣州灣之要素，自此紛紛矣。

是冬，幼博在上海大同譯書局刻孔子改制考，春秋董氏學，日本書目志成。時嚴範孫請開經濟特科，常熟主之，此事遂成。其章程與沈子培同議之者也，乃說常熟並張樵野成之，藉此增常科以除去八股。

光緒二十四年戊戌（一八九八年）四十一歲。正月初二日，總理衙門總辦來書，告初三日三下鐘王大臣約見。至時李中堂鴻章、翁中堂同龢、榮中堂祿、刑部尚書廖壽恆、户部左侍郎張蔭桓，相見於西花廳，待以賓禮，問變法之宜。

榮祿曰：「祖宗之法不能變。」我答之曰：「祖宗之法，以治祖宗之地也，今祖宗之地不能守，何有於祖宗之法乎？卽如此地爲外交之署，亦非祖宗之法所有也。因時制宜，誠非得已。」

廖問宜如何變法？答曰：「宜變法律，官制爲先。」

李曰：「然則六部盡撤，則例盡棄乎？」答以：「今爲列國並立之時，非復一統之世，今之法律官制，皆一統之法，弱亡中國，皆此物也，誠宜盡撤，卽一時不能盡去，亦當斟酌改定，新政乃可推行。」

翁問籌款，則答以：「日本之銀行紙幣，法國印花，印度田稅，以中國之大，若制度既變，可比今十倍。」於是陳法律、度支、學校、農商、工礦政、鐵路、郵信、會社、海軍、陸軍之法，並言日本維新，仿效西法，法制甚備，與我相近，最易仿摹，近來編輯有日本變政攷，及俄大彼得變政記，可以採鑑焉。至昏乃散，榮祿先行。是日恭、慶兩邸不到。閱日召見樞臣，翁以吾言入奏，上命召見，恭邸謂請令其條陳所見，若可採取，乃令召見。上乃令條陳所見，並進呈日本變法考及俄彼得變政記。

七日乃奏陳「請誓羣臣以定國是，開制度局以定新制，別開法律局、度支局、學校局、農局、商局、工局、礦務、鐵路、郵信、會社、海軍、陸軍十二局，以行新法，各省設民政局，舉行地方自治。」於是晝夜繕寫日本變政考，俄彼得變政記二書，忙甚。

正月琉璃廠火神廟百貨並陳，僅於人日一游，餘無暇晷。時粵學會數日一集，各省會漸成。五月初十日林暾谷開閩學會成，十八日宋芝棟、李孟符開關學會成，楊叔嶠蜀學會亦成，於是鼓動直隸及湖南、浙江、江西、雲貴，令各開會矣。

前摺許應騤仍攻擊於恭邸前，抑壓遲遲，至二月十三日乃上，即下總署議。常熟將欲開制度局，以我直其中。時進呈俄彼得變政記，附片請變生童歲科試，易八股以策論，並下總署議。已而俄人索旅順、大連灣。

三月初一日，吾上摺陳三策請拒之：若出於戰，則敗而復割未遲；否則用西人蒲慮爹士之例，聽俄人佔據，非吾所願，猶可取也；三則請盡開沿海口岸以利益各國，俄人當無如何。已聞定計將割矣，時門人麥孺博公車適來，吾口授一摺，請以旅大與諸國。聯英拒俄，言極激切，立寫上。又令孺博與龍贇修、况晴皋等百數十人，於初五日遞呈都察院，則已於初四日畫押矣，察院亦不收矣。於是法索廣州灣，英索九龍、威海，無不惟命是聽。然英之索威海，爲拒俄也，固我所欲與。當俄之索旅大也，上大怒，面責恭邸及合肥，謂汝等言俄可恃，與定約輸以大利，今約期未半，不獨不能阻人之來分，乃自渝盟索地，密約之謂何？蓋李合肥與俄聯盟，保五年太平也。恭李皆免冠叩首曰：「若以旅大與之，密約如故。」上大怒向，西后變色，后曰：「此何時，汝乃欲戰耶？」上默然而出，遂定約。

時御史文悌素託大言，謂欲願一死以報國，又見華再雲煇、高理臣、王佑遐等，勸共聯入乾清門，伏闕痛哭請拒俄變法，文悌許之，楊漪川亦許之。吾愛漪川欲留爲他日，乃爲文悌草摺。及彼上時，自改請令，使俄辨之，若不許，則自刎俄人前，蓋逆知朝廷必不聽其使俄生事也。

是時，以旅大事，朝廷震悚，不遑及內政，故寫書已成不進。至初八日進呈，附日本變政攷，順時呈泰西新史攬要、時事新論等書。時償日本之款甚急，中允黃思永請用外國公債法，行昭信股票，下户部議。北檔房總辦陳宗嬀、晏安瀾，素主搜括者也，力主之，司員簽名者二十餘人。吾聞而投書常熟，力諍之，謂「方今無事，何爲作此亡國之舉！乙未借民債，雖張之洞之六十萬，亦不肯還，民怨久矣，中國官民之隔久矣，誰信官者？且名爲借債，而以官力行之，吾見乙未之事，酷吏勒抑富民，至於鎖押，迫令相借。既是國命，無可控訴，酷吏得假此盡飽私囊，以其餘歸之公，民出其十，國得其一，雖云不得勒索，其誰信之？徒飽貪吏，於國計無益，而生民心，爲淵敺魚，明世加糧，可爲殷鑒。」言極激切，並以書責樵野，而摺已上，即日奉旨行，不可挽回。然各省分派，僅得千餘萬，不足爲償日之用，再與德華、匯豐兩銀行借一萬萬兩，八折、四釐半息，去年英借而不受，今乃息昂重扣而取之，失策甚矣。且歲歲借款，挖肉補瘡，僅支目前，而絕不爲經營自強計，則賠款無已時，借款亦無已時，是坐自斃也。

今統籌大局，非大籌五六萬萬之款，以二萬萬築全國鐵路，限三年成之，練兵百萬，購鐵艦百艘，徧立各省各府縣各等各種學堂，沿海分立船塢，武備水師學堂，開銀行，行紙幣，如此全力並舉，庶幾或可補救。以全國礦作抵，英美必樂任之，其有不能，則鬻邊外無用之地，務在籌得此巨款，以立全局。既與常熟言，薦容純甫熟悉美事，忠信可任借款。又草摺二份，交御史宋伯魯、陳其璋上之。樞垣疑其不能行，留中，真可惜也。

又草請改律例摺與王佑遐上之。時粵中草堂，徒侶雲集，前摺既緣膠旅事擱起，知其不行，將擬歸，以公車咸集，欲偏見其英才，成一大會，以伸國憤，由是少盤桓焉。李木齋亦來言開會事，卓如新在湖南開南學會極盛，時扶病來京。幼博以醫卓如故，同寓三條胡同金頂廟。乃定於二十二日開保國會於粵東館，爲草定章程，士夫集者數百，投籌公舉演説，舉吾登座，樓上下人皆滿，聽者有泣下者。蓋自明世徐華亭集靈濟宮講學後，未有斯舉也。二十五日再集於崧雲草堂。二十九日再集於貴州會館，人皆逾百數。是時，各省人士應時開會，保滇會，保浙會繼起，人數皆逾百數。當是時，公車如雲，來見者日數十，座客填塞，應接不暇，分日夜之力，往各會宣講，客來或不能見，見亦不能答拜，多有怨者。吏部主事洪嘉與者，守舊之有心力，能樹一細黨者，三來拜，不得遇，閽者忘其居址，又不答拜，洪以爲輕己，乃大造謡，於是謗言益作。浙人孫灝者，欲得舉經濟特科，洪餂之謂某公惡康，若能攻之，必可舉特科也。孫故無賴，喜從之，洪乃草駁保國會議，謂吾將欲爲民主教皇，刻數千本，徧投朝貴，於是謗言益沸，乃停會。而四方之士，投書預會者紛紛，於是李盛鐸參保國會以求自免。

四月初七日，潘慶瀾附片劾吾聚衆不道，上曰：「會爲保國，豈不甚善！」然慮西后見之，特抽出此片。蓋吾正月之摺，已請開社會局，明會黨之善，又編日本會黨考，附日本變政紀進呈，上知各國通行之俗，以開民智而勵士氣者，故不禁也。時御史黄桂鋆劾保滇會、保浙會、並及保國會，皆洪嘉與爲之云。於是謗言塞途，賓客至交皆避不敢來，門可羅雀，與三月時成兩世界矣。

上讀日本變政攷而善之，再催總署議覆，然以粵中學者咸集，已決歸。上時決意變法，使慶邸告西后曰：「我不能爲亡國之君，如不與我權，我甯遜位。」西后乃聽上。於時恭邸薨，吾乃上書常熟，促其亟變法，勿失時，常熟以吾謗鼎沸，亦欲吾去，乃召還，亦聽吾歸矣。

時與日本矢野文雄約兩國合邦大會議，定稿極詳，請矢野君行知總署，答允，然後可大會於各省，而俄人知之，矢野君未敢。時舊黨燄甚熾，常熟頻被劾，以吾行後，無人鼓舞，故欲成數事乃行。十八日乃草摺請定國是，而明賞罰，交楊漪川上之。略謂：「門户水火，新舊相攻，當此外患交迫，日言變法，而衆論不一，如此皆由國是未定故。昔趙武靈之胡服，秦孝公之變法，俄彼得及日本維新之變法，皆大明賞罰，定國是而後能行新政。」又爲一篇，交徐子静學士上之，徐君廉静寡欲，無意仕宦，吾以開會，由金頂廟遷出上斜街，與徐宅相望，日夕過從。徐君老而好學，乃至請吾説春秋，側座聽之，近古所無也。

二十三日奉明定國是之諭，舉國懽欣。先是又草變科舉摺，亦爲二篇，分交楊漪川、徐子静上之，又草請派近支王公游歷摺，請開局譯日本書摺，請派游學日本摺，皆由楊漪川上之，奉旨允行。又爲宋芝棟侍御請催舉經濟特科摺，又盛宣懷借款八百萬，歲息約三十餘萬，無人敢言之，乃請提其息爲譯書學堂之費，皆奉旨俞允。於是學堂有款，而舉特科者紛紛矣。又爲御史李盛鐸草譯書、游歷，及明賞罰、辨新舊摺，李上之，附片卽言勿用新進，蓋聞吾之召用也，人咸謂其自相矛盾云。

是時已定二十四日出京，適見家信云：「粤中疫癘甚盛，學者皆散歸，宜遲歸，」卽還，亦當在上海少候。」是日以國是既定，與其候於上海，不如少留京師，或更有補，遂遲遲行。二十五日忽爲徐學士薦備顧問，奉旨着於二十八日預備召見。二十七日詣頤和園，宿户部公所，卽是日懿旨逐常熟，令榮禄出督直隸，並統三軍，着二品大臣，具摺謝恩並召見，並令天津閱兵，蓋訓政之變，已伏於是。於是知常熟之逐，甚爲灰冷。

二十八早入朝房，遇榮禄謝恩，同對，與談變法事。榮入對，卽面劾吾辯言亂政矣。榮禄下，吾入對。上問年歲出身畢，吾卽言：「四夷交迫，分割洊至，覆亡無日。」上卽言：「皆守舊者致之耳。」吾卽稱：「上之聖明，洞悉病源，旣知病源，則藥卽在此，旣知守舊之致禍敗，則非盡變舊法與之維新不能自強。」

上言：「今日誠非變法不可。」吾言：「近歲非不言變法，然少變而不全變，舉其一而不改其二，連類並敗，必至無功。譬如一殿，材旣壞敗，勢將傾覆，若小小彌縫補漏，風雨旣至，終至傾壓，必須拆而更築，乃可庇託，然更築新基，則地之廣袤，度之高下，磚石楹桷之多寡，窗門檻欞之闊窄，灰釘竹屑之瑣細，皆須全局統算，然後庀材鳩工，殿乃可成，有一小缺，必無成功，是殿終不成，而風雨終不能禦也。」上然之。

吾乃曰：「今數十年諸臣所言變法者，率皆略變其一端，而未嘗籌及全體。又所謂變法者，須自制度法律先爲改定，乃謂之變法。今所言變者，是變事耳，非變法也。臣請皇上變法，須先統籌全局而全變之，又請先開制度局而變法律，乃有益也。」上以爲然。

吾乃曰：「臣於變法之事，嘗輯攷各國變法之故，曲折之宜，擇其可施行於中國者，斟酌而損益之，令其可施行，章程條理，皆已備具，若皇上決意變法，可備採擇，但待推行耳。泰西講求三百年而治，日本施行三十年而强，吾中國國土之大，人民之衆，變法三年，可以自立，此後則蒸蒸日上，富強可駕萬國，以皇上之聖，圖自強，在一反掌間耳。」上曰：「然，汝條理甚詳。」吾乃曰：「皇上之聖旣見及此，何爲久而不舉，坐致割弱？」上以目睨簾外，旣而歎曰：「奈掣肘何？」

吾知上礙於西后，無如何，乃曰：「就皇上現在之權，行可變之事，雖不能盡變，而扼要以圖，亦足以救中國矣。惟方今大臣，皆老耄守舊，不通外國之故，皇上欲倚以變法，猶緣木以求魚也。」

上曰：「伊等皆不留心辦事。」對曰：「大臣等非不欲留心也，奈以資格遷轉，至大位時，精力已衰，又多兼差，實無暇晷，無從讀書，實無如何，故累奉旨辦學堂，辦商務，彼等少年所學皆無之，實不知所辦也。皇上欲變法，惟有擢用小臣，廣其登荐，予之召對，察其才否，皇上親拔之，不吝爵賞，破格擢用。方今軍機總署，並已用差，但用京卿、御史兩官，分任內外諸差，則已無事不辦，其舊人且姑聽之，惟彼等事事守舊，請皇上多下詔書，示以意旨所在，凡變法之事，皆特下詔書，彼等無從議駁。」

上曰：「然。」對曰：「昨日聞賞李鴻章、張蔭桓寶星，何不明下詔書。」上一笑。「自割台後，民志已離，非多得皇上哀痛之詔，無以收拾之也。」上曰：「然。」吾乃曰：「今日之患，在吾民智不開，故雖多而不可用，而民智不開之故，皆以八股試士爲之。學八股者，不讀秦漢以後之書，更不攷地球各國之事，然可以通籍累致大官，今羣臣濟濟，然無以任事變者，皆由八股致大位之故。故台遼之割，不割於朝廷，而割於八股，二萬萬之款，不賠於朝廷，而賠於八股，膠州、旅大、威海、廣州灣之割，不割於朝廷，而割於八股。」上曰：「然，西人皆爲有用之學，而吾中國皆爲無用之學，故致此。」

對曰：「上既知八股之害，廢之可乎？」上曰：「可。」對曰：「上既以爲可廢，請上自下明詔，勿交部議，若交部議，部臣必駁矣。」上曰：「可。」

上曰：「方今患貧，籌款如何？」乃言日本紙幣銀行，印度田稅。略言其端，既而思昭信股票，方提爲起行宮，若縱言其詳，則未能變法先害民矣。乃略言：「中國鐵路礦務滿地，爲地球所無，若大舉而籌數萬萬，徧築鐵路，練民兵百萬，購鐵艦百艘，徧開郡縣各種學堂，水師學堂船塢，則一舉而大勢立矣，但患變法不得其本耳。中國地大物博，藏富於地，貧非所患也，但患民智不開耳。」於是言譯書、游學、派游歷等事，每終一事，稍息以待上命，上猶不命起。乃重提徧及用人行政，末及於推廣社會，以開民智而激民氣，並撫各會匪。因謝保國會被劾，上爲保全之恩，上皆點首稱是。又條陳所著書及教會事，久之，上點首云：「汝下去歇歇。」又云：「汝尚有言，可具摺條陳來。」乃起出，上目送之。蘇拉迎問，蓋對逾十刻時矣，從來所少有也。

既退出，軍機大臣面奉諭旨，著在總理衙門章京上行走。時李合肥謝恩同下，面色大變，對我歎惜，謂榮祿既在上前面劾我，又告剛毅上欲賞官勿予，當予微差以抑之。上問樞臣以位置吾時，廖仲山將欲言請賞五品卿，而剛毅班在前，請令在總理衙門章京上行走，蓋欲以辱屈我也。

於是發書告宋芝棟令其卽上廢八股之摺，蓋已早爲草定者。乃與幼博游西山，既還，將議詣宫門謝恩，以諸臣忌甚，又無意當差，於初一日乃具摺謝恩，並再陳「大誓羣臣，統籌全局，開制度局」三義。又陳請廢八股及開孔教會，以衍聖公爲會長，聽天下人入會，令天主、耶穌教各立會長與議定教律。凡有教案，歸教會中按照議定之教律商辦，國家不與聞。並進呈孔子改制考，請聽沿邊口岸准用孔子紀年，附呈列國歲計政要，疏留中。

五月初五日，奉明旨廢八股矣。先是二十九日芝棟摺上，上卽令樞臣擬旨，是日京師譁然，傳廢八股，喜色動人，連數日寂然。聞上得芝棟摺，卽令降旨，剛毅請下部議，上曰：「若下禮部，彼等必駁我矣。」剛又曰：「此事重大，行之數百年，不可遂廢，請上細思，」上厲聲曰：「汝欲阻撓我耶？」剛乃不敢言。及將散，剛毅又曰：「此事重大，願皇上請懿旨。」上乃不作聲。既而曰：「可請知。」故待初二日詣頤和園請太后懿旨，而至初五日乃降旨也，百事皆如此。上扼於西后，下扼於頑臣，變法之難如此。及命下之日，懽聲雷動，去千年之弊政，非皇上之聖武，豈能若此之剛斷乎？

初三日，總理大臣代遞謝恩摺，上命曰：「何必代遞？後此康有爲有摺，可令其直遞來。」又令樞臣廖壽恒來，令卽將所著日本變政攷、波蘭分滅記、法國變政攷、德國變政攷、英國變政攷立卽抄寫進呈。乃片陳謹當晝夜編書，不能赴總署當差，並面告李合肥、廖仲山、張樵野以不能奔走此差辭之。向例總署章京由各部司員攷取又覆試之，其最高列者，尚須一二年，然後能傳到，傳到僅當譯電等差，有年乃轉司務廳，又一二年乃得派入各股，又數年乃可升提調，然後升幫辦總辦，吾被特旨派差，爲向來所無，入署卽可派總辦提調，知交多勸就之，吾終不爲屈也。

鄉會試既廢八股，而用策論，生童歲科試仍未改，吾三月所上之摺，交總署議而未行，欲因勢並行之，乃自草一摺，爲楊漪川草一摺，又令卓如草一摺，交宋芝棟上之。奉旨允行，於是歲科試均廢八股而改策論矣。時八股士驟失業，恨我甚，直隸士人至欲行刺。于晦若至，屬吾養壯士，住深室，簡出遊以避之，吾笑而不避也。

時以愚民之害既去，當開民智，泰西文明，多由于有製新器、著新書、尋新地之賞，初八日上摺言之，奉旨交總署議。張樵野卽屬卓如議稿，乃爲議定，卽令總署奏定章程，頒行天下者也。時新定國是，廢八股，舊黨謗甚沸，御史文悌、黃桂鋆等奔走謀之，聚議將聯名翻國是，復八股。乃草摺交楊漪川上之，請御門誓羣臣，並定謗新政之律，其有敢請亂國是復八股者重懲之，於是上諭再責舊黨，謗謀乃少息。

時許應騤議經濟特科及廢八股事，多方阻撓，御史楊漪川、宋芝棟聯名劾之。上惡其阻撓科舉，即定罷斥，剛毅乞恩，不許，請令總理衙門查覆，不許，乃請令其自行回奏，上不得已允之。許應騤夜走請於剛毅，剛屬其牽攻我可免，許從之。上重於爲我故，去大臣，故聽之。於是與洪嘉與聳文悌劾宋楊而專意及我，軍機得文摺喜甚，以爲必去我矣。上閱摺大怒，謂文悌受許應騤指使，將革職，剛毅求之，乃令回原衙門行走。凡言官回郎署，例不補缺不派差，與革職無異也。其摺誣甚，非上之明，吾不免久矣。彼來吾八次，而謂來二次，彼摺皆倩吾作，而攻宋楊倩吾作摺，甚至謂吾盡棄名教，保中國不保大清，走胡走越，後此僞論，皆緣此摺爲定案也。

吾累年來京，皆寓金頂廟，入城多宿於是，帶衾枕者，以僧寮無是也。文悌心術詭詐，彼留吾談而詢吾從僕，曾訪樵野，即以爲吾宿樵野所。樵野無端被禍，實文悌妄指爲之，京師危疑之地，可不謹哉！

以新定科舉事，請採用朱子科場貢舉議，分科試士，令人習一經，如詩一科，書一科，易一科，儀禮一科，禮記附，春秋公羊穀梁一科，左傳附之，史記兩漢書一科，三國晉六朝史一科，唐五代宋史一科，遼金元明史一科，國朝掌故若會典、東華録、十朝聖訓一科，經史各五科。四書則人人須通，西學則人專一門，普通之學，以爲論。自草一摺，爲徐學士草一摺，奉旨禮部議，爲所駁，附片請將優拔貢改試策論，並請凡朝殿試勿尚楷法，得旨允行。

時大學堂已定，吾乃上摺請於各省開高等學堂，各府開中學，各縣開小學，撥各省善後款，及各規費以充學費。並請廢天下淫祠，以其室宇充學舍，以其租入供學費。二十一日奉旨允行，於時各直省蒸蒸爭言開學矣。吾以鄉落各有淫祠，皆有租入，故欲改以充各鄉落學舍。意以佛寺不在淫祠之列，不意地方無賴，藉端擾挾，此則非當時意料所及矣。

時上頻命樞臣催所著各國變政書，乃晝夜將日本變政攷加案語於其上。凡日本事自明治元年至二十四年共十二卷，更爲撮要一卷，政表一卷附之，每日本一新政，皆借發一義於案語中。凡中國變法之曲折條理，無不借此書發之，兼賅詳盡，網羅宏大。一卷甫成，卽進上，上復催，又進一卷。上以皆日本施行有效者，閱之甚喜，自官制財政憲法海陸軍，經營新疆，合滿漢教男女，改元遷都，農工商礦各事，上皆深然之。新政之旨，有自上特出者，每一旨下，多出奏摺之外，樞臣及朝士皆茫然不知所自來，於是疑上諭皆我所議擬，然本朝安有是事？惟間日進書，上采案語，以爲諭旨。六日進波蘭分滅記，列國比較表，七日進法國變政攷，其德英二國變政考，至八月上，而政變生矣。自召見後，無數日不進書者，朝士不知進書，輒疑摺函中，纍纍盈帙，故生疑議也。

自四月杪大學堂議起，樞垣託吾爲草章程，吾時召見無暇，命卓如草稿，酌英美日之制爲之，甚周密，而以大權歸之教習。總署覆奏學堂事，大臣屬之章京，章京張元濟來請吾撰，吾爲定四款：一曰預籌巨款，二曰卽撥官舍，三曰精選教習，四曰選刻學書。選刻學書者，將中國應讀之書，自經史子集及西學，選其精要，輯爲一書，俾易誦讀，用力省而成功普，不至若疇昔廢力於無用之學，以至久無成功也。又所請各分教習，皆由總教習專之，以一事權。時派大學士孫家鼐管學，孫家鼐素知吾，來面請吾爲總教習，並請次亮爲總辦，又來勸駕。時大學肄業，有部曹翰林道府州縣等官，習氣甚深，自度才德年位，恐不足以率之，度教無成，徒增謗議，故面辭之，時孫尚未睹卓如章程也。

時李合肥樞臣廖仲山、陳次亮皆勸孫中堂請吾爲總教習。及見章程大怒，以教權皆屬總教習，而管學大臣無權。又見李合肥、廖仲山、陳次亮皆推轂，疑我爲請託，欲爲總教習專權，又欲專選書之權，以行孔子改制之學也，於是大怒而相攻，我遂命卓如告孫，誓不沾大學一差，以白其志。時參保國會之餘，孫灝誣攻之後，參保國會之潘慶瀾，又孫之親戚也。又有謠諑於孫之前者，孫於是大有惑志。

始孫頗言變法，與編修蒯光典言曰：「今朝士忠肝熱膽，而心通時務者，惟康某一人耳。若皇上責我變法，我惟舉康某人，我則安能？」其相待若此。至是相攻，謂吾孔子素王攷乃自爲教王、民主，於二十九日上摺劾孔子改制攷，並謂康某才氣可用，以爲宜如漢文之待賈生，老其才折其氣而後大用之。上令軍機大臣傳旨與孫家鼐，令孫家鼐轉傳旨與我而已，並不明降上諭。蓋我已將孔子改制攷進呈，並無少妄，早鑒在帝心也。

時廣東學政内閣學士張百熙奏薦我經濟特科，又奏保使才，不識其人亦不知其事也。時網羅天下人才及同門才者，交諸公奏薦，陝西劉古愚，皆爲推轂。時八股已廢，報會紛紛，學堂大開矣。

六月一日乃上商務一摺，請令十八省各開商務局。先在上海廣東善堂中，公舉通達時務殷實商人試辦，限兩月內草定章程，呈總署進呈御覽。薦上海經元善、嚴作霖爲總辦，廣西龍澤厚副之。奉旨交各直省督撫議行。廣東商務局七十二行，卽舉何穗田爲總辦，以知新報曾言商務章程也。儀侃頻書來促章程事，忙甚，令儀侃、孝實議之。時潘衍桐等欲攘商務局事，適岑雲階放廣東布政使，乃以何穗田託之。

時時務報汪康年盡虧巨款，報日零落，恐其敗也，乃草摺交宋芝棟上之，請飭卓如專辦報，並選擇各省報進呈，奉旨交孫家鼐議。時樞臣相惡，欲藉差擠我外出，然後陷之，乃託孫家鼐請我辦官報，並以京衛及督辦字樣相誘，吾卻之。當是時，舊黨謠言充塞，皇上無權，而榮祿等日造謠言，謂上重病，已豫大行衣衾棺槨，諸人皆爲我危，勸我勿預政事。

幼博則專意在廢八股，自八股廢後，民智大開，中國必不亡。上既無權，必不能舉行新政，不如歸去，選港中西文學者，教以大道，三年當必有成，然後議變政，救中國，未晚也。日以爲言，每當上摺必阻撓之，謂辦此瑣事無謂，日與卓如言之。

時榮祿出天津，條陳辦事情形，有摺上太后，而無摺上皇上，此本朝人臣所未有也。榮祿素結李聯英以媚太后，故迎合李聯英以輕皇上，至是出統三軍，謀定於天津閱兵而行廢立，故敢無君至此。上怒而傳旨申飭榮祿，奏薦三十餘人，上無一召見，無一用者。有要人告我曰：「我請皇上召見榮祿凡三次矣，上未嘗一召見之，惡榮祿深矣。」

是時榮祿日攻新政，而太監內務府等謗攻皇上無所不至，幼博言之甚切。我則曰：「死生命也，我昔經華德里，飛磚掠面，若逾寸，中腦死矣，假中風痰，頃刻可死，有聖主在上，吾以救中國，豈忍言去哉？」幼博又曰：「伯兄生平言教，以救地球，區區中國，殺身無益。」凡言此者屢矣，至是辭官報事。孫家鼐將仍歸之汪康年，卓如慮其顚倒是非也，故請我領之。吾亦以朝局危疑，欲藉此以覯進退，乃許之。

初八日，孫家鼐入奏，奉旨令督辦其事，吾具摺謝恩，條陳請令武備文官教職以上及諸生閱看，並請定報律。時吾遞書遞摺，及有所傳旨，皆軍機大臣廖仲山爲之，京師謠言，皆謂廖爲吾筆帖式，甚至有謂爲康狗者，廖避之，乃面奏。謂官報事宜，令我商之孫某，並傳言，謂此後凡報事皆交孫家鼐遞摺，先由軍機大臣傳旨與我，令告知孫家鼐。乃見孫家鼐，爲之草奏云：「某月某日康某轉傳軍機大臣面奉諭旨。」此亦可笑事也。孫某再三挑剔，卒用我言，奉旨俞允，並令我定報律，而諭旨聲明，孫家鼐面奏，蓋專爲避嫌計也。

時正月所上制度局之摺，京師傳之，御史楊漪川、宋芝棟、李木齋、王鵬運，學士徐子靜，皆以制度局爲然，我爲之各草一摺，於五月時分日而上，（皆制度局之意也。）楊漪川、宋芝棟亦奏請御乾清門以誓羣臣，皆爲剛毅所阻，時言新政，皆小臣耳，無大臣言之者。於是卓如爲李苾園草摺陳四事：一曰御門誓羣臣，二曰開懋勤殿，議制度，三曰改定六部之則例，四曰派朝士歸辦學校，乃下之慶親王及孫家鼐議。樞垣最惡御門及懋勤殿事，屬慶邸及孫家鼐阻之，上乃催問我總署正月制度局之摺，面責張蔭桓焉。總署以事關重大，派軍機王大臣會議，既會議以敷衍游辭駁之，上發還令再會議，硃批責以無得浮詞搪塞，倘仍敷衍塞責，定必嚴辦。向例非有重大事，無出硃批者，至是咸悚懼。

我請於京師開十二局，外省開民政局，於是流言紛紜，咸謂我盡廢內閣六部及督撫、藩臬司道矣。故張元濟請廢翰林院、都察院，岑春萱請廢卿寺、裁局員，皆歸之於我。於是京朝震動，外省悚驚，謡謗不可聽聞矣。軍機大臣曰：「開制度局，是廢我軍機也，我寧忤旨而已，必不可開。」王文韶曰：「上意已定，必從康言，我全駁之，則明發上諭，我等無權矣，不如略敷衍而行之。」王大臣皆悟，咸從王言，遂定議。

所云誓羣臣定國是一條，以爲詔書兩下，國是已定，此條無庸議。所請選天下通才二十人置左右議制度一條，乃改爲選翰詹科道十二人，輪日召見，備顧問，於是制度局一條了矣。我所請令臣民咸得上書一條，改爲職官遞本衙門，士民遞都察院。我所請開法律局，定爲每部派司員，改定律例。夫司員無權無才，無從定之，又非採集萬國憲法，與我本意大相反矣。學校局一條，則以大學堂及各省中小學堂，已經奉旨另辦了之。農工商局則以屢奉諭旨飭辦了之。所謂起民兵以練陸軍，購鐵艦以成海軍，則以裁兵併餉等旨了之。所請民政局，則擬旨令督撫責成州縣妙選人才了之。惟令開一鐵路礦務局，請即在總理衙門派人辦理。於是所議我摺似無一語駁者，似無一條不行者，上亦無以難之，雖奉旨允行，而此摺又皆成爲虚文矣。

大官了事，所謂才者如此，雖「輕舟已過萬重山」，而惡我愈至，謗言益甚。然七月令人人上書之事，羣臣紛紛召見，乃至道府專摺，州縣遞奏及制度局懋勤殿之事，皆出於此，然黜禮部六堂，以召榮禄之變亦萌於此矣。

時編書未畢，未能出京，及辦報館譯書事，擬先遣幼博出京。先是上摺請開農工局，並進呈農學圖，奉旨派端方、吴懋鼎、徐建寅辦理。端方者，剛毅之私人，但爲骨董之學者也；徐建寅者，裕禄之人也；吴懋鼎者，王文韶之私人也；惟徐建寅頗游外國，餘皆非能辦事者。是以各督撫皆藐上無權，抗不遵辦，於是心力稍倦，吾亦決意出京矣。時奏派狄平接辦報事，而汪康年私改爲昌言報，據而不交，乃與孫家鼐面商，請在京師開局。孫承樞垣意，欲擠我，不願其留京師也，仍屬往上海。乃電江西布政使翁曾桂、兩江總督劉坤一、兩湖總督張之洞、湖南巡撫陳寶箴、浙江巡撫廖壽豐，並令劉坤一勒令汪康年交出，無得抗旨。劉坤一立即電奏奉旨，令出使日本大臣黄遵憲過滬查辦。劉坤一得旨，即電上海道蔡鈞封禁昌言報，江西亦飭禁。

以報事查辦復留京。時湖南巡撫陳寶箴奏薦我而攻改制攷，上留中。時王先謙、歐陽節吾在湘猖獗，大攻新黨新政，學會學堂一切皆敗，於是草摺交楊漪川奏請獎勵陳寶箴。上深別白黑，嚴責湖南舊黨，仍獎陳寶箴認真整飭，楚事乃怡然。非聖明洞燭萬里，何能如是。又請親試京僚，黜其不通者，然朝士之冗闒者大恐，剛毅阻之卒不行。時譚鍾麟不行新政，縱盗賊，草摺交宋芝棟劾之，奉旨交陳寶箴查辦。先是爲文悌草摺，劾雲貴總督崧蕃貪誣革職焉。

時萬壽，請頒御像，下愛民詔書，以結民心，刊新政詔書，謄黄遍貼窮鄉僻壤，以廣德意。停止昭信股票，或作爲公債，交回本地方，起農工商之業，以惠民困。刊謄黄及昭信股票事，皆奉旨允行。昭信股票害民至甚，富商小户，無得免者，至是皆得昭蘇。同日，上禁天下裹足摺，請獎勵各省不纏足會，令各省督撫，飭地方官勸誘士庶，倣照上海不纏足會例推行。並定律，光緒十五年所生女子至今十歲者，無得裹足，若有裹足者，不准領受封典，諸臣以穢屑不關政體，沮尼不行。時徐致靖學士請開編書局於京師，薦我編萬國强盛弱亡之書，及制度風俗之事，剛毅沮之，謂大學堂已有編譯局，可無庸另開，遂不行。

當萬壽後，進波蘭分滅記，言波蘭被俄奧分滅之慘，士民受俄人荼毒之酷，國王被俄人控制之害，守舊黨遏抑之深，後國王憤悔變法，俄使列兵禁制，不許變法，卒以割亡，哀痛言之。上覽之爲之唏噓感動，賞給編書銀二千兩。

七月初四日，總理衙門傳言來，謂當有旨到，命勿出門，既而章京李岳瑞來，口傳諭旨，即令僕人將賞銀捧出，此本朝未有之舉，倉卒拜受，不知何以報也。時應詣宫門謝恩，以上未降明旨，知有曲折，恐爲太后所忌，故亦不敢詣宫門請對，但具摺謝恩，於摺末極陳時變之急，分割之苦，新政變而不變，行而未行之無益，制度局不開，零星散雜之無裨，末復舉波蘭事，反覆言之，摺凡數千言。於是上大感動，從此大發雷霆，非復曩時之迂迴矣，時七月十二日也。附片辨孔子改制攷事，辨孔子稱王爲歷朝封典，非自我創造事。

自上此摺後，以制度局未開，不復言事矣。然修英德變政記，日無暇晷。是時既許羣臣上書，大臣多有抑遏之者，禮部主事王照一摺，條陳請皇上東游日本痛抑守舊一摺，尚書許應騤、懷塔布擲還，不肯代遞。幼博以爲皇上明目達聰，廣開言路，豈容大臣阻蔽不達，謂宜劾之。小航性勇直，即具摺彈劾堂官。時侍郎堃岫、溥頲在堂，令掌印者勿收，小航懷之而出，謂將遞察院，兩堂乃許代遞。而許應騤遂劾小航「妄請乘輿出游異國，陷之險地，日本素多刺客，昔俄太子出游，及李鴻章奉使，皆遭毒手，王照既用心不軌，故臣等不敢代遞，乃敢登堂咆哮。」然上閱我所進俄大彼得變政記，已亟以親游外國爲然，乃降旨責禮部六堂蔽塞言路，並云：「親游外國之舉，朕躬自有權衡，無煩該大臣鰓鰓過慮。」交部嚴議。部議降級，上怒其不遵旨，盡褫尚書懷塔布、許應騤、左侍郎堃岫、徐會澧、右侍郎溥頲、曾廣漢六堂之職，而令羣僚封章直遞。

又令各直省道府自行遞摺，各州縣交督撫代遞。上諭謂「藉覘中國人之才識」，自是我請臣民上書之說，乃始行。於是羣僚士庶，情意疎通，奔走輻輳，以報聖主。各衙門每日摺數十件，厚或盈寸，上鷄鳴而起，披覽章奏，至於日昃不盡。體裁踳雜，上並不責問，至有野民漁人上書，紙用二尺長條，稱及皇上亦不抬頭，上亦一笑置之。又有詆上「變亂祖法，自稱開創，置祖宗於何地者」，樞臣欲罪之，上亦謂當廣開言路之時，不必有所譴責以塞之，其寬大求言如此。

於是廣開薦賢之路，薦剡交於公車，上每日輪召見之，必問其通時務與否，給事中丁之栻不能答，則面責之，令其講求中外之故。其稱旨者，立行擢用，於是台諫詞館移風，皆爭講求，又以爭上條陳，京師西書爲之一空，外省八股已廢，改試時務，學堂學會，徧地並起，爭講萬國之故，守舊者知上風旨已定，亦不敢有他言，於是維新之風氣幾定矣。

上以樞臣老耄守舊，而又無權去之，乃專用小臣，特加侍讀楊銳、主事劉光第、中書林旭、知府譚嗣同，以四品卿銜，爲軍機章京，參預新政。上以無權用人爲大臣，故名爲章京，特加「參預新政」四字，實宰相也。即以羣僚所上之摺，令四人閱看擬旨，於是軍機大臣同於內閣，實伴食而已。

有湖南舉人曾廉上書，請殺吾及卓如，上特發交譚嗣同擬旨駁之。又傳我密諭，令林旭帶出，蓋上之用林旭，以其奏摺稱師，知爲吾門生。上之用譚嗣同，以其與我同爲徐學士及李苾園尚書所薦，皆吾徒也，故拔入樞垣。楊、劉爲楚撫陳寶箴所薦，而陳寶箴曾薦我，楊漪川又曾保陳寶箴，上亦以爲皆吾徒也，而用之。時譚復生實館於吾，林暾谷亦日日來，上意有所欲傳，吾有所欲白，皆藉譚、林通之。時李苾園尚書奏薦甚力，上以忌西后，未敢顯然用，故用譚林楊劉代之，上之意極苦矣。

時奏摺繁多，無議不有，汰冗官、廢卿寺之說尤多，上決行之，樞臣力諫不獲聽，且曰：「康有爲並請廢藩臬道府，何爲不可。」而吾向來論改官制，但主增新，不主裁舊，用宋人官差並用之法，如以尚書翰林同直南齋，侍郎編修均兼學政，親王、京卿同任樞垣總署，提督、千把同作營官，專問差使，不拘官階，故請開十二局及民政局，選通才以任新政，存冗官以容舊人。軍機大臣廖仲山聞我論，託人來請我言之，吾乃草摺言官差並用之制，引唐宋爲法，舉近事爲例，乃言方今官制，誠不可不改，然一改即當全改。統籌全局，如折漕之去漕運，抽釐之去鹽官，尤爲要義也。上即大裁冗散卿寺，及雲南、廣東、湖北三巡撫，及各道各局並及漕運，西后不肯裁漕，而新局之置，上將有待也，廖乃咎我。將請吾諫止裁官，而吾乃請全裁，蓋上於變政勇決已甚，又左右無人顧問議論，故風利不得泊也。

吾以古者皆有散大夫以備諷議，蓋有行政之人，而無議政之人，古今亦無此政體。乃請置三四五品散卿，三四五六品散學士，草摺交徐子靖侍郎上之。時禮部六堂易人，上擢李苾園倉督爲禮部尚書，王少詹錫蕃爲左侍郎，徐學士爲右侍郎。内閣學士闊普通武嘗上疏請開議院，上本欲用之，吾於日本變政孜中，力發議院爲泰西第一政，而今守舊盈朝，萬不可行，上然之。然雖不用闊言，猶拔爲禮部侍郎，上於言必酬如此，知人之明，鼓勵維新，莫不頌我聖明也。

時章交公車，上尚慮天下人才未盡達，令天下士民有欲上書者，即交本籍州縣上，於是天下欣欣莫不吐露于聖之前，此則三代懸鞀設鐸所未及也。時言者雜沓，無所不有，上於其可者，立予施行。時復生力欲薦吾入軍機，吾自避，徐學士力欲薦吾直懋勤殿，吾因爲行新法，不爲富貴，又以觸西后之忌，辭之極力，而兩君者猶强牽不已。

時吾觀復生及林暾谷之相，謂卓如曰：「二子形法皆輕，不類開國功臣也。今兹維新，關中國四千年大局，負荷非常，而二子起布衣而驟相，恐禍將至矣。昔何晏、鄧颺執政，而管公明謂其鬼幽鬼躁，必及於難，吾今懼矣。」以徐瑩甫，及徐毅甫形相甚好，可入軍機，謂卓如福氣過人，或可消弭，並欲爲沈子培奪情，舉吴德瀟小村及孺博數人，又留黄公度勿出。

於時復生、暾谷又欲開議院，吾以舊黨盈塞，力止之。而四卿亟亟欲舉新政，吾以制度局不開，瑣碎拾遺，終無當也，故議請開懋勤殿以議制度，草摺令宋芝棟上之，舉黄公度、卓如二人。王小航又上之，舉幼博及孺博、二徐並宋芝棟。徐學士亦請開懋勤殿，又竟薦我。復生、芝棟召對，亦面奏請開懋勤殿，上久與常熟議定開制度局，至是得諸臣疏，決意開之。乃令復生擬旨，並云：康熙、乾隆、咸豐三朝有故事，飭內監捧三朝聖訓出，令復生查檢，蓋上欲有可據以請於西后也。先是語復生以上無權，榮禄不臣，復生不信，至是乃悟。是日擬旨樞垣傳出，京師咸知開懋勤殿矣，是月二十八日也。

是時，以天津閱兵期迫，收兵權則恐驚覺，不撫將帥則恐不及事，日夜憂危。復生至是知上果無權，大恐懼。吾於是連日草請仿日本立參謀本部，選天下虎羆之士，不二心之臣於左右，上親擐甲胄而統之。又請改維新元年以新天下耳目，又請變衣服而易舊黨心志，又請遷都上海，借行幸以定之，但率通才數十人，從辦事，百官留守，卽以棄舊京矣。力言舊京旅大膠威門户盡失，俄人屯重兵於旅順，扼吾之吭，無可守矣，又北京連年水災，城崩屢次，塵土坌天，泉惡脈壞，王氣已絶。又旗人環擁，舊黨彌塞，下則市儈吏胥，中則瑣例繁禮，種種皆亡國之具，不易掃除，非遷都避之無裨易種新邑，不能維新也。借行幸舉之，則定天下於無形，精選參謀部之兵，才武之將，以師兵鐵艦爲營衛，居於上海通達之地，以控御天下，其於新政最便，上皆然之。

先是慮九月天津閱兵卽行廢立，夙夜慮此，友朋多勸吾避居日本以待變，吾不忍也。以將帥之中，袁世凱夙駐高麗，知外國事，講變法，昔與同辦强學會，知其人與董、聶一武夫迥異，擁兵權，可救上者，只此一人。而袁與榮禄密，慮其爲榮禄用，不肯從也。先於六月，令徐仁禄毅甫游其幕與之狎，以覘其情，袁傾向我甚至，謂吾爲悲天憫人之心，經天緯地之才。使毅甫以詞激之，謂：「我與卓如、芝棟、復生，屢奏薦於上，上言榮禄謂袁世凱跋扈不可大用，不知公何爲與榮不洽？」袁恍然悟曰：「昔常熟欲增我兵，榮禄謂漢人不能任握大兵權。常熟曰，曾左亦漢人，何嘗不能任大兵？然榮禄卒不肯增也。」毅甫歸告，知袁爲我所動，決策薦之，於是事急矣。

先是爲徐學士草摺薦袁，請召見加官優奬之，又交復生遞密摺，請撫袁以備不測。上卽降旨，召袁世凱二十九日至京師，而是日上召見於頤和園交密詔與楊鋭帶出，稱「朕位且不保，令與諸同志設法密救。」初一日袁世凱降旨嘉奬，賞給侍郎。初二日明詔敦促我出京，於是國人駭悚，知禍作矣。以向例非大事不明降諭旨，有要事由軍機大臣面傳諭旨而已。至逗遛促行一事，非將帥統分逼撓，無明降諭旨之理，況吾爲微官，報亦小事，何値得明發上諭？既嚴責詫異，便當革職，何得謂欲得通達時務之人與商治法，聞康有爲素日講求，反與奬語耶？又上召見臣工，無煩自明，乃聲明「召見一次」，亦從來未有之事，故國人皆曉然。上復恐吾疑惑，召見林旭，令其持密詔交出。

先是自懷塔布既黜，李鴻章、敬信亦撤去總署差，舊臣惶駭，内務府人皆環跪后前，謂上妄變祖法，請訓政，后不許。立山等乃皆走天津，謁榮禄，榮禄請廢立，旗人冠蓋相望。御史楊崇伊，亦榮黨也，草摺請訓政，出示榮禄，榮禄許之，令楊崇伊持摺見慶邸而面商之，慶邸與李聯英皆跪請西后訓政。立山等至謂上派太監往各使館，請去西后。西后大怒，故上自八日還海，請開懋勤殿，都人士方側望，而密詔遽下。榮禄見袁世凱被召，卽調聶士成守天津，以斷袁軍入京之路，調董福祥軍密入京師，以備舉大事。

楊崇伊於初二日至頤和園遞請訓政摺，西后意定，上欲保全我，故促我出京也。

是夜未見旨，飲宋芝棟家，李苾園尚書、徐子静侍郎在我左右，唱崑曲極樂，而聲帶變徵，曲終哀動，談事變之急，相與憂歎。自是夕與二公（晤），遂不復見矣。既而歸見敦促出京之旨，又見暾谷留書云，來而不遇，屬明日勿出，有要事告。

初三日早暾谷持密詔來，跪誦痛哭激昂。草密摺謝恩並誓死救皇上，令暾谷持還繳命，並奏報於初四日起程出京，並開用官報關防。二十九日交楊鋭帶出之密詔，楊鋭震恐，不知所爲計，亦至是日，由林暾谷交來，與復生跪讀痛哭，乃召卓如及二徐、幼博來，經畫救上之策。袁幕府徐菊人亦來，吾乃相與痛哭以感動之，徐菊人亦哭，於是大衆痛哭不成聲。乃屬譚復生入袁世凱所寓，説袁勤王，率死士數百扶上登午門而殺榮禄，除舊黨。袁曰：「殺榮禄乃一狗耳。然吾營官皆舊人，槍彈火藥皆在榮禄處，且小站去京二百餘里，隔於鐵路，慮不達事洩。若天津閲兵時，上馳入吾營，則可以上命誅賊臣也。」幼博早已料之矣。

復生入城後，卓如至金頂廟容純齋處候消息，吾稍發書料行李，是日盡卻客。及夜，楊漪川、宋芝棟、李孟符、王小航來慰，楊言京師市人皆紛紛傳八月京師有大變，米麵皆騰貴，並董軍紛紛自北門入，居民震恐，乃有紛紛遷避者。李孟符言英人有七艦在大沽，將與俄戰，吾未與諸公談密詔事，而以李提摩太交來「瓜分圖」，令諸公多覓人上摺，令請調袁軍入京勤王。至子刻内城開，吾亦入城，至金頂廟候消息，知袁不能舉兵扶上，清君側，無如何，乃決行。

聞五日袁召見，上另有密詔與袁，則不知其云何矣。聞袁知變不奉命云。容純甫欲請美欽使，然以其無兵，無濟於事，卻之。天將明乃睡，九點鐘起訪李提摩太與謀。英公使亦避暑北戴河遠出，無能救者。又惡假權外人，故見伊藤博文，而不請救援，但請其說太后而已。

至夕出城，而見南海館屋室牆傾覆，心竊怪之矣。黄仲弢餞我，戒以事變作，榮禄將謀害我，勸易裝出山東，勿經天津。歸則暾谷來言，英俄已開仗。是夕太后還宫，以爲外患方殷，或少紓内憂，稍爲安心，不知榮禄之誑言也。

卓如、幼博咸勸我微服行，吾以死生有命，聽其自然，乃留幼博與卓如謀救上，而獨攜李唐於天未明出京，令幼博帶行李，遲日乃出。幼博送我至門，遂永訣矣。車中猶思仲弢言，或爲山東之念，卒以死生有命，故決出天津不顧。至暮直抵塘沽，即登招商局之海晏矣。以無票不許搭餐房，乃入官艙，以其初六日四下鐘乃開，惡久滯船中，忽思另搭，客棧人嘖有煩言，挑夫亦重索價，唐亦謂可勿回。意既決，遂運行李還入店，浴於浴室，至初六日搭太古之重慶輪船，十一下鐘乃動輪，既去天津無恙，亦無戒心矣。

過烟台，購梨及石子。初九日抵滬，兩點鐘將入吴淞，出船頭眺覽，有浙江貢生姚祖義，以其所上書來示，因與議論，而船中莫不知吾者。忽以英人來問：「君爲康某乎？」其人固不識面者，姑應之，英人即入一室，出照相，相視曰：「此君之相乎？」曰：「然。」問曰：「君在北京曾殺人否？」笑曰：「吾安得爲殺人事，何問之奇也？」英人手出其上海道蔡鈞一書，抄白僞上諭一道云：「吾進紅丸弑上，即密拿就地正法。」覽畢，眩然哭。英人曰：「汝有進丸弑上事否？」即寫密諭與之，並哭言其故。英人曰：「我英人濮蘭德也，我領事固知君是忠臣，必無此事，且向知汝之聯英惡俄，特令我以兵船救君，可速隨我下輪，事不可遲，恐上海道卽來搜船。」乃隨之下小輪。時聞上弒，又不知英人如何，痛不欲生，卽預爲蹈海計。卽口占一絕句：「忽灑龍漦翳太陰，紫微光掩帝星沈，孤臣辜負傳衣帶，碧海青天夜夜心。」乃草與家人遺書，及與諸弟子書，及與徐君勉一書，以家事託之，匆匆數言，交李唐密藏之。濮蘭德見吾哀哭，慰之曰：「上大行尚無確信，但傳聞耳，可待之。」乃少節哀，至英兵艦旁之公司船，卽函電澳門知新報陳儀侃、劉孝實、何穗田，告無恙，屬其救家人。又電雲衢書屋、萬木草堂，屬卽移家澳門。英領事班德瑞來見，取回船中行李交來。次日，總領事壁君來見，並送行。而上海道連日搜船，追問英領事甚急。既知救在英船，派人來，則船主不准登船。上海道又派兵船二艘來，英人又派兵船二艘夾護之，仍慮有變，先調威海衞之大鐵艦來護送。是艦方上煤，聞電卽行，艦至爲十二日矣。乃動輪，兵艦咸備戰具，護至福州，道無中國兵艦，乃還。

時在滬上，託濮蘭德交大同譯局各書，皆復云，局中無人矣。十四夕到香港，何曉生卽同英港督所派之輔政司波君，總巡捕梅君來迎，蓋壁領事先有電告之也。居英巡捕房，有霈四弟來見，知家人已到澳，而老母未來，憂思甚矣。十五日，張夫人自澳來見，知母適從港到澳，以畏風浪不來。十六日母來，抱膝跪哭，幸脫虎口。獨念二叔父介藩公以及二姊四妹並象岡眷屬，乃託陳維昭繞過三水往訪迎之，時逮捕嚴急，親友皆不敢行矣。

先是吾以五日行，僞臨朝於六日廢上，午命步軍統領崇禮率緹騎三百，圍吾所居南海館，捕幼博及門人程式穀子良、錢維驥君白，並僕人王升、王貴、田叔以去。

是時幼博如厠，本可避矣，館長班恨幼博嘗責之，帶兵往搜，遂及難。車騎塞米市胡同口，觀者如山，三人各乘一車，至步軍衙門，訊吾何往，答以已出天津，乃拘在押官員之監房，尚有一床一桌。錢維驥流涕震恐，欲尋死，幼博反從容言笑以解之。是時聞交刑部，程式穀曰：「吾等必死矣。」幼博曰：「汝年二十餘，我三十餘，不愈於生數月而死，數歲而死者乎？一刀而死，不愈於久病歲月而死乎？若死而中國能强，死亦何妨？」子良曰：「外國變法，前者死，後者繼，中國新黨寡弱，恐我等一死，後無繼也。」幼博曰：「八股已廢，人才將輩出，何患無繼哉？」

七日四點鐘，一卒提幼博交刑部，而於次日釋子良、君白及諸僕。刑部堂官親訊，問吾何在？答以已出天津。謂何以私逃？答以：「是奉旨敦促，經奏報初四日起程，並非私逃。」堂官曰：「汝兄不來，必不釋汝，必寫信令汝兄來方釋汝」云。獄中飯食及鋪蓋，皆復生與贊侯任之也。

圍南海館既不得，以文悌奏劾我曾宿張樵野所，緹騎遂圍張宅。刑部主事區震適在焉，誤以爲我，捕之去，既乃釋之。樵野遂因此下獄。圍張宅不得，七日榮禄入京，遂發兵三千，閉城門，斷鐵路大搜，凡吾知識之人，多見累者。京師搜不出，則大搜天津、塘沽客棧，並停一切輪船大索，並發電烟台上海搜船，電廣東拿辦家屬。於是查知吾搭招商局船而復回改搭重慶，即發飛鷹快船追捕。飛鷹者新購自德國，每點鐘能行三十海里，速率倍於重慶，追可必至，而船長以煤盡中道返，遂下獄。或曰，船長義士也，煤能返津，即可來滬，其出於仗義也。

卓如與復生謀所以救我者，皆以爲必無生理矣。復生促卓如入日使館姑請伊藤設法救之，伊藤博文聞而頓足，電滬日領事小田切，然無能力也。時捕卓如甚急，復生乃勸卓如東行，而自誓就死。卓如遂以七日行。

時京津間風聲鶴唳，處處皆傳吾所在，捕搜嚴急，誤以卓如爲我，聶士成至親帶隊出搜捕者。既登舟強索，護送之日領事鄭永昌亦失色，無以答之。卓如擁中國被草家書，危甚，幸去海岸僅十餘里，聶士成兵至，則日艦已先列隊，護之登舟，雖再三索問，日人拒之，僅乃免。

是時，上幽南海瀛台中，王小航與日人謀踰南苑救上，譚復生與京師俠士大刀王五亦謀救上，皆未及事。九日譚復生被捕，小航被逮甚急，日人勸之東行，遂以十日行。八日楊漪川遞摺請僞臨朝勿訓政，遂被逮。昔郅壽奏請王莽歸政漢室，退就臣列，其戇不可及，今漪川復類之。然郅壽不死，王莽真大度哉！嗚呼，漪川可謂古之遺直矣。

九日早逮捕楊叔嶠，在床未起，單衣就縛。林旭入直就縛，劉光第、徐子靜聞捕，乃自投獄中。是日緹騎遍地，人人震慴，時又欲捕保國會，則株連徧天下矣。朝士紛紛恐禍及，多避而南下，鐵車輪船，擠擁甚，各直省聞之，亦慮會事株累。又傳聞上已有不測，各國紛紛調兵，咸恐懼國變，或奔走避匿，有若大亂者。

十一日下僞旨，謂吾結黨營私，餘免株連，以安衆心，而樵野出獄軍台。自六日後，言官揣摩希旨，争以攻劾新黨新政爲事，張仲炘於六日首劾我，而黃桂鋆請先殺六人，無貽後患。

十二日兩點鐘，刑部正堂開堂訊問。僞旨命軍機大臣榮祿、剛毅、王文韶、廖壽恆會訊，忽傳僞命，不必審訊，卽行正法。四下鐘菜市口行刑，觀者如堵。幼博先就義，欲有所語，而左右顧盼無一人，五君子以次從容赴義，嗚呼痛哉！幼博就義時，衣短衣，南海館長班張祿既得吾衣物，乃爲縫首市棺，葬於南下窪龍爪槐觀音院旁，立石樹碑曰：「南海康廣仁之墓。」

九月一日，陳士廉介叔曾冒險難走京師，夜視之，欲起運歸，而邏者嚴密，未克而還。是役也，梁元理同行至津而歸，介叔慕義陷險，真古之人也。幼博才斷絶人，方就官主事，上條陳，言改元，遷都事，王小航疏薦於朝。上開懋勤殿十人名單，傳聞有幼博名，後以西后有變，衣帶詔出，事不果。幼博之才一不展用，年僅三十二，無子，遺一女，名曰同荷，八齡耳。老母在堂，吾遂折翼，竟以吾故，至蒙大戮，白骨不歸，痛可言耶。

政變之獄，一以文悌之摺爲案據。先是四月大閲，吾與幼博出西直門視之，還遊極樂寺，入西直門，經文悌之宅，吾順與幼博訪之。後文悌直入室，來視吾疾，幼博陪之，與論變科舉數言，文悌劾吾，竟牽及幼博名，自是京師無不知幼博者。謡謗之興，乃至謂幼博出入内廷，曾有在乾清宫門遇之者，展轉傳述，或信爲真，故舊黨洩憤，遂及大戮。而楊漪川亦以文悌劾之，有不可告人一語，遂致京朝謡言滿聽，吾及漪川之禍，皆出於此。張樵野之萬里軍流，亦爲吾夜宿一言。詩云：「讒人罔極，交亂四國。」又云：「取彼讒人，投畀豺虎，豺虎不食。」文悌之險詖有之，詩人所以痛絶之哉！極樂寺耶，悽愴心目，極哀出遘此鞠凶，先君之躬，惟我二人，吾今孑然㷀㷀，何以爲生耶？

當初六日聞變，卓如電上海孺博告變，上海於七日得電，楚卿、雲樵爲吾與日本亞東時報館人設法救我，而汪穰卿告上海縣引捕役來大同局及卓如之家逮捕，乃皆走避。初八日陳子褒電廣州公善堂區謙之，時吾築室花埭，謙之夜渡江來吾家告變，而不欲明言。然時以吾爲必死矣，舉家飲泣，謙之竟夕坐催襆拾行李，至九日五更舉家下舟。是日爲禮拜，港澳輪不開，十日乃下澳船，船甫開，逮捕吾家之兵卽至。蓋譚鍾麟亦於八日接電，城內則已於八日夜到雲衢書屋矣，不得吾家人，故九日侵曉而來也。兵役來大掠，捕看屋三人去，吾電發已遲，若無子褒之電，及謙之適在，而謙之之勸之也，家人皆被逮矣。又幸適築花埭新屋，若仍居雲衢書屋，則在城中，夜間謙之無從飛至，亦無從飛出，早及於難矣。嗚呼，豈非命哉？

是時吾母還蘇村居鄉，得謙之信，卽令僕人關純往迎出港澳，家人震驚，相對泣，二姊決力勸母行。十二日關純偕一女僕護老母出城，十三夕由城下香港。關純過謹畏，謂不當坐上艙，乃坐下艙，坐客繁多，竟夕無卧處，又雜稠人中，言語穢惡，氣味腥膻，吾母屏氣不敢語言，不敢屑涕，皆生平未嘗經此者。至港入鴻安客棧，而不知吾家人所在，十四日關純復還城查問，乃知過澳門。十四夕，關純還港，十五晨護老母過澳，則知吾還港，十六日復來港相見。然老母生平寡出，出必有子孫從，又未嘗居客棧，當患難憂驚，到港無歸，僅與一女僕相對隱泣吞聲，悽惶萬狀。既見，告知爲不孝未能救天下，幾危老母，雖天幸得全，而貽以大憂，不孝之罪，上通於天矣。

弟婦及同荷亦於翌日來澳。時風聲傳播，奸人生心，親戚多被擄挾者，吾舅遂爲奸宄所脅，索千金而後得還。吾二姊四妹託於妯娌，高樓深室，每夕一遷，父母妻三族人凡數十，並皆走避，而望門投止，或多見拒者。甚至吾鄉六姓及吾鄰鄉良登鄉並皆駭逃，數十萬户，村落皆空。

十一日封吾花埭之屋，波及吾從叔中丞第，及其園田二頃，並皆抄没，於是中丞公之業盡矣。十二日封雲衢書屋，吾所藏之書，及所著書稿盡失矣。十八日還吾蘇村鄉，封吾一屋一廳事，及高祖炳堂公祠廟。二十二日封萬木草堂，以吾所藏及書藏書三百餘箱，盡付一炬，所著行之書，亦已行各省燬版矣。封吾象岡鄉叔父之屋及祠，而卓如之鄉，亦於十七日被圍，鄉人咸走避捕，其遠族一孕婦墮孕而死，嗚呼慘哉。

姊妹久不至，復遣關純往迎之，並諭垣迎先人木主來澳。關純言吾鄉空巷慘悽，户無炊烟，蓋彌月焉。當吾家之方移，而吾母之未出也，何曉生於八日託陳欣榮至城迎吾家，梁鐵君請於英廣州領事，用小輪入鄉，迎吾母，雖皆先去，而俠士高義，令人感泣。吾二十一日移居何曉生家，港澳賃屋，薪水皆何穗田供給，周入隱微，何曉生復贈金數千，以安羈旅，藉以濟宗族及供游貲焉。二何君今之俠士，義高海内，何可復得哉！

當十四夕吾到港也，英人前海軍卿柏麗輝亦適到。約見，慷慨許救我皇上，我告俄人屯兵旅順者二萬，貴國未易輕舉也。柏海部卿指頭誓死以救我皇上，蓋雄才熱血，不可多得之人也。時日本人宇佐穩來彦偕領事上野季次郎來見，以大隈伯在相位，有志營東亞，先欲至日本求救，隈伯電許保護，速之來。先是日人宫崎寅藏，託梁鐵君來送金二千卻之。日本諸士皆好義，周旋懇摯，故以九月五日東渡，乃議游歐美焉。

在港凡二十日，日日憂君親之亡，哀家族之危，聞捕殺之信。李苾園、張樵野之見流，徐子靖之下獄，宋芝棟、陳寶箴父子及江建霞、熊秉三、王錫蕃、李孟符、張菊生之被革，文芸閣、黄公度之被捕，日接於耳目。聞公度以我捕，慮其必死，電英領事救焉。既而聞日人救之，乃爲額手焉。其他復八股，禁報館，捕會社及主筆人，罷經濟特科，農工商局，復冗官停漕折，務反其舊，凡昔所經營者，盡皆罷廢。詩云：「無逝我梁，無發我笱，我躬不閲，遑恤我後。」既丁此厄，一身不自保，復計其他哉？久而聞幼博及五子之難，益令哀惻肝肺矣。

維新之事，吾以四月二十八日召見，至七月二十九日奉密詔，凡九十日。是役也，身冒十一死，思以救中國，而竟不死，豈非天哉！事後追思，無一生理，吾先出上海辦報，則上海掩捕立死。皇上無明詔，密詔之敦促，遲遲出京必死。榮禄早發一日，無論在京在途必死。無黄仲弢之告，宿天津必死。從仲弢之言，出烟台亦必死。搭招商局之海晏船，英人欲救無從，必死。是日無重慶之輪開，或稍遲數時行，追及必死。飛鷹快船不因煤乏還，必死。萊青道非因有事往膠州，則在烟台必死。上海道不託英人搜，則英領事不知，無從救，必死。英人不救亦必死。凡此十一死，得救其一二，亦無所濟，而曲線巧奇，曲曲生之，留吾身以有待其兹，中國不亡，而大道未絶耶？

聚散成毁，皆客感客形，深閲死生，順天俟命，但行吾不忍之心，以救此方民耳。諸子欲聞吾行事，請吾書此。此四十年乎，當地球文明之運，中外相通之時，諸教並出，新理大發之日，吾以一身備中原師友之傳，當中國政變之事，爲四千年未有之會，而窮理創義，立事變法，吾皆遭逢其會，而自爲之。學道愛人，足爲一世，生本無涯，道終未濟，今已死耶，則已閱徧人天，亦自無礙，即作如是觀也。後此玩心神明，更馳新義，即作斷想，又爲一生觀也。九月十二日至日本，居東京已三月，歲暮書於牛込區早稻田四十二番之明夷閣。

南海康先生年譜續編

序

先君自編年譜，原名我史，止於戊戌，凡四十一年，後未續作。丁卯年，先君在青島逝世，同門梁啓超、徐君勉、張篁溪等諸君，追念師門，擬爲補輯，而歲月不居，先後下世，因循未果，以迄於今。本年二月初五（即陽曆三月廿四日）爲先君百歲誕辰，又屆戊戌變法六十周年，文珮侍先君最久，十八歲時，即從父居南洋，走印度，漫遊歐美，聞其言論行事，知之最深。今復得天游堂同門任君啓聖之助，敢不揣愚陋，將先君生前事蹟，就文獻足徵而文珮所能記憶者，自己亥起，至丁卯止，補綴成書，名曰南海康先生年譜續編。先君一生學術及政治思想，均與時代有關。自戊戌以後，足跡所至，則三周大地，遊遍四洲，歷三十餘國，行六十萬里，其考察着重於各國政治風俗；及其歷史變遷得失，其次則文物古蹟，凡關乎掌故者，無不考核研究，摩挲殆遍。如羅馬之保存古物，印度佛寺之改濕婆神廟，墨西哥種族之由鮮卑遺來，巴黎墟華宮中所藏之中國大內玉璽，及發現洪武之紀事碑，胥爲重要之史料。又如庚子勤王之役，則有致張之洞、劉坤一原書；丙辰討袁之役，則有致袁世凱原書；丁巳復辟之役，則有致馮國璋原書；六十自壽詩，用韻之最長者，感懷身世，直爲詩史；文珮不忍割棄，均依年採入，以存原貌。先君遭遇既奇，故譜體亦稍變，以備修史者瀏覽焉。

昔梁啓超爲先君傳曰：「有先時之人物，有應時之人物。法蘭西之拿破崙，應時之人物也；盧梭則先時之人物也。日本之西鄉、木户、大久保，應時之人物也；蒲生、吉田則先時之人物也。其爲人物一也，然應時而生者，則其成就大，而其身亦復尊榮安富，名譽揚溢；先時而生者，其所志無一不拂戾，其所事無一不挫折，而其及身亦復窮愁潦倒，奇險殊辱，舉國欲殺，千夫唾罵，是亦豪傑有幸有不幸也。若吾師者，其爲中國先時人物乎！」比之盧梭、吉田，容有過譽矣。若論中國之近代史，而先君爲維新第一人，必無疑也。

康文珮謹叙　民國第一戊戌之二月

光緒二十五年己亥（一八九九年）先君四十二歲

正月，先君居日本東京明夷閣。時與王照、梁啓超、梁鐵君、羅普等重話舊事，賦詩唱和。日相大隈伯、文部大臣犬養毅、外務大臣副島種臣、内務大臣品川子爵、名士松崎藏之助、柏文郎、陸實、桂五十郎、濱村藏六、陸羯南三宅等，亦常來游。桂湖邨且以日本寶刀相贈。日野秀逸伯爵邀觀家藏書畫古物。學者莊原和著新學僞經考辨，以書寄贈。不意舊著遠到雞林，且有駁辨，先君賦詩謝之。

二月五日，爲先君誕辰。梁啓超偕同門三十餘人上壽，飲于東京上野園。先君以國内同門尚多，又慮黨禍，函勸來東游學，家計不裕者，則由先君籌給經費，自此東游者頗衆。十一日，由横濱乘和泉丸渡太平洋，廿七日抵加拿大域多利亞埠。三月四日，乘船赴灣高華。二十六日，乘汽車過落機山頂。大雪封山，光明照映，譯者請名之，因名曰太平頂。月杪，至加都城阿圖和。四月一日英總督冕度侯爵約讌，爵夫人特邀女畫師瑯杜爲先君畫像。十二日，放洋赴歐。二十二日，至倫敦，館於前海軍部尚書柏麗斯子爵家。先君戊戌蒙難至港，適柏麗斯由英倫來，相見甚懽，願救德宗自任。此次子爵代請英廷擬推倒那拉氏政權，實行立憲。以議院開會，進步黨人數少十四人，未通過。乃於閏四月離英倫，重返加拿大，臨行賦詩曰：

秦庭空痛哭，晉議自紛紜。使者是非亂，盈廷朋黨分。陳桓誰得討，武曌亦能君。只愁飛禍水，八極起愁雲。

六月，先君在加拿大域多利埠、温高華埠，與李福基、馮秀石及子俊卿、徐爲經、駱月湖、劉康恒等集議，創立保商會。華僑十九皆商，故保商即保僑，亦即團結華僑以愛衞祖國之會也。旋有人獻議保皇乃可保國，乃易名保皇會。時那拉后與守舊派正謀危光緒，故保皇云者，當時抗那拉氏之謀而言，此保皇會之緣起也。十三日，保皇會正式成立。遣門人徐勤、梁啓用、陳繼徵、歐榘甲分赴南北美洲、澳洲二百餘埠成立分會。會員至百餘萬人，爲中國未有之大政黨。並創辦報館及干城學校，聘西人教兵操。先君製干城學校歌十數首，令學生歌唱焉。夏秋間多居文島。流離日久，曾病頭風。此海島嶼盈千，雪光照人。先君日遊一島，始則結布爲帳幕，繼則裝潢爲漁室，名曰「寥天」。前後兩居，凡彌月，志士馮俊卿奔走供給，調護至週。

九月，勞太夫人在香港患病。先君由加拿大假道日本歸港。日本政府受滿清政府之託，對先君將有不利。前内務大臣品川彌二郎子爵，以死力争於其舅山縣有朋侯相，始免於難。抵神户時，派警官接護，送至馬關。品川氏譽先君爲中國之松陰。松陰爲日本維新導師，伊藤博文卽出其門者也。二十二日，過横濱，匪徒縱火清議報館，存稿被燬。二十四日，至馬關，泊船二日，卽李鴻章議和立約遇刺地也，傷懷久之。抵港後，清廷正擬廢德宗立大阿哥，懸金五十萬購先君頭，特命李鴻章督粤緝捕戊戌黨人。某夜，刺客忽至，相距僅尺許，先君大呼閉門，印警至，賊始走避，門人狄楚青及唐才常猶在樓下談也。又買隣房穿地道，擬以炸藥轟之。適邱菽園自星加坡滙贈千金，並邀往南洋避難，乃於十二月廿七日偕梁鐵君、湯覺頓等乘船離港。菽園與先君素不相識，敬其變法爲救中國救人民之故，遠致千金。到坡後款待尤殷，真義士也。是年，先母張夫人爲同薇姊擇壻麥仲華。

光緒二十六年庚子（一九〇〇年）先君四十三歲。

正月二日，先君至星加坡，寓邱氏客雲廬。二十六日遷居恒春園，樓名南華。

二月，自恒春園移居林文慶宅。

三月，遣梁鐵君至北京尋先叔幼博墓，得於北京宣外南下窪龍樹寺之旁，携遺骸以歸。幼博之遇難，勞太夫人不知也。

七月，義和拳起義，英、美、德、日，八國聯軍攻占北京。先君號召援救京師，散發告全國民衆書，宣布載漪、榮禄、奕劻、剛毅誤國罪狀。遣門人徐勤募款海外，李福基勸會衆輸餉，邱菽園出力尤巨。唐才常招撫長江兩湖豪傑，又收納青紅各幫衆凡十數萬，號自立軍，自爲總司令。才常，湖南瀏陽人，爲譚嗣同死友。昔在湖南時務學堂任教，與梁啓超齊名。嗣同蒙難後，才常東渡日本與梁啓超、麥孟華、徐勤等日夜謀畫，欲爲嗣同復仇，以救中國。至義和拳事起，先擬游説兩江總督劉坤一舉兵援京，而劉欲與鄂督張之洞同舉。之洞故狡猾，才常領鄂湘之衆欲以力脅武昌，令林圭主武昌事，吴禄貞、徐懷禮、蔡鍔、范源廉、羅昌等往從梁啓超策應，其奔走附助者，皆前時務學堂高才弟子也。時有秦力山者，恃勇不量力，不受令，先舉兵於大通，兵敗事洩。林圭恐難久待，促才常自滬來漢，事爲張之洞偵悉，遂於七月二十日在漢被捕，二十九日戮於武昌。林圭、李炳寰、田邦璿、王天曙等三十人同日死焉。先是林圭網羅俠客有四人，已登督署屋瓦，先君電止之，謂吾黨欲效日本義士之脅薩摩長門侯，藉其力勤王，宣大義於天下，非欲除之，嚴戒勿行，而才常卒不免於難。是役自道員至諸生死者千數，而湖北、湖南、安徽、廣西、廣東五省株連而死者，尤不可勝算。先君聞耗大慟，此後不復再言兵事矣。之洞文告稱才常爲會匪，以三萬金購邱菽園。先君在星加坡致書斥之。原文如下：

香濤督部閣下：違離以來，忽忽五年矣。昔者薄游秣陵，過承摯維，爲平原十日之懽，效孟公投轄之雅。隔日張宴，申旦高談，共開强學，竊附同心。何圖今者趨向殊途，始同末異，言之痛惻。故自政變以來，每欲搦筦而輒止，以執事黨奸翼篡，宗旨既定，必不爲故人一二迂論所轉移也，徒增詬誶，不若遂已。而今者大變尤迫，敢執訊而一盡素心。頃天地飛沉，日月晻晦，乃至乘輿遷播，九廟震驚，京邑爲墟，中國如綫，誰生厲階，至今爲梗。哀我聖主，悼我人民。褒姒滅周，蒙父所以涕淚，武瞾臨朝，敬業所爲發憤。凡含識之士，哀恫中國，孰有不髮指眥裂，灑血切齒者乎？伏維聖主，天錫智勇，愛民憂國，變法維新，此夏少康、周宣王未有之英姿，而魏文帝、唐太宗未覩之盛業也。夫以中國萬端積弊之大如此，二千年腐敗之厚如彼，苟非神武命世如我皇上者，豈能摧陷廓清而變革者乎？從古變非常之政，以教化天下者，苟非有爲之君，必不能毅然行之，則雖有聖哲之臣，必無所施。故伊尹之於殷湯，太公之於周武，管仲之於齊桓，諸葛之於先主，下及商鞅之於秦孝，王猛之於苻堅，類皆君臣同德乃致盛隆，未有上無聖君而能致治拯救危亡者。今中國之危削至矣，當此大地梯航交通之日，萬國漸趨文明之時，角立競爭，優勝劣敗，萬不能以冥頑守舊，冀幸圖存，卽無篡后淫昏，亦必覆亡日至，此三尺童子之所知，而執事之所熟講者也。乃於沉憂大痛之時，忽有神武聖明之主，救已亡之中國，可望中興，起已溺之羣生，共登樂土。喜生望外，思若夢中，此真天佑聖朝，哀矜中國，而篤生聖主以救之者也。是故變法之日，詔書所被，普天舞蹈，萬國側仰，譽以彼得，戴以堯舜，及聞幽廢之事，率土飲泣，聖躬有病，薄海驚憂。暨僞嗣更立，則舉國電争，保皇開會，則捐款恐後。夫以百日新政之淺，而盛德入民之深，此又唐虞夏周以來所未有也。凡有憂國之心，孰不願戴此聖主，豈況蒙被厚恩，志安社稷，坐擁兼圻者乎？執事博極古今，其於掌故是非不爲不考矣，少厲忠節，其於君臣之義不爲不明矣；位極封疆，其受主之恩不爲不厚矣；特恩賜壽，詔刻勸學篇，其受嘉寵不爲不隆矣；頗講變法，其望救中國不爲無心矣。春秋之義：君夫人篡者爲賊，淫者當絶。故文姜、哀姜，孔子絶之，不與莊公之念母；朱子之作綱目，書太后馮氏弑其君，此在他人或不知，而足下非不熟講者也。乃者戊戌八月之幽廢聖主，己亥臘月之更立僞嗣，天地崩毁，山川陸沉，地球震驚，蒼生飲泣。蓋自徵醫詔下，郊廟不朝，君胸羅全史，豈有此故事耶？廢君之實，篡位之明，僞詔可徵，非同夢幻，後史必録，不能諱飾。春秋之義，不討賊則非臣。執事領袖清流，素負忠節，乃以通學望重之人，爲保富貴身家之故，始則俛首從賊，繼則翼篡獎奸，天下方望君之討賊，而不意其媚逆也如是。始則六烈士之未死，而執事以楊叔嶠之嫌，電奏請殺之，於是六烈士死於執事之手矣。夫六烈士者實爲皇上之親臣，而多爲執事之交舊。楊叔嶠者尤執事之得意門生，而一切委托者也。然而執事以恐懼保身，而大義滅親矣。僕以不才，過蒙知遇，感國事之危阽，痛生民之多艱，不敢自惜其身，冒衆怒以變法，助聖主之維新。忽當變難，躬受衣帶密詔之下，執事之至戚，蘇學士具知之。執事甘戴武曌，既可保身，亦何必力攻聖主以獻媚，務窮帝黨以效功乎？聞僞嗣之立，執事告人曰：皇上立時，吳柳堂力諫，吾亦以爲不然。然則執事無君之心，蓋已久矣。雖然，所見如此，何必立於其朝而爲大臣乎？既爲大臣而反面附賊，此何事耶？又何語耶？聞當時楚中僚吏士民多泣叩轅門，請救上者。而執事深閉固拒，若罔聞知。意者以唐休景之功名，遂不妨爲陳伯玉之獻受命頌耶？篡廢事著，執事天良難昧，内知不可，乃號於中外曰：兩宮慈愛，所有報中傳聞，中外謡言，皆康黨爲之。夫報固多攻僕者，殆不待辨，僕一人之口，乃有如此大力轉移天下，蒙蔽中外，令人人相信，且令僞詔相從。僕既能令詔書僞爲稱病立嗣之文，又能令詔書僞爲郊廟不祀之事，豈不異哉！曹唐詩曰：「難將一人手，掩盡天下目」。嗟呼！吾與子皆人耳，七尺之軀耳。康長素既無此遮天之巨手，而張香濤豈有此大鵬之巨翼哉？爲此誓言，徒增笑柄，應少擇言，無爲兒戲。天下人不盡聾聱，其謂執事爲何言哉？總督雖似高官，置之古今地球中，乃成何物，而欲掩蔽之乎？亦何不自量也。然尚以爲執事向講忠節，雖蒙垢恥而事牝朝，或者隱忍圖功，將候時而爲狄仁傑、張柬之之事，人固不易測也。故僕從容久待，不敢以一言規責。乃者諸賊内圖篡弑，外逞狂愚，陰結匪徒，開罪友邦，宗社幾危，京師顛覆。執事目覩國變，應恨罪首，因天下火熱水深之望，挾江楚大兵重鎮之符，揮淚而起勤王，傳檄而聯諸鎮，以君重望，必多相從。觀六月不受僞詔之來，另結盟約之事可知也。爲襄王而定位，爰晉鄭其焉依。執侂胄以謝金人，爲別宮而安武后。當萬國共戴聖主之日，乃藩臣扶定社稷之時，千載之功，光于日月。乃執事巧于觀望，但求身安。若謂忠于君后，則京師危險，不聞一旅之入京，雖似巧於外交，而又餉械頻輸，助會匪之大戰。既進退失據，而前後巧全。反坐視君上之出亡，而未聞官守之奔問。勸者雖心多甘從逆，執事于是永爲翼纂之人，無可辭矣。乃者唐才常哀憫中國，思救聖主，以日本覆幕之舉，出于義士脅迫强藩之爲，乃欲此望之執事，此其事不可謂不義，其意不可謂不厚矣。而執事怙恃威力，屠戮忠良。先殺者三十餘人，後誅者千餘衆。逮捕帝黨，彌周海上。凡少有言維新者，皆將加誅焉。慘酷之毒，比之戊戌之淫威殆有過之。蓋自八月之後，各省通才士夫重足而立，屏息不敢語新法，懼罹黨禍焉。執事于此亦可謂志得意滿矣。但執事自思之，所殺之蔡成煜爲何人？乃君之心腹蔡毅若之兄弟也。林錫圭爲何人？乃君之姪婿之兄也。傅慈祥者爲何人？乃執事所開之武備學堂所簡拔，恩撫與之共席而飯者也。所拿辦者爲何人？乃君所特奏調還之江蘇道容閎，爲曾文正奏保之人，昔使美國爲欽差大臣者也。所拿之嚴復者，乃直隸道爲天津水學師堂督辦，譯天演論爲中國西學第一者也。唐才常者，宏才通學，有名于楚，向爲湘報主筆，而陳右銘中丞延訪新政之賢士，與王祭酒同在十人之列者；而李苾園尚書、張冶秋侍郎交薦經濟特科；譚復生京卿特薦于上者也。此外被殺者多天津、武昌、上海出洋遊學之學生。其餘武則提鎮叅游，文則道府郎員，以及翰林進士之清班，督撫尚侍之子弟，不可勝數。其更在大位者尚不便指出，而將弁舉貢諸生人士之懷忠憤來歸者皆是也。其他兵士人民凡百萬衆，此豈唐才常所能爲哉。唐才常有何才力而能收召豪傑若是？更何能收召執事恩撫之私人若是？夫唐才常以一士人而得士若此，執事以一大藩而失人若彼；執事亦可思矣。夫凡此諸賢士大夫豈爲亂者哉？豈從唐才常哉？豈背執事哉？誠憤于賊黨之亂政，廢君亡國，而思救聖上以爲圖存中國救生民之計也。僕以匹夫流離海外，乃開保皇會，歸者凡數百萬人，樂輸者凡數百萬金。以視執事在鄂，以督部之尊，十年之治，乃至捐及官俸，仰屋無術，私人咸叛，倒戈來歸，何相反之甚也。此豈僕能爲哉？誠以人人憤賊黨之亂政亡國，思救聖上以爲存中國之計也。執事久在高位，傲視百僚，道府經年不得一見，而待武備學生，親與共飯，備極恩義，可謂苦心撫士矣。而執事之僚屬私人，莫不舍去而歸我者何哉？誠以執事甘心附賊，甘心亡國，雖今日能撫之養之，人人奴隸牛馬之憂方長，則不能計一日豢養之私也。昔剛毅謂各學生爲漢奸，蓋各學生之忠義冠天下，而剛毅惡之若此，誠深知學生通達外事必不助其守舊亡國也。執事從篡弑守舊之賊，而望學生之相從，是所教與所行相反，南其轅而北其轍也，尚不如剛毅自爲謀之猶成片段也。且吾聞君之武備學生有言曰：張香濤藉皇上之權寵，以皇上之金錢而養我輩。然則養我輩者，乃皇上也，非張之洞也。張之洞受皇上厚恩而忍於背主事仇，我等乃爲救皇上而起，仇背皇上之人，非背張之洞也。嗚呼！諸學生不肯受恩私門，而能仗義王室，可謂知大義矣。聞君陰狠狡詐，乃欲盡日本諸生而殺之，又欲盡學生而去之，電話亂發，殆類病狂。夫海外諸士，君有何力，安得而盡殺之哉？且今江楚諸省中僚吏武弁之士人兵卒率多歸我者，君安得而盡察之？又安得而盡殺之？方今逆賊作亂，至失京師，人人憤怒，泣血裂眥。以諸賊之愚頑，其不能安定天下，和好友邦，而馴至於危亡，此今人人所共憤，人人所共知也。執事既從賊黨矣，則從執事之必致危亡，亦人人所共知而人人所不願也。老子曰：「人不畏死，奈何以死懼之。」況義士愛國，不畏刀鋸者乎？執事既已從賊，所由之道既左，雖日日殺其私人，疑其僚屬，而欲其忠於執事而不反正，必不可也。由前之說，撫之以恩既去之如彼；由後之說，威之以誅亦去之如此。所以然者，誠以執事忍于背叛皇上，危亡中國故也。不然，僕一匹夫亡人，何以薄海內外，來歸至數百萬人之多，不論識與不識，莫不來從，而執事位擁兼圻，乃並所養之士，所屬之吏，而無一可托，乃舍而去之哉？聞執事頓足歎息，責士之背己。執事何獨不思事主二十年，身受厚恩，坐視其廢弑辱亡而不恤爲何乎？讀先聖之書，考古今之故，講求氣節義理之言，言愛國愛民之道，學亦博矣，望亦重矣，抗心齊古，自待亦不薄矣。今者以一念患失之故，甘心從賊，坐視亡國，將來身世不知其終，後來清議以爲何等？獨居深念，何以爲情？行步趨翔，何以爲容？攬鏡顧影，何以爲顏？撫枕捫床，何以爲念？發號施令，何以爲說？接僚友屬吏，何以爲道？對門人弟子，何以爲教？卽强顏飾詞，以皇上爲未廢，以那拉后爲大聖，立大阿哥爲得宜，恐明發有懷，天良未昧，亦知自欺欺人之不可也。昔褒姒尚無廢君之大惡，但亡周京，而詩人絕之，曰：「亂匪降自天，生自婦人，懿厥哲婦，爲梟爲鴟」，切齒腐心，戟手謾駡，而孔子録之以爲義焉。豈非祖宗社稷土地人民重，而一婦人輕耶。今北京夷毀，九廟隳頓，聞皇上出京之日，躬御民車，黑衣戰裙，寢無被褥，食無稻飯，如是三日，聞者酸鼻。其餘卿士餓死殺傷流離之苦，士民塗炭蕩析膏血原野之慘。宮苑鞠草沾水皆血，而執事崇衔高旗，深居玉食，指揮文武，坐鎮從容，受人厚恩，藉人權寵若此，安乎？不安乎？今萬國同心，皆請皇上復權，而西后歸政，乃許議和。自非然者，八國動兵又將深入內地，以討諸賊。執事上不顧君，中不顧國，下不顧民，惟知媚那拉后而保己身。恐分裂之禍，即在今日。而追原罪魁，皆執事附和賊黨之故。千秋萬世，安能逃責？然執事偷生苟活，本不顧清議之存，然恐强國並爭，長江弋船長驅武漢，即無帝黨之起，而執事亦不能圖存也。嗟呼！褒姒覆西京而成周遂東，今那拉覆北京，恐大清遂不獲保。瞻望河山，撫茲黎庶，能不下金仙之淚，而興種族之悲乎？執事雖有忍心，能不惻然？嚮使戊戌之變，執事仗義勤王，則聖主維新，中國固以治强矣。西后、榮祿豈能傾心以待？執事而必冒死發憤爲牝朝之媚子，爲亡國之功臣，亦何益矣。嗚呼張生！始爲名臣，終爲逆賊，行義既餒，喪心病狂，日暮途窮，騎虎難下，乃竟倒行逆施，日以殺戮帝黨爲事，日以監謗禁報，拿辦子孫保維爲得計。此以周厲王、秦始皇之力所不能，曹節、仇覽、魏忠賢之凶所未極，周興、來俊臣之忍所未召，而以一區區鄂督之力，生平讀書學道之人，乃忍爲之，邀衆怒而必不能盡其究也，適以喪厥身喪厥名而已。昔華歆與管甯並名爲大儒，而其後手縛伏后，吾嘗怪之，觀執事而信然矣。執事昔語僕曰：天下有黨，吾爲之魁，天下有魁，吾爲之黨。何意今者乃爲捕黨之魁哉！吾黨數百萬之衆，徧于中外，可盡戮乎？即使盡歸延頸就戮于鄂市，亦恐執事無此利办，而江漢爲之不流者也。昔日本大將軍權寵大矣，而卒覆于數義士之手，誠以天不可違，義不可逆也。僕雖無國土，却有人民，奄合中外，奉義救主，仗茲大順。因此憤心扶義而西，何有于區區一鄂乎？執事之力與大將軍大小何如？而欲背義犯順，作威殺戮，以犯衆怒，何其愚也！但執事左右，乃至隸卒，多吾黨衆，君未知之耳。執事以一人立于署中，號爲總督，實則獨夫，勢亦危矣。以數百萬義士臨一獨夫，亦何有哉？僕眷念夙昔，低徊舊誼，且與君素有交，拳拳不忍。且執事本有志意，罔念作狂，或不爲迷復之凶，猶眷念故君之義，未可知也。大丈夫仗義而動，俊偉光明。但舉勤王之師，豈肯爲纖夫之事哉？故朱浮有言曰：「凡舉事無爲親屬者所痛，而爲寇讐所快」。是非易見，順逆易知，衆寡易辨，從違易明，聖主猶存，中國可念，執事何不捐棄舊忿，虛心與幕府才賢商之，無貽後羞。故人梁節奄，生平談忠義，以節自名，今何如也？孰爲其君，孰宜盡節。寡婦守節，暮年而失身一旦，惜哉。爲脫黨禍耶？爲求口食耶？爲寄語之，更厲晚節。僕雖流亡，貌仍豐腴，誠以效命聖主，心無尤悔也。自恨薄才，辜負詔命，兩年奔走，無能爲役。坐視聖主西狩，中國危亡，生民塗炭，憂心慘慘，白髮滿鬢，今寄像影，聊當相見。有爲白。

七月朔，有刺客到埠，欲進害先君，乃偕梁鐵君等移居丹將敦島燈塔。十五日，英督亞力山大以輪來迎，同往檳榔嶼。館於督署大庇閣，供奉甚盛，避地閒居，惟日以著述自遣。自本年七月英海門總督亞力山大館先君於大庇閣，居十五月，至辛丑十月始去。是時廢立難作，京邑邱墟，鈴雨淋道，勤王不成，所有憂憤之作，都爲大庇閣詩集凡一百四十七首。

十月，先君致兩江總督劉坤一書，勸其討伐那拉氏北上勤王。文曰：

峴莊督部世丈執事：幸托通家，累通電問。七月時以京師失陷，乘輿遷播，僕泣血痛心，曾電合肥相國轉電執事，請清君側而救聖主，想達左右。此次京津禍變，九廟不食。黄幄蒙塵，宗器全亡，都人流血，卿士流離而餓死，生民塗炭而荆棘，中國岌岌，不墮如綫。以二百年文明繁盛之京師，祖宗以百戰艱難而締構之，諸賊一旦以篡弑盜爭而輕擲之，此眞率土所同悲，而含識所共憤者矣。推厥亂源，皆由戊戌政變之故。榮、剛諸賊，悖逆怙權，忌皇上之變法英明，乃煽惑那拉后以廢篡。當時天柱幾折，地經幾滅，賴公精忠力爭，上得無恙。敬讀大奏，「君臣之分已定，中外之口難防」二語，普天稱誦，莫不拱手。公又頻煩上摺，叩請聖安。當時舉國公卿，乃心聖主者，惟公一人。天下想望，萬代瞻仰，而榮、剛諸賊之所以思傾公者，無不至矣。及至決立僞嗣之時，于廿三日先去公之疆符，二十四日下詔廢之，則公一身繫聖主之廢立、天下之存亡亦大矣。僕以不才，過承聖主特達之知，感激圖報，故不敢自愛其身，冒犯疑怨，以贊新政，而强中國。誠以中國積弊之深，非我皇上之神武，必不能撥亂而救之也。不料聖主以捨身救國，竟遭房州之廢，僕奉密詔籌救，出走海上，開保皇之會，人心並勵，來入會者數十萬人，咸戴聖主。及聞僞嗣之立，莫不同心憤怒，爭欲致死。各埠紛紛馳電力爭者凡四十餘，一埠多者人至八萬，此自古未有之事。嗚呼！人心之擁戴我皇上，可謂至矣。諸賊畏憚人心，未敢遽行大事，乃改爲立嗣，飾以恩科。端逆與榮、剛諸賊不得逞其逆謀，于是外欲示威强鄰，然後內以肆其篡弑。適有義和團之變，得以中其圖謀，于是構此大禍，賴公坐鎮南封，大局不摇，惟公是賴。然則，公之心在保聖主以救中國，亦著于天下矣。僕與公雖蹤跡不同，而公推之於內，僕挽之於外，横覽薄海，惟公與僕有同心耳。夫是非之心，人皆有之，女禍之烈，自古所痛。自褒姒滅周，呂后亂漢，南風亡晉，武曌簒唐，由來已久。然褒姒驪山烽火而胥、鄭定之，呂雉别立少帝而平、勃廢之，如八王定賈南風之亂，柬之討武曌之禍，後世皆以爲忠正，推爲社稷之勳，日月之烈，古今欽仰。其暱仕牝朝，貪權嗜勢，則審食其、賈充、武三思、崔湜諸人，皆遭駢戮。陳伯玉一代高材，以獻大周受命頌，爲萬世嗤點；而徐敬業、駱賓王雖敗，當時以爲兇逆者，千古仰之。此在他人或有不知，而公之忠義固所熟辨也。夫褒姒滅周而未嘗廢其君，武曌廢君而未嘗亡中國，而那拉氏實兼之，幾舉四千年文明之中國而盡滅焉，此自生民以來未有此兇禍者也。孔子作春秋之義，凡廢君者爲賊，不討賊則非臣，誠以社稷宗廟爲重，則君母爲輕也。昔者褒姒，周之先后也，而詩人詈之曰：「亂匪降自天，生自婦人，懿厥哲婦，爲梟爲鴟」，其詈之可謂至矣。孔子亦周之臣也，而深美其嚴正而録之。然則，有能討詈簒滅君國之后者，孔子之所取也，其媚事簒滅君國之后者，皆得罪宗廟社稷，得罪萬世，得罪於天下者矣。昔夷吾反國，已辱先君，明皇遷蜀，尚傳靈武，況于簒奪而僞臨朝者？今那拉后上則得罪于祖宗，下則見惡於萬姓，中則見惡於外國，莫不切齒飲骨，同心憤恨。方今和議未成，人心擾攘，東三省、直隸既盡没矣，更聞各國並議瓜分，聯軍將趨山陜，土崩瓦解，可以目見。試問那拉后尚能安定之否乎？以義言之，則君臣之分已無；以勢言之，則中外之怒如此；以禍言之，則中國之危岌岌矣。故以義則那拉后宜討，以勢則那拉后必亡，以禍亂則中國宜救。然非扶復聖主，無以安定中朝。公三朝勳舊，爲國元臣，受上厚恩，擁旄江左，麾下精兵十餘萬矣，若挾義而北，傳檄天下，舉國之義士，皆將荷戈躡履，奔走景從矣。

光緒二十七年辛丑（一九〇一年）先君四十四歲。

正月，先君居檳榔嶼英總督署之大庇閣。節署前道徧植大樹，似榕，經年皆花。時時換葉，花在樹頂，黃細如繖花，望如黃雲，惟一日卽落。先君席地其下，花滿襟袖徧地，惜光景甚短，名之曰「一日黃」。聞日本品川彌二郎子爵病逝后，追念昔在東京箴規援助之德，賦詩誌哀云：「尊王講學生平態，比擬深慚似吉田」。子爵曾以日本維新元者松陰譽先君云。

二月。中庸注成，并爲之序曰：

孔子生二千四百五十一年。康有爲避地於檳榔嶼英總督署之大庇閣。蒙難艱貞，俛地仰天，乃以其暇繹思故記。瞷然念孔子之教論，莫精於子思中庸一篇。此書自漢藝文志既別爲篇，梁武帝曾爲之注，而朱子注之，緝爲四書，元明至今，立於學官，益光大矣。恨大義未光，微言不著。予小子既推知孔子改制之盛德大仁，昔講學廣州，嘗爲之注。戊戌遭沒，稿多散佚，吾既流亡，不知所屆。逡巡退思：此篇繫孔子之大道，關生民之大澤，而晦冥不發，遂慮掩先聖之隱光，而失後學之正路，不敢自隱，因潤色夙昔所論，思寫付於世，而序之曰：鄭康成曰：中庸者，孔子之孫子思作之，以昭明聖祖之德也。天下之爲道術多矣，而折衷於孔子。孔子之道大矣，蕩蕩如天，民難名之，惟聖孫子思親傳文道，具知聖統。其云昭明聖祖之德，猶述作孔子之行狀云爾。子思旣趨庭捧手，兼傳有子、子游之統，備知盛德至道之全體，原於天命，發爲人道；本於至誠之性，發爲大教之化；窮鬼神萬物之微，著三世三統之變。其粗則在人倫言行政治之跡，其精出於上天無聲無臭之表，而所以行之後世，爲人不可離者，則以其不高不卑，不偏不蔽，務因其宜，而得人道之中；不怪不空，不滯不固，務令可行，而爲人道之用。尚恐法久生弊，又預爲三重之道，因時舉措，通變宜民，惟其錯行代明，故可並行不悖。既曲成萬物而不遺，又久歷百世而寡過，因使孔子之教，廣大配天地，光明並日月，仁育覆後世，充全球。嗟夫！傳孔子之教者，如子思之親賢，亦可尊信矣。天下欲求大道之歸，至教之統者，亦可識所從事矣。去聖久遠，僞謬滋熾，如劉歆之派，既務攻今學而亂改制之經，於是大義微言湮矣。宋明以來，言者雖多，則又皆嚮壁虛造，僅知存誠明善之一旨，而遂割棄孔子大統之地，僻陋偏安於一隅。後進承留守舊，畫地自甘，不知孔子三重之道，通變因時，並行不悖之妙，氣弊水淺，不足以容民蓄衆，則羣生將困，而不得被其澤。耗矣哀哉！聖道不明，爲害滋大，予因此懼。幸仲尼祖述堯舜之旨，猶存大義；子思昭明祖德之説，尚有遺言。敢據茲義，推闡明之，庶幾孔子之大道復明，而三重之聖德乃久。此區區之意，其諸後聖復起，亦不惑於予言乎。

四月，先君經戊戌、庚子之難，積憂多病，同璧在香港，聞訊特來檳侍膳。同璧以髫齡弱女，遠涉重洋，天倫重聚，啼笑皆非，其感慨當如何耶？

六月，補撰春秋筆削大義微言考成，並爲之序曰：

宅神州之中，綿二千年之邈曖，合萬百億兆之衿纓，咸奉孔子爲國教。誦其遺書，尊之信之，垂爲科舉，習之傳之。然言孔子之道，則若指天而談空，蒼蒼不得其正色，渾渾不得其際極。或割大圓，得銳角以自珍；或游沙漠，迷方向而失道。所號稱巨子元儒，皆不出是矣。夫孔子之道，廣矣、博矣、邃矣、奧矣；其條理密矣、繁矣。又多不言之教，無聲無臭，宜無得而稱焉。請擇其涯，求其門。子貢曰：「我不欲人之加諸我，吾亦欲無加諸人」。莊子者，得子貢太平之傳，故善言孔子者，莫如莊子。曰：「古之人其備乎！配神明，醇天地，育萬物，和天下，六通四闢，小大精粗，其運無乎不在。其傳而在六藝者，鄒魯之士，搢紳先生能言之。詩以道志，書以道事，禮以道行，樂以道和，易以道陰陽，春秋以道名分」。然則，求孔子之道者，於六藝其可乎？子思曰：「仲尼祖述堯舜，憲章文武，上律天時，下襲水土。譬如天地之無不持載，無不覆幬；如四時之錯行，日月之代明」。孟子者，得子思升平之傳，故善言孔子者，莫如孟子。孟子言禹，則曰「抑洪水」；言周公，則曰「兼夷狄，驅猛獸」；言孔子，不舉其他，但曰「知我罪我，其惟春秋」。又曰：「其事則齊桓、晉文；其文則史；其義則丘竊取之」。然則，六藝之中，求孔子之道者，莫如春秋。於春秋之中，有魯春秋之史文，有齊桓、晉文之事，有孔子之義。惟義乃爲孔子所制作。然則，求孔子之道於春秋之義，其不誤乎！董子，羣儒首也。漢世去孔子不遠，用春秋之義，以撥亂改制，惟董子開之。凡漢世學官，師師所傳，惟公穀二家，實皆孔門弟子後學口說。然則，求春秋之義於公、穀、董、何，及劉向之說，其不謬乎！春秋經多無傳、無說。凡無傳者一千〇八條，無說者七百〇五條，其遺落不聞者，蓋已多矣。據今二家口說所存者，雖掇什一於千百，微言大義，粲然具在，浩然閎深。雖其指數千，不盡可窺，然綜其指歸，亦庶幾得其門而入焉。康有爲乃言曰：孔子之道，其本在仁，其理在公，其法在平，其制在文，其體在各明名分，其用在與時進化。夫主乎太平，則人人有自主之權；主乎文明，則事事去野蠻之陋；主乎公，則人人有大同之樂；主乎仁，則物物有得所之安；主乎各明權限，則人人不相侵；主乎與時進化，則變通盡利。故其科指所明，在張三世。其三世所立，身行乎據亂，故條理較多；而心需乎太平，乃意思所注，雖權實異法，實因時推遷。故曰孔子聖之時者也。若其廣張萬法，不持乎一德，不限乎一國，不成乎一世，蓋浹乎天人矣。漢世家行孔學，君臣士庶，劬躬從化，春秋之義，深入人心。撥亂之道既昌，若推行至於隋唐，應進化至升平之世，至今千載，中國可先大地而太平矣。不幸當秦漢時，外則老子、韓非傳刑名法術，君尊臣卑之說既大行於歷代，民賊得隱操其術以愚制吾民；內則新莽之時，劉歆創造僞經，改國語爲左傳，以大攻公穀，賈逵鄭玄贊之。自晉之後，僞古學大行，公穀不得立學官而大義乖，董何無人傳師說而微言絕。甚且束閣三傳，而抱究魯史爲遺經；廢置於學，而嗤點春秋爲斷爛朝報。此又變中之變，而春秋掃地絕矣。於是三世之說不誦於人間，太平之種永絕於中國。公理不明，仁術不昌，文明不進，昧昧二千年，瞀焉惟篤守據亂世之法以治天下。病愈而仍服舊方，兒壯而仍衣襁褓，聾盲相證，以爲此名醫所開之方，不敢不食；父母所遺之服，不敢不衣也。嗚呼！使我大地先開化之中國，五萬萬神明之種族，蒙然薾然，耗矣衰落，守舊不進，等誚野蠻，豈不哀哉！天未喪斯文，牖予小子，隱明得悟，筆削微言大義於二千載之下，既著僞經考而別其眞贋，又著改制考而發明聖作。因推公穀董何之口說，而知微言大義之所存，又考不修春秋之原文，而知筆削政本之所託。先聖太平之大道，隱而復明，闇而復彰。撰始於廣州之草堂，纂注於桂林之風洞。戊戌蒙難，遺稿略存，東走日本，抱以從事。己亥之春，遊歐美不能攜焉，存於清議報中。九月渡太平洋而東歸，二十二日過橫濱，而清議報火，稿從焚焉　孔子生二千四百五十年，歲在庚子，康有爲避地檳榔嶼，刺客載途，中國大亂，蒙難晦明，幽居深念，喟然曰：昔孔子厄陳、蔡作春秋，今春秋滅於僞左，孔道晦於中國，太平絕於人望，岌岌殆矣。吾雖當厄，恐予身不存，先聖太平之大道不著，不揣孤陋，再寫舊聞。因舊傳凡得一十一卷，豈有所明，亦庶幾孔子太平之仁術、大同之公理不墜於地。中國得奉以進化，大地得增其文明，亦後之君子所不罪歟？其諸君子亦樂道之耶！

八月，移居檳嶼山頂臬司別墅，面臨山海，聊以解憂。惟檳嶼地暑多瘧，不適養痾。乃居印度雪山中。且以印爲大地第一古國，舊教如麻，而英新變政，必有可觀益吾中國者。同璧亦堅勸行，乃於十月二十七日離檳，乘船赴印度。同璧、婉絡等同行。先君自辛丑十月入印度，居大吉嶺，築草亭，名須彌雪亭，至癸卯四月行。在此時期所作詩，都曰須彌雪詩集，凡九十首。船行檳榔嶼，廻望全嶼，蒼蒼山脈，自後直入，橫列如屏，前舖坦地，雄秀獨出，又握孔道，宜爲南洋之巨埠也。自隋、元兩朝征爪哇，明鄭三寶下南洋外，鮮有過之。中國泥古少變，不講殖民之學，久設海禁，故坐以南洋之地讓人也。感喟不已。

十一月二日，入恒河口，晚抵卡拉吉打，人烟稠密，爲印度第一都會。五日，請領槍枝執照。六日，應英巡撫茶會，獲見印王官吏百餘人參謁之儀，並游畫院、博物院。十三日赴阿伯伯原，原擬在此養疴。及至，并無雪山，土牆茅茨，了無可遊，乃登塔題名而去。十四日，至了忌喇，遥見高塔三座，聳立雲霄，於平臺上復作大圓頂，高數十丈，旁用四柱矗插天表，印名他治，蓋冕之義也。旋訪沙之汗后陵，瓊樓玉宇，碧落煙雲，花影樹陰，離離相望，費金數萬萬，築十二年始成。印度宫室之美，誠開泰西之先，吾中國亦莫及焉。十五日，游紅堡，即蒙古王故宫，廊殿柱瓦，全用白石，略如吾國太和、保和兩殿，而階則極盡奇麗之能事。車過紅石炮臺，女牆作圭形，森峯高矗，蓋七八丈，下臨恒河，名飛家拔士。四百年前，蒙古帝之禁城也。元太祖成吉思汗使駙馬帖木兒攻印度，即王其地，歸途題摩訶末大廟一絶：

遺廟只存摩訶末，故宫同説沙之汗，玉樓瓊殿參天影，長照恒河月色寒。

十六日，訪昔根嘉頓厄渠巴路沙之陵（沙之汗之孫），爲明嘉靖三十九年造，亭塔數十，遠望之如赤城霞起，即古之舍衛也。十七日，至乜刀喇二地，皆無佛跡，僅游波羅門天神廟，購古經三卷。十九日，到爹利，河山環繞，氣象萬千，此地一片佛土，四爲都會，其城屹然，與我禁城相比，尚有京都之感焉。遍訪佛跡，土人皆不知其名，博物院中佛像竟有謂其支那神者，以佛生長之地，而謂爲他國之神，豈不哀哉。賦詩曰：

黄面黑足披白氈，塵沙遍地來乞食。當時瞿曇率徒游，而今掃地無佛跡。緬甸暹羅家家事，西藏蒙古人人祀。旃檀莊嚴共泥首，支那日本同奔走。豈知佛生中印度，千里無僧無一封。但見恒河東流水滔滔，摩訶末寺插天高。婆羅梵志苦身軀，裸體仰天卧泥塗。供祀妖像羊與猪，馬身象首塗粉朱。人持香花與燈俱，白牛入廟膜拜咨。獼猴千億雜人居，施以豆麥走羣狙。形俗愚詭可駭吁，如入地獄變相圖。偏尋佛教萬里無，成住壞空本非相，億刼變幻只須臾。嗟爾象教浩大亦滅絶，何況人家朝代國土之區區。固知教宗無美惡，視乎人力爲張弛。非道弘人人弘道，可鑒可懼可驚瞿。悟入諸天更無着，明月照我自清娛。此月曾照瞿曇面，諸聖河沙皆曾見。今我感愴人間世，刼無免者如水逝。高天蒼蒼，大地摶摶，懽大地之無礙，乃諸天之常存。

二十日，游颯德利靜陵，登靈鷲峰，至祇園舊址，但見頹垣斷礎，淒涼滿目，夕陽芳草，無像無僧。導游者指壞殿而言曰：此二千五百十二年前之佛所築講堂也。又指殿上鐵華表曰：此一千五百十二年阿育大王所手植也。始知此地果爲舍衞，即須達長者昔日布金之地。此堂即諸經所言祇樹給孤獨園也。華嚴彈指皆在敗壁頹垣之中，大教經刼，爲之哽咽，檢其遺石十數枚以歸。自法顯、三藏後，千年來華人來此者，先君一人而已。二十三日，赴勒橈，至霸拿士觀古佛塔。二十七日，去衞亞訪伽耶靈塔及佛晏坐説法處，蔭佛之樹，青緑猶新，寺僧餽以古佛二尊，經幡數事。先君與同璧手摘菩提葉十數，視爲異寶，環繞樹下，意境峭然，如見當年佛坐禪時，天花亂墜法雨繚繞時也。是行也，夜半失踪，迷途遇盜，又聞虎嘯聲，父女相依，悽惶萬狀，幸寺僧遣人護送，始遇救。先君得詩十二首，敍其經過，今録其四：

須菩提手所經營，鷲嶺移來久聽經，到今二千五百載，魯叟當年猶未生。注：所檢柱石係須菩提長者自鷲嶺移來者，約當春秋僖公十八年，孔子生前九十年。此石還中國，除石鼓外，當爲第二古物。

樹下青青一片石，當年晏坐落天花，臺前石鏡摩挲徧，佛影長留識妙華。注：佛坐背后，石極滑，佛影尚存，樹下黑石乃佛坐處。

我來印度訪佛跡，只此猶留丈八身；夢如漢明知此是，撒花供奉雨繽紛。

絶域深山宵失道，狼嗥虎嘯風阻人；弱女抱持行半夜，驚魂又作再生身。

二十九日，返卡拉吉打，直往大吉嶺而卜居焉。乃就日月所游，述其所見，著印度遊記，并爲之序曰：

中國人之遊印度者，自秦景、法顯、三藏、惠雲而後千年，至吾爲第五人矣。然秦景、法顯、三藏自北路行大陸來，逾越天山葱嶺至克什米爾而入印度。吾自南路大海來，經星加坡、檳榔嶼至恒河口之卡拉吉打而入印度。海陸之程各萬餘里，然大陸艱難，風災冰窖，頭痛身熱，故六朝唐宋時，非高僧堅苦者不敢遠遊。今則海道大通，自粵來卡拉吉打者，月有汽船六艘，海波不興，如枕上過。粵之木工、履工集於印者數千人。吏於衞藏或商人多假途出入，歲月相望，視如門户，然而無一人記印度之教俗、文字、宫室、器用，發其祖父子孫，鏡其得失別派，以資國人之考鏡採擇，以增益我文明，則謂爲未嘗有人遊焉可也。黄懋材者，嘗作輶軒紀程，頗能考藏滇之山川，而不能言印度之教俗，蓋非深於教俗政治者，不能遊也。夫印度者，大地之骨董、教俗、文字、宫室、器用至古，爲歐美文明祖所自出，文明所關至大也。與支那交通二千餘年，自身毒竹枝蒟醬始入中國，及白馬馱經而後佛典大譯，浮屠新義及幡幢鐃鈸大行于中夏，以增長文物知識。夫物相雜謂之文，物愈雜，則文愈甚。故文明者，乃智識至繁，文物至盛之謂。支那之文物無所加于印度，故印度之智慧不增，至今手食地坐，衣無縫衣。印度之文物六入支那，故支那之文明更廣，心學靈魂戒律塔寺是也。蓋娶婦必擇異姓而生乃繁，合羣必通異域而文乃備。惜二千年之遊印度者既極寡，或有其人，皆佛法之裔，僅傳佛之經典，而於印度之政俗，婆羅門及諸教之瓌異，皆不及考舉。印度至古之文明而委棄不收，此則二千年來最可嘆惜痛恨之事也。吾昔于佛典中輯婆羅門教考，後于戊戌之難不存。然古今殊異，不經親身目擊，而但據殘文以考大教，豈有當哉？今驅馳印度中八千餘里，蒙沙犯塵，舉耳聞目見而親考之，乃皆爲中土數千年所未聞者。恨不識梵文，不攜傳記，無從疏證引伸，自知略脫，亦何足言！惟舉四庫著録，無言印度近事者，姑紀日月所游，述其所見，庶幾中土人言印度者，有所參稽云爾。其次編，言印藏邊事者，姑俟異日焉。

先君游印度，觀其巨宫、古廟，動輒千年，瓌構偉制，相望於都會，蓋由用石而不用木，故能巍然常存。遊記中載有建築論一篇，不忍割棄，附録於此。先君生前遊踪所至，最注意保存古物，一見於此篇，再見於中國保存古物不如羅馬篇，三見於不忍雜誌保存中國古蹟古物説。關於歷代古物得失變遷如數家珍，豈止文章之美而已耶？

印度背倚須彌，其初民未居原野，必居山洞中，故其宫室即仿山洞。其後漸闢平原，不忘其朔，故印人宮室必以石，必多户多柱，駢列洞垂。若其神祠、王宮，尤取山洞之瓌瑋者，後雖漸變，取其近於人道者，而頂必圓平，多户多牖，席地高下，皆如山洞也。中國宮室皆用木架成之，故稱曰堂構。雖極瓌瑋之殿閣，亦不出木料，故詩人動稱大厦須樑棟。明世建三殿取材川楚，嘉道時尚然，一大木柱乃運至五萬金，今川楚大材已乏矣。光緒十五年，太和門之災，再爲營構，費至二百萬，而大柱尚非全料者，不過以數目合之，而所費不貲矣。乃吾遊加拿大，新地甫闢，巨木徑丈及七八尺者無數。英人非斯折爲小方木則焚之無所惜，若在中土，則每木值數萬金矣。夫木料畏火，遭火即燼，以無量之資財而購此易燼之物，甚非策也。故中國古宮室多不能久存，若項羽之滅秦，隋之滅陳，皆焚燬其宮室，周武帝之取鄴亦然。風俗至愚，無保存古物之念以資考鏡，然即保存之道，木料亦非可垂久遠之物，不如石之料堅而持久也。漢時文翁以石室祀孔子最爲智者，其七十二弟子像，宋時尚存。此外，武梁祠堂孝堂至今畫像尚存，亦可見石室之可垂久遠矣。文翁爲創石室之祖，惜後人泥古不知仿之。以中人之智，工匠之巧，以列代無遺帝王之侈，而不知易木以石，真不可解也。今中國明以前宮室絶少，今古道建築之美術不傳，國體寒陋，皆由用木不用石之故。日本室皆用木構，亦累于中國之故。印度巨宮古廟動數千年，瓌構偉制，相望于都會。今歐人宮室實師其法，大工則用鐵石疊層樓，以壯觀模而規久遠，小室則多開户牖，多列柱棟，以通風氣而美觀瞻。若多加藻繪雕鏤，亦文明之容不可已者，此亦天下後世必宜法者也。計中國宮室將來必無一存，而印度必爲大地宮室之祖師。推其本來，則中國先起原野人居始自橧巢，印度先起山岩人居始自洞窟。橧巢之餘波爲木構，洞窟之餘波爲石室。而木構必滅，石室永存。作端偶殊，則成效之强弱，盛衰迥異，在古人豈知之乎？故始者不可不愼也。

十二月十日，子同吉生，未彌月而夭，葬于大吉嶺。

光緒二十八年壬寅（一九〇二年）先君四十五歲。

春間，先君在大吉嶺，得佳屋於翠崖，除林中築草亭，開曲徑，設竹棚，作柴床、薙草，名其亭曰須彌雪。

自大吉嶺攜同璧乘馬遊須彌山，行九日，深入至哲孟雄國之江督都城，英吏率國王迎於車站。至王宮，出其妃子相見，衣飾鏤器皆中國物，并以貝葉經，酒筩相贈。先君解帶答之，同璧亦以指環贈其后。

南北美洲諸華商來書謂：義和團事平已半年，而西后、榮禄仍握大權，內地紛紛加稅，民不聊生，保皇會備極忠義，而政府反以爲逆黨，事勢如此，不如以鐵血行之，效華盛頓革命自立，或可以保國保民。先君則以革命不成，全國必將割據，或且爲印度之續，發表最近政見書告之。

三月，論語注成，并爲之序曰：

論語二十篇，記孔門師弟之言行，而曾子後學輯之。鄭玄以爲仲弓、子游、子夏等撰定，則不然。夷考其書，稱諸弟子或字或名，惟曾子稱子，且特敍曾子啓手足事，蓋出於曾子門人弟子後學所纂輯也。夫仲弓、游、夏皆年長於曾子，而曾子最長壽，年九十餘，安有仲弓、游、夏所輯，而子曾子，且代曾門記其啓手足耶？夫孔子之後，七十弟子各述所聞以爲教，支派繁多，以荀子、韓非子所記，儒家大宗有顔氏之儒，有子思之儒，有孟氏之儒，有孫氏之儒，有仲弓之儒，有樂正氏之儒。其他澹臺率弟子三百人渡江，田子方、莊周傳子貢之學，商瞿傳易，公孫龍傳堅白。而儒家尚有宓子、景子、世碩、公孫尼子及難墨子之董無心等，皆爲孔門之大宗。自顔子爲孔子具體，子貢傳孔子性與天道，子木傳孔子陰陽，子游傳孔子大同，子思傳孔子中庸，公孫龍傳孔子堅白。子張則高材奇偉，大戴記將軍文子篇，孔子以比顔子者。子弓則荀子以比仲尼者。自顔子學說無可考外，今以莊子考子貢之學，以易說考子木、商瞿之學，以禮運考子游之學，以中庸考子思之學，以春秋考孟子之學，以正名考公孫龍之學，以荀子考子弓之學，其精深瓌博，窮極人物本末大小精粗，無乎不在，何其偉也！論語既輯自曾門，而曾子之學專主守約。觀其臨没，鄭重言君子之道，而乃僅在顔色容貌辭氣之粗，及啓手足之時，亦不過戰兢於守身免毁之戒。所輯曾子之言凡十八章，皆約身篤謹之言，與戴記曾子十篇相符合。宋葉水心以曾子未嘗聞孔子之大道，殆非過也。曾子之學術如此，則其門弟子之宗旨意識可推矣。故於子張學派攻之不遺，其爲一家之學說，而非孔門之全，亦可識矣。夫以孔子之道之大，孔門高弟之學術之深博如此，曾門弟子之宗旨學識狹隘如彼，而乃操採擇輯纂之權，是猶使僬僥量龍伯之體，令鄙人數朝廟之器也，其必謬陋粗略，不得其精盡，而遺其千萬，不待言矣。假顔子、子貢、子木、子張、子思輯之，吾知其博大精深必不止是也；又假仲弓、子游、子夏輯之，吾知其微言大義亦不止此也。佛典有迦葉、阿難之多聞總持，故精微盡顯，而佛學大光。然龍樹以前，只傳小乘，而大乘猶隱。蓋朝夕雅言，率爲中人以下而發，可人人語之，故易傳焉。若性與天道，非常異議，則非其人不語，故其難傳，則諸教一也。曾學既爲當時大宗，論語只爲曾門後學輯纂，但傳守約之緒言，少掩聖仁之大道，而孔教未宏矣。故夫論語之學，實曾學也，不足以盡孔子之學也。蓋當其時，六經之口說猶傳，論語不過附傳記之末，不足大彰孔道也。然而孔門之聖師若弟之言論行事，藉以考其大略。司馬遷撰述仲尼弟子列傳，其所據引，不能外論語。凡人道所以修身待人，天下國家之義，擇精語詳，他傳記無能比焉。其流傳，自西漢，天下世諷之甚久遠，多孔子雅言，爲六經附庸，亦相輔助焉。不幸而劉歆篡聖，作僞經以奪真經，公、穀春秋，焦、京易說既亡，而今學遂盡，諸家遂掩滅，太平、大同、陰陽之說皆沒，於是孔子大道掃地盡矣。宋賢復出求道，推求遺經，而大義微言無所得，僅獲論語爲孔子言行所在，遂以爲孔學之全，乃大發明之，翼以大學、中庸、孟子，號爲四子書，拔在六經之上，立于學官，日以試士。蓋千年來，自學子束髮誦讀，至於天下推施奉行，皆奉論語爲孔教大宗正統，以代六經，而曾子守約之儒學，於是極盛矣。聖道不泯，天既誘予小子發明易、春秋、陰陽、靈魂、太平、大同之說，而論語本出今學，實多微言。所發大同神明之道，有極精奧者。又於孔子行事甚詳，想見肫肫之大仁，於人道之則，學道之門，中正無邪，甚周甚備，可爲世世之法。自六經微絕，微而顯，典而則，無有比者。於大道式微之後，得此遺書，別擇而發明之，亦足爲宗守焉。其或語上語下，因人施教，有所爲言之，故問孝問仁，人人異告，深知其意而勿泥其詞，是在好學深思者矣。曾子垂教於魯，其傳當以魯爲宗，凡二十篇。漢時常山都尉龔奮、長信少府夏侯勝、丞相韋賢及子玄成、魯扶卿太子太傅夏侯建、前將軍蕭望之並傳之，各自名家。齊論者，齊人所傳，多問王、知道二篇，凡二十二篇，異於魯論。昌邑中尉王吉、少府宋畸、琅琊王卿御史大夫貢禹、尚書令五鹿充宗，膠東庸生並傳之，惟王吉名家。漢藝文志有魯傳二十篇，傳十九篇，魯夏侯說二十一篇，魯安昌侯說二十一篇，魯王駿說二十一篇，齊說二十九篇，說論語者止此而已。安昌侯張禹受魯論於夏侯建，又從庸生、王吉受齊論，擇善而從，以教成帝，最後行於漢世。然魯齊之亂，自張禹始矣。劉歆僞古文論語，託稱出孔子壁中，又爲傳託之孔安國，而馬融傳而注之，云多有兩子張篇，分「堯曰」以下「子張問政」爲從政篇，凡二十一篇，篇次不與齊魯同。桓譚新論謂文異者四百餘字，然則篇次文字多異，其僞託竄亂當不止此矣。自鄭玄以魯齊論與古論合而爲書，擇其善者而從之，則真僞混淆，至今已不可復識，於是曾門之真書亦爲劉歆之僞學所亂，而孔子之道益雜羼矣。晉何晏並採九家，古今雜沓，益無取焉。有宋朱子，後千載而發明之，其爲意至精勤，其誦於學官至久遠。蓋千年以來，實爲曾、朱二聖之範圍焉。惜口說既去，無所憑藉，上蔽於守約之曾學，下蔽於雜僞之劉說，於大同神明仁命之微義，皆未有發焉。昔嘗爲注，經戊戌之難而微矣，避地多暇，不揣愚昧，謬復修之。僻陋在夷，無從博徵，以包、周爲今學，多採録之，以存其舊。朱子循文衍說，無須改作者，亦復録之。鄭玄本有今學，其合者亦多節取，後儒雅正精確者，亦皆採焉。其經文以魯論爲正，其引證以今學爲主，正僞古之謬，發大同之漸，其諸本文字不同，折衷於石經。其衆石經不同者依漢，無則從唐，或從多數。雖不敢謂盡得其真，然於孔學之大，人道之切，亦庶有小補云爾。

同時演禮運大同之義，折衷羣聖，立爲教說。自甲申（先君時年二十七歲）屬稿，初以幾何原理著人身公法，旋改爲萬年公法，十餘年來，上覽古昔，下考當今，近觀中國，遠覽全球，尊極帝王，賤及隸庶，壽至籛彭，夭若殤子，逸若僧道，繁若毛羽。蓋天下人民無非憂患苦惱，雖有深淺大小，而憂患苦惱之交迫并至，未有能少免者矣。既生亂世，目擊苦道，思有以救之。遍觀世法，舍大同之道，欲救生人之苦，求其大樂殆無由也。至是數易其稿，而卒成大同書十部。甲部入世界觀衆苦，乙部去國界合大地，丙部去級界平民族，丁部去種界同人類，戊部去行界如獨立，己部去衆界爲天民，庚部去産界均生業，辛部去亂界治太平，壬部去類界愛衆生，癸部去苦界至極樂。大同之世，非今日所能驟及，驟行之恐適以釀亂，故秘其稿，不以示人，梁啓超屢乞付印，未之許也。

七月，大學注成，并爲之序曰：

善乎！莊生之善言孔子也。曰：内聖外王之道，闇而不明，鬱而不發，而道術遂爲天下裂。故推孔子爲神明聖王，明乎本數，係于末度，内外精粗，其運無乎不在。若夫内聖外王，條理畢具，言簡而意賅者，求之孔氏之遺書，其惟大學乎？明德爲始，則先不欺以修身；新民爲終，則絜矩以平天下。精粹微遠，深博切明，未有比焉。是篇存于戴記，朱子以爲曾子所作，誤分經傳。夫詩、書、禮、樂、易、春秋，孔子聖作，乃名爲經，餘雖論語，只爲傳。禮記則爲記爲義，況一篇中豈能自爲經傳乎？篇中僅一指曾子，亦無曾子所作之據。惟記皆孔門弟子後學傳孔子之口説，孔子之微言大義實傳焉。朱子特選中庸與此篇，誠爲精要。惟朱子未明孔子三世之義，則于孔子太平之道，闇而未明，鬱而不發。方今大地逮通，據亂之義，尤所以推行也。不量愚薄，更爲箋注，其舊文錯簡，亦竊正焉。戊戌之難，舊注盡失，逋亡多暇，補寫舊義，僻在絶國，文獻無徵，聊復發明，庶幾孔子內聖外王之道，太平之理，復得光於天下云爾。

八月十三日，六哀詩補成。先君自戊戌之秋，維新啓難，光緒幽囚，鈎黨起獄，四軍機章京楊鋭、劉光第、譚嗣同、林旭，御史楊深秀，及先叔廣仁棄屍柴市，天下冤之，海外志士至誠，皆爲設祭，停工持服。蓋戊戌變法之事，爲中國新舊存亡所關也。六烈士者，非先君之友生弟子，即先君之肺腑骨肉。流離絶域，嘔血痛心，兩年執筆，哀不成文。辛丑八月十三日，先君奠酒於檳榔嶼絶頂，成五烈士詩。海波沸起，愁風颼來，哀記亡弟，卒不成聲，擱筆三年，今始補成。茲録於后：

哀故山東道監察御史聞喜楊公深秀

山西楊夫子，霜毛整羽鶴。神童擢早秀，大師領晉鐸。琨玉照蒼旻，勁翮刷秋鶚。嗜痂癖鄙言，論學起嶽嶽。瑣碎蒼雅奥，繁蕪傳注博。山經與地志，佛典共史略。繁徵舉其詞，一字無遺落。吾能張其軍，見公生畏却。尤能舉大義，行己無愧怍。清絶冠臺官，子病無醫藥。趨朝輒賃車，賣文乃款客。時經膠旅警，慘憂同痁瘧。旦夕論維新，密勿頻論駁。首請聯英日，次請拒俄約。繼言廢八股，譯書遣游學。涕泣請下詔，大變決一躍。御門誓羣臣，開局議制作。聖主感誠切，大號昭渙若。四月變法詔，永永新中國。大旱沛甘霖，羣生起忭樂，奇功動日月。衢尊共斟酌。大蛇卧當道，神鷹擊一攫。憂甚武曌禍，惜無柬之略。忽驚神堯囚，赫矣金輪虐。黨禍結愁雲，盈廷瘖若縛。抗章請撤簾，碧雪飛噴薄。董軍密入京，蕭蕭八月朔。吾時奉詔行，公來告氛惡。揮手作死別，吾擬委溝壑。豈知痛嵇生，淒絶山陽笛。昔謁椒山宅，遺像瞻瓜削。見公適適驚，骨鯁貌相若。故知是化人，來爲救世託。雖慘柴市刑，能褫權奸魄。大鳥還故鄉，剛毅死猶嚇。

哀故四品卿銜軍機章京參預新政刑部主事劉君光第

我不識裴村，裴村能救我，署奏拒鷹鸇，心感報無所。昔開保國會，千丈松磊砢。模糊一握手，未得親右左。君言讀我書，傾倒亦已頗。故人多石交，下石一何夥，故知交在神，面交多坎阻。京華聲利海，十年潛默坐。謝華學獨劬，寡交足頻裹。閉門陳正字，直節無揜阿。小字作顏書，剛健少婀娜。研精舊史學，維新乃最果。聖上切旁求，陳撫薦自楚。新參一朝拔，得人四海賀。王相客盈門，不投一刺過。密勿贊新猷，氣象皆駛騀。改元設參謀，明堂燦藻火。訐讜善畫策，君莫不畫可。奪門忽聞變，投獄無少嚲。竟從龍比遊，哀哉呂武哿。人才付一爐，邦國嗟長鎖。吁嗟孔融子，覆巢卵同挫。側望蜀川雲，灑涕風悲楚。

哀故四品御卿軍機章京參預新政候補知府譚君嗣同

復生奇男子，神劍吐光瑩。長虹亘白日，青鋒拂蒼溟。足跡徧西域，抵掌好談兵。橫厲志無前，虛公心能平。才明挺峻特，涉獵得精閎。于學無不窺，海涵而淵渟。文詞發瑰怪，火齊雜水晶。孤孽既備嘗，德慧更耀靈。偏探異氏奥，遽徙筐頻傾。歸心服大雄，悲智能長惺。聞吾談春秋，三世志太平。其道終于仁，乃服孔教精。貫串中外學，開通治教程。奇闢破宦奥，華妙啓化城。大哉仁學書，勃崒天爲驚。金翅來大鵬，溟海掣長鯨。巨力擘燭龍，雷霆吼大聲。吾道有譚生，大地放光明。師師陳義寧，撫楚救黎烝。變法與民權，新政百務興。湘楚多奇材，君實主其盟。大開南學會，千萬萃才英。新法丕矯變，舊俗滌以清。聖主發維新，賢哲應求徵。奉詔來京師，翔鳳集紫庭。宣室前席問，帝心特簡膺。有命參新政，超階列羣卿。向以天下任，益爲救國楨。旅吾南海館，緯繣夜不寧。首商尊君權，次商救民萌。條理皆闇合，次第擬推行。煌煌十七日，新政煥庚庚。大獻未及告，奇變怒已形。衣帶忽飛傳，痛哭發精誠。大床方臥疾，揮涕起結纓。自任救聖主，揮吾出神京。横刀説袁紹，慷慨氣填膺。奇計仗義俠，惜哉皆不成。神堯遂幽囚，王母宴飛瓊。緹騎捕黨人，黑雲散冥冥。吾時將蹈海，欲救無可營。東國哀良臣，援拯與東征。上言念聖主，下言念先生。兩者皆已矣，誓死延待刑。慷慨厲氣猛，從容就義輕。竟無三字獄，遂以誅董承。毅魄請于天，神旗化長星。

哀故四品卿銜軍機章京參預新政内閣中書林君旭

噉谷挺天秀，髫年富文史，波瀾盡老成，清妙紓練綺。文辭有漢聲，詩詞得宋體。下筆壓耆宿，十八冠鄉舉。弱冠游京師，名聲飈鵲起，王粲詣蔡邕，陸機入洛汭。一時譽奇材，公卿爲倒屣。折節不自足，來問春秋旨。商榷三世義，講求維新理。論才薦大科，交章用處士。奏對稱師説，變法陳古始。前席承宣室，參政贊彤几。經綸謨密勿，夥頤難述紀。頗聞罪己詔，敬與筆所擬。至今感人心，普天思聖主。蕭牆難既作，堯臺囚莫弭。宸衷顧從容，眷惜微臣死，密詔促出行，緣汝籍弟子。造膝近御座，衣帶傳密旨，捧詔相抱泣，報國同誓死。惆悵吾去國，綢繆汝救主。倉黃解玉璽，蕭颯走緹騎。非無西人哀，援手爲救止。慷慨乃捐軀，投身赴大理。嗚呼萇宏血，三年碧不止。娟婷沈公孫，令德儷才胥。竟作墜樓人，長咽秦淮水。晚翠自名軒，完節無愧此。每見青琅玕，傷心淚瀰瀰。人間廿四年，英名滿天地。

哀故四品卿銜軍機章京參預新政内閣侍讀楊君鋭

峨岷氣淒滄，精英起肅肅。楊君抱粹姿。温温潤如玉。學問窈淵懿，神體窺渾穆。史學尤精研，晉書手注録。久游諸公間，京華推名宿。謹密無少洩，謙讓似不足。平生憂國意，慨歎眉蹙蹙。代草諸公疏，補救强踡跼。與我志意同，過從議論熟。公車始上書，號召君鞠躬。繼乃會强學，君肯同開局。豺虎磨牙食，羣士皆退縮。君首爭署名，抗章聽誅戮。膠事吾去國，君走爲推轂。後開保國會，被劾君猶睦。始疑謹厚姿，頗慮弱不足。豈知百鍊金，光芒深韜蓄。學術本少殊，行事乃相服。益知君子心，憂國至誠篤。聖心善鑒拔，大器備令僕。參政十七日，玄黃遘痛毒。帝座竟傾闇，衣帶密傳讀。上言憂中國，變法救危辱。下言觸慈怒，大位將傾覆。設法籌營救，焦灼企望速。君密傳同志，失聲成痛哭，顛危竟不救，萬死罪莫贖。董承以反誅，千秋傷寃獄。

哀故候選主事亡弟廣仁

哀哀天疾威，予季遘淫虐。孽龍發雷火，鸞鳳爲燒灼。骨肉遭葅醢，肺腑痛煎割。一念一腸斷，再念涕横落。汝生七月孤，同産吾與若。先公屬纊時，撫弟遺顧託。汝幼多疾疹，母憂藉醫藥。居然幸長成，峩峩丹頂鶴。隨吾三十年，讀書觀大略。天馬不受紲，遺棄時俗學。英姿稟金精，神鋒挺銛鍔。寳劍未出匣，虎氣隱騰躍。白光時一瞥，照射無不削。横厲空無前，碧霄掠秋鶚。縱横出奇論，人天供噴薄。新理乍雷驚，異想開山鑿。結友何易一，披心同研索，十年抵足談，相視得大樂。斟酌西哲説，掃除舊俗幕。當時國守舊，難遽倒其橐。時人若聞之，耳聾此大喝。吾頗能新言，實施稍恐怍。汝乃言即行，勇猛無畏却。長劍睨九洲，神鷹横大漠。吾以時未可，强力加抑遏。每論四海豪，輙謚爲闇弱。頗嗤吾拘懦，常箴吾痁瘧。臨事眼如電，掣手斷無錯。欲汝芒韜斂，試吏折其角。捧檄屈一年，邈然棄官爵。人情遂深達，屈伸妙取酌。千里進一步，自兹器深博。民智哀不開，譯書爲之鑰。民身憫不健，西醫導先覺。婦女嫉抑壓，女學徇木鐸。惻惻悲裹足，開會解纏縛。四者爲己任，業此日呼籲。戊戌吾受知，綽纑佐君國。顓顓廢八股，民智日開廓。審時謝餘事，知幾慮禍作。頻詠歸去來，招隱日有約。吾亦知顛危，顧問消息惡。傳言房州廢，即在天津閱。黽勉欲救主，不忍拂衣作。王卿敬汝才，剡章薦延閣。忽奉衣帶詔，旁皇勢無著。汝乃身任之，促吾出京郭。倉卒緹騎來，無妄踐湯鑊。慷慨就獄囚，視死了無愕。柴市天曀霾，寃雲飛作雹。頭顱無人收，慘慘歸大壑。頻年遺義俠，收骨瘗燕闕。汝以吾被戮，哀哉心肝絕。平生風雨床，親愛古軼轍。回憶南海館，昧爽門前訣。豈料永酸辛，爲國竟流血。捨身貿文明，舉國愴英烈。老母年七十，思子長憂結。汝往過孝媚，母念肝欲裂。紿言慰老母，云汝走胡羯，蒙古山寺中，爲僧待時節。時僞作書還，執筆輒哀噎。汝女尚能嬉，汝妻忽知洩。終日淚盈頤，見姑忍哽咽。吁嗟吾罪罟，從何慰母惙。百埠保皇會，持服陳祭潔。忽忽四周期，宗周褒姒滅。聖主尚見幽，大仇痛未雪。仰山灑血淚，化碧應不滅。

冬至日，孟子微成，並爲之序曰：

一王之起，必有熊羆之士，不二心之臣，爲之先後疏附禦侮，而後大業成；一教主之起，亦何獨不然？必有魁壘雄邁龍象蹴踏之元夫巨子，爲之發明布濩，而後大教盛。不惟其當時，而多得之于身後，若佛教之有龍樹，基督教之有保羅是也。孔子改制創教，傳于七十子。其後學散布天下，徒侶六萬，于是儒分八，而戰國時孟、荀尤以巨儒爲二大宗。太史公編孔子世家，子弟列傳，繼以孟子荀卿列傳，誠知學派之本末矣。昔莊生稱孔子之道，原天地、本神明、育萬物、本末精粗，四通六闢，其運無乎不在，後學各得其一體，寡能見天地之容，故闇而不明，鬱而不發，而大道遂爲天下裂。嗟夫！蓋顏子早歿而孔子微言大義不能盡傳矣。荀卿傳禮、孟子傳詩書及春秋。禮者，防檢於外，行于當時，故僅有小康據亂世之制，而大同以時未蓋難言之。春秋本仁，上本天心，下賅人事，故兼亂據升平太平之制之世。子游受孔子大同之道，傳之子思，而孟子受業于子思之門，深得孔子春秋之學而神明之，故論人性則主善而本仁，始于孝弟，終于推民物；論修學則養氣而知言，始于資深逢源，終于塞天地；論治法則本于不忍之仁，推心于親。親仁民愛物，法乎堯舜之平世。

蓋有本于內，專重廓充，恃源以往，浩然滂沛溺汗，若決江河，波濤瀾汗，傳平世大同之仁道，得孔子之本者也。其視禮制之末，防檢之嚴，蓋于其道稍輕，故寡言之。蓋禮以防制爲主，荀子傳之，故禮經三百，威儀三千，事爲之防，曲爲之制，故荀子以人性爲惡，而待隱括之，傳小康據亂之道，蓋得孔子之粗末者也。以傳學既殊，不能解蔽，故非十二子篇大攻孟子，所謂寡能見天地之容，而大道不能無裂也。夫天下古今，遠暨歐亞之學，得本者攻末，語粗者忘精，印度哲學之宗，歐土物質之極，蓋寡能相兼，鮮能相下者。吾國朱陸之互攻，漢宋之争辨，亦其例也。夫本末精粗，平世、撥亂、小康、大同，皆大道所兼有，若其行之，惟其時宜。故曰萬物並育而不相害，道並行而不相背，四時錯行，日月並明，惟溥博淵泉而時出之，此天地所以爲大，而孔子所以爲神聖也。苟非其時而妄行之，享鐘鼓于爰居，被冕繡于猿猱，則悲憂眩視，亦未見其可也。故誠當亂世而以大同平世之道行之，亦徒致亂而已；舉佛法之精微，以語凡衆，亦必眩視茫然，不解所謂也。故佛乘有大小，根器有上下。孔子則曰：中人以上可以語上，中人以下不可以語上也。夫制法之本，立義之原，不能告衆，故曰：民可使由之，不可使知之也。然則精粗本末，皆不可缺，而亦不能相輕也。如東西牆之相反，而相須以成屋也；如水火、舟車、冰炭之相反，而相資以成用也。故孟、荀並尊，已在戰國時，而太史公並傳，非謬論也。宋時心學亦盛，于是獨尊孟子，乃至以上配孔子，稱孔、孟焉。夫孟子不傳易，寡言天道之精微，于孔子天地之全，尚未幾焉。雖然，孟子乎，真得大道之本者也。養氣知言，故傳孔子之道，霹靂而雷聲者也。雖荀子非難之，亦齊之于聖孫子思，以爲傳仲尼，子游之道。今考之中庸而義合，本之禮運而道同，證之春秋公穀而説符。然則孟子乎，真傳子游、子思之道者也。直指本末，條分脈縷，欲得孔子性道之原，平世大同之義，舍孟子乎莫之求矣！顏子之道不可得傳，得見子游、子思之道斯可矣。孟子乎，真孔門之龍樹、保羅也。若夫論者因孟子發民貴君輕之義，譽子貢過于仲尼，則末之知孟子傳道之本末也。孟子曰：「乃所願則學孔子」，孟子之義，由子游、子思而傳自孔子，非孟子所創也。民貴君輕，乃孔子升平之説耳。孔子尚有太平之道，羣龍無首，以爲天下至治，並君而無之，豈止輕哉？大醫王藥籠中，何藥不具？其開方也，但求病瘳，非其全體也，病變則方又變矣。無其病又不能授以藥也。豈有傳獨步單方，而可爲聖醫乎？未知孔子太平大同之道，天地之全，而以一言爲輕重去取，是猶入眢井而遇燈，乃謂日月不明，不如燈也，其于觀聖也，不亦遠乎？夫天地之不可測者，難以驟明也。孔子之道之大，博深高遠，當時弟子已難盡傳，子貢已謂得見宮廟之美，百官之富者寡矣。數千年之後學，而欲知孔子之道，其益難窺萬一，不待言也。雖然，天不可知，欲知天者莫若假器于渾儀；孔子不可知，欲知孔子者莫若假途于孟子。蓋孟子之言孔道，如導水之有支派脈絡也，如伐木之有幹枝葉卉也，其本末至明，條理至詳。通乎孟子，其于孔子之道，得門而入，可次第升堂而入室矣。雖未登天囿而入地隧乎，亦庶幾見百官之車服禮器焉，至易至簡，未有過之。吾以信孟子者知孔子，惜乎數千年注者雖多，未有以發明之，不揣愚謬，探原分條，引而伸之，表其微言大義，不循七篇之舊。蓋以便學者之求道也，非敢亂經也。若有得于此，則七篇具在，學者熟讀精思焉，不尤居安而資深乎！

十一月十二日，命同璧歸國省親，並赴歐美演説國事，爲提倡女權之先聲。當時先君有詩十首送勉同璧，今録其五如下：

瀛車飄瞥去，轉瞬没孤烟。送汝唯雙淚，思親又五年。長安幽失日，大浸冥稽天。家國無窮恨，都來湧眼前。

美歐幾萬里，幼女獨長征。豈不憐孤弱，其如哀衆生。流涕言故國，××××，女權新發軔，大事汝經營。

民權乃公理，憲法實良圖。此是因時藥，真爲救國謨。光明布宗旨，感激爲馳驅。聖主猶無恙，蒼蒼意豈無。

波濤太平海，還港半郵程。破浪翻雄志，全身念所生。在家殊作客，往事異談經。驕吝宜淘汰，無存兒女情。

絶城吾垂老，雄圖空自嗟。艱難思舊國，涕淚落秋茄。頭白須彌雪，心摇躑躅花。别離孫抱兩，惆悵未還家。

十二月，遷居公園側，花竹尤幽。

光緒二十九年癸卯（一九〇三年）先君四十六歲。

正月，大吉嶺大雨雪，與外方消息斷絶，卧病將絶糧。

四月，先君自癸卯四月，出印度，漫游緬甸、爪哇、安南、暹羅，還港省母，遂游歐美十餘國，至甲辰還美。在此時期內，所作詩，都曰逍遥游齋詩集，凡一百二十六首。兹録大吉嶺寫景詩二首。詩曰：

廿里環山路繞闌，真成七寶鐵圍山。百亭排几危崖上，萬木驚濤曲徑間。上下樓臺占邱壑，億千燈火綴煙鬟。月明扶杖尋幽去，白道迷雲夜不還。

大吉山顛踏月行，百盤磴道頂長平。引攀霄漢青天近，隱見須彌白雪横。煙霧重冥雲四合，樓臺千萬火微明。神壇白塔風旛動，獨立蒼茫問太清。

是月，聞榮禄死，海內外舉酌相慶。乃辭英人保護，自印度出，漫游緬甸、爪哇、安南、暹羅各處。臨行賦詩曰：

鬱鬱久居此，蒼茫只問天。黑風吹忽散，孤月影將圓。佛土行三載，亡人幽六年。逍遥歸去也，故國整征鞭。

先君以榮禄死，德宗無恙，前在歐、美、澳、亞、非諸洲各大埠設立之保皇會已風起雲湧，國內外民氣亦漸次發達，可以徐圖立憲矣，乃易保皇會名爲憲政會。

六月，至緬甸，游仰光黄金塔，並觀蘇拉派亞火山。

七月，至爪哇，開報館、立學校，到處演説，並賦詩二首。鄭和以後，士大夫至南洋者屬先君矣。詩曰：

史萬歲誇廿萬里，鄭三寶身入南洋，中華士夫誰到此，我是開宗第一章。

學校手開三十餘，授經傳教遺吾徒，侊侊弟子三千衆，西蜀文翁豈可無。

九月，歸香港，官制議成。先君謂中國官制爲最不善，欲中國變法，非先變官制不能爲功。分者當極其分，宜行地方自治，合者當極其合，宜行中央集權。中國督撫之權太大，乃至養兵籌餉皆自主之故。户部無籌餉之權，兵部無練兵之權，理財無方，盜賊蠭起，國之不强頗由此故。擬分内部、藏部、理財、民業、交通、文事、武備三十餘部，掌理國家大政，而遼、蒙、回、藏四地，地方遼闊，應如英之加拿大、澳大利亞，設一總理大員以專事權焉。

光緒三十年甲辰（一九〇四年）先君四十七歲。

正月，先君在香港侍母。

二月六日，再游海外，乘法國船自港行，十二日，過安南。

三月十二日，適暹羅，其總督本中國人，敬先君變法圖强，待以殊禮，以王者之象輅駕乘，車行道上，吏民皆施敬禮，並攝影留念。十八日，抵檳榔嶼，因事少留。

四月十二日，乘英船放洋，十八日，至錫蘭。易孖摩拉號船赴歐，廿五日，晚六時，望亞丁山勢若火，聳特絶倫，英人鑿山築壘，扼險以瞰海道，令人可驚，追思所過要地，凡錫蘭、檳榔嶼、星加坡、香港將二萬里，皆英壘也，爲之歎息。次日下午四時，到丕倫，過此卽紅海，兩岸火山，右平迤而左峭拔，波平如鏡，與日本九洲海内風景略同。三十日，夜抵蘇彝士河。

五月一日，行運河中，三時抵鉢賒，爲蘇彝士北口盡處。搭易意船埃詩士號赴意大利。初三日至布連的詩，過地中海時，先君望古思今，臨波而歌。歌曰：

浩浩乎沸潏灝渺哉，地中海激浪之雄風。君士但丁之頸延其西，直布羅陀之峽口於東。西與黑海相接，東與大西洋相通。南則非亞沙漠廻抱若拱璧，北爲歐洲山陸槎枒若蠶叢。中開天地萬餘里，洪濤浩演無不容。揚帆激艦可四達，羅馬伸股據其中。南邊橢圓如半規，非亞列國憑險雄。東邊萬島相錯落，希臘文明於此作。亞居海港灣既繁互，亞德亞狄海灣成谷壑。高盧西班牙以爲西北屏，埃及阿剌伯以爲東南郭。巴比倫亞述之發生，實藉海波灌先覺。腓尼基與迦太基貿遷處處依海角，海人習海波，海商成商國。西頓與權羅二市未寂寞，用能販易文明母，沿海華嚴成樓閣，羅慕路所居既得地，雖起野蠻小部落。憑藉海波駕樓艦，鞭笞四表一統廓。亞力山大有遺力，駝隊大船走集猶連絡。綳標愷撒東西騖，鼐爾孫拿破崙相尋索。滔滔洪波，邈邈天幕，幾世之雄，賦詩橫槊，汽船如飛，我今過茲。濁浪排天浩浩淘之，英蹟杳杳猶在書詩。地中海之人民秀白，地中海之山岳華離，激蕩變化，頗難測知，全球但見海環地，豈有萬里大海在地中之忸奇。不知木土火諸球地，似此海者有幾希？地形詭異吾地稀，宜其衆國之競峙而雄立，日新而妙微。昨日一日行希臘，雲峰聳秀天表接，島嶼萬千曲曲穿，瀾漪緑碧翻翻涉，遥望雅典哥林口，嵐靄溟濛岳巘嶫，七賢不可見，民政今未渫。嗚呼！文明出地形，誰縱天驕此泙渫。

連日游哈喬拉念之地下古城奈波里，邦貝古城，蘇彝士火山等處。至奈波里公園覩意相嘉富洱像，方面大耳，氣象雄偉，君臣一德，以應大業。先君於近世歐洲人才最爲敬慕瞻仰，感慨不能去懷，而爲之賦曰：

我生徧數歐洲才，意相嘉侯實第一，我今首登歐洲陸，初游卽見嘉侯銅相聳雲而突兀。方面大耳修幹軀，眉宇雄偉態強倔，森然天人姿，降誕救意國。我生最想慕之英雄，忽爾遇之，喜舞不可遏，譬如好色者，見所愛慕之美人，情意懽欣中暢發，忽念構造遇之艱，聳然起敬手加額，少日躬耕類南陽，壯能擇主同諸葛，君臣魚水亦復同，明良千古難遇合。當時革命民主論紛紜，獨以尊王違俗說，遂以分裂十一邦，竟能統一國獨立，外結英法兩君相，內容加瑪二豪傑，前拒強奥之奴制，復絶霸法相侵壓，成功雖同卑斯麥，艱難締構過千百。超然若無人世欲，意國爲妻情何窄，大地佳耦汝最奇，得此丈夫總不滅。瓣香我卽爲公焚，今日相見情彌親。有若公生叱風雲，揮斥天地獨立軍，仗劍昂首向蒼昊，微公誰歸無典墳。奈波里本非公國，鑄金乃記范蠡勳，林木森蔚樓臺新，海浪淙淙石隄濱，電燈萬千歌樂喧，綉幄香鞋草成茵，士女嘻遊瞻仰頻。我生東方之大秦，當公立國之始已四旬，與公相隔三萬里之闕津，豈意入境第一日，先見公像結緣因，東海西海波瀾接，徘徊悵望想千春。

六日去羅馬，遊教皇宮、科魯斯之鬪獸場、博物院、爾亞尼宮、嗌士卑士宮、尼順那院、邦非利宮、巴鰲尼宮、觀古畫及鐵石刻像。先君嘗言：羅馬之古畫精妙超逸，冠絶歐洲，蓋皆千數百年前之異寶，爲全歐所無，卽市中售畫之大肆，雖時人作亦精妙如生。羅馬者，大地中寫畫刻石，絶詣之妙境也。先君又以中國保存古物不如羅馬，考其變遷得失，著說以載遊記之末，關心文物者應留意焉。茲錄如後：

羅馬亦有可敬者，二千年之頹宮古廟，至今猶存者無數。危牆壞壁，都中相望，而都人累經萬劫，争亂盜賊，經二千年乃無有毁之者。今都人士皆知愛護，皆知歎美，皆知效法，無有取其一磚拾其一泥者，而公保守之以爲國榮，令大地過客皆得游觀，生其嘆慕，覩其實蹟，拓影而去，足以爲憑。而我國阿房之宮，燒於項羽，大火三月；未央、建章之宮，燒於赤眉之亂；仙掌金人爲魏明帝移於鄴，已而入河北；齊高氏之營，高二十六丈者，周武帝則毁之；陳後主結綺臨春之宮，高數十丈，咸飾珠寶，隋滅陳則毁之；餘皆類是。故吾國絶少五百年前之宫室，卽如吾粤巨富，若潘、盧、伍、葉者，其居宅園林皆極精麗，幾冠中國，吾少時皆嘗游之。卽若近者，十八甫伍紫垣宅，一門一窗一欄一楯木，皆别花式，無有同者，而前年伍家不振，忽改爲巷，遂使全粤巨宅無一存者。夫以諸巨富者之講求土木，不惜巨貲，其玲瓏窈窕，花樣新奇，皆幾經匠心乃創新構，若如日本之日光廟及奈良廟，遊者收資，歲入數十萬，而所存美術精品，後人得由此益加改良進步，則其美術豈不更精焉？乃不知爲公衆之寶而一旦掃除，後人再欲講求，亦不過僅至其域，談何容易勝之乎？故中國數千年美術精技，一出旋廢，後人或且不能再傳其法，若宋偃師之演劇木人，公輸、墨翟之天上鬥鳶，張衡之地動儀，諸葛之木牛流馬，南齊祖冲之之輪船，隋煬之圖書館，能開門掩門、開帳垂帳之金人，宇文愷之行城，元順帝之鐘表，皆不能傳於後，至使歐美今以工藝盛强於地球，此則我國人不知崇敬英雄，不知保存古物之大罪也。然不知崇敬英雄，不知保存古物，則真野蠻人之行，而我國人乃不幸有之，則雖有千萬文明之具，而爲一二者之掃除，亦可耗然盡矣。雖有文史流傳，而無實形指覩。西人不能讀我古書也，宜見人之尊稱羅馬，而輕我無文，亦固然哉。且我國宫室之不能垂久遠也，更有一焉。吾游印度，其數千年之古堂舊塔，宏敞壯麗，多有存者，蓋皆以石爲之故也。蓋埃及之王陵古塔，雅典之廟，至今猶存，亦皆以石，人所共知也。吾國武梁祠石室畫像，至今猶存。漢文翁築石室以祀孔子七十二弟子，南宋猶存，朱子曾遣人訪之，足見石室之能久遠矣。次則灰磚亦稍能久，如我粤之花塔光塔，杭州之净慈塔，金山之雷音塔，並皆支持千年，若北京西山魏忠賢墓之白石塔，壯麗精妙，完好無恙，亦三百餘年矣。而南、北京之明陵刻像，皆五百年，石之足以存久遠明矣。而我國宫室，自古皆用木爲多，今之殿閣皆以木爲柱架結構，然後加磚瓦焉。蓋以木爲主而磚瓦爲從，仍未去三千年前堂構之義。構者，用木架結成之謂也。夫木者易火燒，光緒十五年，吾在京師目覩太和門、祈年殿之災，此二大宫皆在明初，於今五百年矣，柱材宏巨，大過合抱，今新購者，一柱數萬，當時可想。一星之火，數百年之古殿巍構，付之虚無。以諸史考之，城市殿閣寺廟之被火，不絶於書。然則，吾國人雖有保存舊物之心，而木構之義不去，不久必付之一燼，必不能以垂長遠。令我國一無文明實據，令我國大失光明，皆木構之義誤之。六經言宫室，雖有制度，並不限以木材，而今古相傳，同遵愚術，至令中國文明不得追埃及、印度、雅典、羅馬之後，真可憤也。文翁者，深於儒學者也，而其祀孔子弟子也，特立石室。善乎！文翁之能變以慮及久遠也。吾甚惜天下後世之愚儒，不知法文翁也。假令後人能法文翁宫室至妙，盡以石爲之，則我建章之宫，三雍之地，漢魏六朝之結構，唐宋元明之大工，至今皆存也。其於我國今日文明之程度，較之大地當若何哉？今太和門一門之工程費二百萬，若用石築，峥嶸有餘，惜哉其狃於舊風也！日本變法，祇從事文學武備，而不事土木，此日本小國所無可如何耳！吾游歐洲諸國，雖蕞爾之瑞典，其公館民居，壯麗皆與歐洲諸大國争，爲使人勿輕視之也。比利時之刑部署費千萬，冠絶歐洲，皆由競美之意焉。安可以堂堂大國之中華，爲人藐視乎？今吾爲國人文明計。蓋有二者：一曰保存古物，考之各國風俗，皆有保全古物會，士大夫好古者，皆列名於中，而有官監焉。凡一國之古物，大之土木，小之什器，皆有司存部録之，監視以時示人而啓閉之，郡邑皆有博物院。小物可移者，則移而陳之於院中；巨石豐屋不可移者，則守護之，過壞者則扶持之，畏風雨之剥蝕者，則屋蓋之，潔掃而慎保之，其他皆有影像與傳記以發明之。有游觀者，則引視指告其原委，莫不詳盡周悉焉，而薄收其費。昔吾遊日本之日光山德川氏廟，入者人收一元，歲入三十餘萬元，因用養工人，飾花木，備廢毀，益能久遠矣。歐洲之富家屋施捨與衆者亦然，園林亦然，各會所亦然，博物院亦然，率收其國幣一金，故美者益美，久者益久也。蘇州之元時獅子林，及明之拙政園，遊者人收百數十錢，因而掃除其園，亦此意也。今官雖不理，各省府州縣士大夫，宜處處開一保存古物會，凡志書所已著之古物，宜如上法公共部録，而令人守護之。其志乘未著録者，使學者查考之，凡其有關文明，足感動人心，或增益民智，如所言潘、盧、伍、葉屋園之例，有事者皆宜歸之公會，不得擅賣拆毀。若潘仕成宅之一隅，改爲愛育堂，至今猶存，可推也。吾遊法國博物院，拿破崙之雨衣、敝帳、敝枕、敝褥、冠履、外套，一一珍懸之於玻璃櫥中，過者皆俯仰不置也。此猶曰蓋世之英雄也。吾遊英國惡士佛大學之博物院，其學生之爲詩人稍有名者，其所遺之金錶、其所用之銀錶、筆管、文房四寶，猶珍藏於玻璃櫥中，歐人若此者不可勝數也。少有才能名望事業，則恭寫其像，珍藏其遺物，刻石紀其曾遊之地，所居其廬，令見者流連景慕焉。凡名流所居之地，雖極敝陋，後來欲居者，租輒甚昂，而人猶争焉，得之則誇以爲榮。吾游蘇格蘭時，自創汽機之瓦特，創生物學之達爾文，及諸詩人文人樂人機器人諸遺宅，馬夫揚鞭皆能指而告我，各國皆然。其崇敬英哲，雖最鄙下人皆能如是，而窮鄉皆能行之。中國人非不好古，然自一二名士外，則鮮能知之，其趨時風或好言適用者，則掃除一切，此所以中國之古物蕩然也。夫不知西人者，以爲西人專講應用之學者也，而不知其好古人而重遺物，徧及小民，乃百倍於我國。夫天下固有以無用爲有用者矣。虛空，至無用也，而一室之中，若無虛空，則不能轉旋。然則，無用之虛空之爲用多矣。凡小人徒見其淺，而君子能慮其遠。古物雖無用也，而令人發思古之幽情，興不朽之大志，觀感鼓動，有莫知其然而然者。若農夫乎，則耕田而食，鑿井而飲，抱妻子而嬉，奚所事於古物爲？若野蠻乎，魚獵而食，捕虜殺人，懸人頭於胸及其室廬以誇勇，掠婦女而淫焉，奚所事於古物爲？過歐洲之都會，古董之肆森列，其餘國則食肆用物肆耳。觀古董之多寡，而文野之別可判矣。入歐人之宅，其廳必徧掛古董異物以相争耀，亞洲人亦有名士故家藏古董者，然不懸於外，且若是之家亦甚渺，郡邑不易一二見也。故觀室廬古物之多少，而其人民文野之高下可判矣。昔張督欲以焦山爲炮臺，吾争之，謂焦山佳勝，豈可爲炮臺以殺風景？張謂吾等名士誕虛，卒行之，此可謂能講實用者矣。然守長江者，無鐵艦以攻人，守於江口外，而至設炮壘於焦山，是幾若某撫之陳炮於大堂矣。張固能好古者，然使英人爲之，則必保存焦山矣。故保存古物會不可不設，而好賢慕古之風流，中國人猶未至也，宜更加之意也。一曰建築用石，中國昔者古物之不存，因非石築故。蓋中國宮室之起，創於原野。太古原野皆爲森林，在森林之地，必斬木爲屋，乃其至便者也。易曰：「上棟下宇，以待風雨」。開口言棟，則木屋可知。今山間茅屋，皆伐木爲架，而后加茅焉。吾所過安南、暹羅、馬來、爪哇諸蠻之屋皆然，可見人情之自然也。詩秦風曰：「在我板屋」，益可見古俗矣。英人之新開加拿大、緬甸，皆用板屋，日本開化二千年，至今全國猶用板屋。中國在商時已能於木架中築土爲牆，詩詠古公築之登登，削屢馮馮，百堵皆興。至今羅馬奈波里間築屋猶然，而我三千年前已行之矣，其進化蓋亦速矣。惟秦漢時築室皆用磚瓦，今漢磚秦瓦存於世者甚多，建築又一進化矣。比之今日之意大利仍用泥堵，進化已突出二千年前。惜仍泥堂構之義，築磚牆必先架木，架木既難久，架一毀壞而磚壁隨之，故製磚之進化雖早，而古屋之遺留反不如羅馬，此眞中國之大憾事也。今宮殿皆用堂構法，中原各省官衙民宅莫不皆然。惟我粵全屋皆磚，或下層半用石壁，開化獨先。吾十三世祖涵滄公，吾族以一個人傳宗旨也，在明世結一屋至今，下半石壁猶存。甚矣！石之能支久也。惜廣東石壁不全築室，地亦極小，故石壁不厚，終非長久之計。今歐人多以鐵爲蓋板或爲桁桷，此固鐵世界之尤爲進化者矣。印度數千年前之石室，上蓋皆以石板爲之，吾遊舍衛佛殿既親見之，而印度中人之家，築屋無非全石，乃至樓板瓦蓋莫非全石爲之。且寸寸皆雕鏤成花，石石皆磨滑如鏡，偏行全印都邑，深入其窮鄉，民居帝宅峥嵘、塔廟嵯峨極目，皆石室也，皆千數百年之物也。故古宮室留存之多，莫如印度若矣。然且印度萬里無山，皆遠鑿之於須彌山，由鏄訶運之於五河，而後分輸於各地。其得石之難如此，然猶比屋用之，刻經寫像，斑爛滿國。故印度之文字經書，亦賴以久遠而光大也。中國遍地皆山，處處有石，若星岩之石尤爲精美，以之刻象寫經可存久遠。一切伐石築室皆爲便易，費亦無多。此後新構廣場公所，皆爲萬國所觀瞻，故國體攸關，當求壯麗，且使經營久遠，以示將來。所有大工，宜開山伐石以成巍構。其餘民屋，皆宜崇尚石築，以争光榮。不過稍一轉移，則可增進中國無量文明於大地上。以我國力之厚，何修不可？此豈非我四萬萬同胞所宜務哉！

十二日，遊愷撒古墳。十三日，游王宮、邦非爾宮，議院、大學等處，並購羅馬瓦石數十物，及安敦像寄還中國。羅馬古物入中國，自先君始。有詩紀之：

愷撒生時宅，紅牆倚夕陽。金燈照陵墓，玉匣卧叢岡。斷碣英雄蹟，零磚蔓草旁。搜羅千載物，望古集淒涼。

獅子兼符拔，通來自大秦。交通從後漢，第一是安敦。文化開瀛海，承平創善鄰。我攜遺石像，禹域幾由旬。

旋游美蘭，轉道赴巴黎，時值夏假，同璧亦由美洲來此同游。往聞巴黎繁麗冠天下，頃親履其地，乃無所覩，宮室未見瓌詭，道路未見奇麗，河水未見清潔，比倫敦之湫隘則略過之，其最佳處僅有二衢。歷游鐵塔公園、故宮博物院、櫨華宮所藏瓌寶異器，堪稱天下第一。我國内府圖珍器物在此無數，而玉璽甚多，部鼎入於魯廟，大呂移於齊臺，斯皆庚申、庚子時所掠去，京邑兩失，淋鈴再聽，倘不知戒，豈非安其危而利其災耶？逋人萬里，覩璽淒然。更遊拿破崙紀功坊，蠟人院，見拿破崙將死蠟像，卧帳中屬纊垂絶，其子愁眉側坐而侍疾，英雄末路，惻惻痛心，先君有詩詠之：

滑鐵盧中龍血黄，囚龍絶島太蒼凉。萬里戰雲收大海，百年大業對斜陽。旌旃黯淡扶歸櫬，觀闕嵯峨表石坊。最痛德帷殗殜日，奈何低唱月微波。

十六日，赴瑞士。自呂順湖往奧地利國，翌晨抵奧都維也納，又曰灣京，其氣象幾與巴黎相比。先君著灣京詠，以紀其事：

灣京舊霸統，氣象比巴黎。宫館皆嚴麗，林塗盡廣齊。柏林嗤幼稚，倫敦狹模規。感慨邯鄲市，今朝落泰西。

十九日，乘車赴匈京，標得卑士爲歐洲第二勝地。人物明秀，艷麗照人，長橋卧波，樓閣聳翠。遊宫室議院及百戲場畢，即返巴黎。遊乾那花利博物院、恪順伯博物院，過路易墳，那打爐泵古廟。又遊微賒喇舊京，路易十四故宫、烟弗列武庫，觀其武器精粗進化之跡。並於二十七日登汽球，升至二千尺，俯瞰巴黎紅樓緑野如畫，自謂神氣王長，羽化登仙矣。旋赴英倫小住。

二十六日游丹麥，小門生羅昌，讀書牛津，偕往。

二十八日抵丹京，游博物院、古物院各處。

七月二日，約見丹麥首相兼外部大臣顛沙，自言彼未嘗見中國婦女，及晤同璧，喜甚。相談甚歡，謂其有似西班牙婦女。六日，乘汽船赴挪威，兩岸數十里，島嶼相夾，綠樹芊緜，紅樓相望，風景至佳，憑欄飲酒，復得鮮蝦，與同璧及羅生昌對酌而樂，是時已有相攸之意。先君口占七律一首，示羅生及同璧。詩曰：

頻經國難忽華顛，南北重逢已五年。美酒空爲人送老，飛舲且作客游仙。好山縹渺欲飛去，大海盤旋幾變遷。且喜奇才能磊落，又來弱女慰纏綿。

是日午後三時，到挪京歌士遮那。七日，遊公園，登高塔俯瞰全城，一一在目。八日，晚乘車赴瑞典，次晨至瑞典士多貢。十一日，得翁同龢師相五月凶耗，望海濱隕涕，不意黨禍竟成永訣，賦詩以哭之：

海山凄斷海風酸，忽聽山頹最痛辛。譽士豈聞光百倍，救公何止贖千身。蕭何能薦登壇將，王猛曾爲入幕賓。豈料七年悲黨獄，竟成千古痛維新。

昔爲膠州北上書，冰河濤曉賦歸歟。追亡竟累酇侯履，變法真成商鞅車。黨錮千年話蘇馬，波濤萬古泣徒胥。房州未出應難瞑，故國相望恨有餘。

十二日，移居稍士巴頓大客舍，有湖島焉，仙山樓閣，花木扶疏，松翠波光，茂林雲影，時攜同璧扶杖行遠，偃石聽濤，更闌未覺，幾忘人世。同璧因請息居於此。先君嘗慮中國危亡，黄種滅絶，苟能國立種存，何憚勞心苦志舍身以殉。東坡曰：我本無家更安往，臨睨九州，回首禹域，悽愴傷懷，故鄉其可思兮，何必懷此都也。留連竟月。

八月初，自瑞典馬兒磨海口渡海，還丹麥，游柏林，遇戊戌六烈士蒙難日，先君在客舍釃酒以祭之，祭畢，往比利時。四日，至比京。十七日，游滑鐵盧，平岡斜繞，廣原迢遞，長松成行，直望十里，有古戰場焉。詩以弔之：

邱阜浩紆迤，樹影遞天際。危塔何蒼蒼，石像揭緯麗。猛虎一朝陷，竟爲螻蟻噬。百年古戰場，旌旆蔽天曳。精甲連百萬，士馬壓山勢。聯軍七八國，龍虎發電掣。血殷川澤紅，脂膏原野蔽。五萬白骨堆，只爲一夫斃。拿帝自才雄，正與項羽例。但逞匹夫勇，黷武横一世。不知内撫民，自將遂自蹶。埃及冒渡海，不擒已幸事。天幸豈多逢，膽大終縲紲。班葡功未定，鼐爾孫來制。入奥三擒縱，不滅太失計。娶后豈能親，連圜終相繼。南顧憂方殆，北伐更何爲？瞻前而顧後，跋胡宜狼狽。何不鎮撫法，分遣十六衛，功成帝一統，事敗國不敝。乃知唐太宗，文武真冠世。尚惜高麗事，親征爲所穢。漢高定四海，白登幾不濟。楚人沐猴冠，豎子孰爲智。吾過滑鐵盧，大發廣武喟。

十八日，赴荷蘭，道路整潔，田疇平直，嘉樹夾道，樹影遞天，牛羊被野，樓閣新靚。先君有詩美之，歎其國土雖小，而能治理也。遊故宫動物園畢，即往俄皇大彼得學造船處。彼得屋在山泵，距鵪士度七英里，板壁間懸彼得三像，一像作工操斧砍木，一衣工人裝，置刀斧於地，一小舟一鋸，其從臣在側作書，相貌神氣英絶，一帝后夫婦像，蓋一百八十年矣。以帝王之尊，勞身學工以興國，古今未有也。賦詩以志景仰：

板屋濱河邊，高廣敝風雨，云是大彼得，學製船於此。遺灶對外榻，疏布遮床處。几桌凡四事，横陋苦難似。昂頭户礙眉，伸手瓦觸指。遺像猶在壁，執斧舟斜倚。身衣工人服，目若横天地。眉宇天人姿，顧盼有雄氣。當時同業者，寧知帝王至？玉座何尊崇，紆身執勞肄。深宮何安樂，久習能捐棄。臣妾亦已衆，隻身走萬里。日與工人伍，降辱成舟技。豈不憚孤苦，爲成圖霸志。迄今横三洲，雄圖霸大地。乃知英雄主，舉動自殊異。横覽古帝王，神州無可擬。我儀主父偃，瓌偉差可比。變服學騎射，入關窺秦主。王者欲强國，苦身猶胥靡。況茲我庶士，賤辱更何齒。歐人所由强，物質擅作器。百年新發明，奇偉不可比。遂令全地球，皆爲歐人制。吾國文物博，所乏製造職。士失習尊大，難辱身降志。何況帝王崇，玉食尤難蔽。坐茲成孱弱，衆强召吞噬。沉吟古今人，最敬彼得帝。昔者編其傳，寫黄進丹陛。聖上爲感動，變法大猛厲。忡忡震予心，大業傾不世。豈知九萬里，來視歸盧敝。木架與支持，游者踵相曳。大厦覈其外，丹碧聳瓌麗。遺構及像設，拓影杯盤細。大購數十種，將以贈國士。感歎慨然興，聳起志氣厲。

二十日，回英倫，宿於仙控住公爵邸舍。樓閣華嚴，園林之大，冠於英倫。蓋千年諸侯舊邸，其先世隨威廉入英者。此宅又爲克林威爾舊第，英王嘗幸之。公爵以英王卧榻浴室款待，加殊禮焉。

九月二十六日，自利物浦渡大西洋，重返加拿大。

十月八日，到曼梯柯，轉赴灣高華。是夕，先君在客舍大廳講演合羣愛國及商會農工學校事，在座千人，肅静無譁，與五年前較之，逈不同矣。二十九日，重游文島，徘徊故宅，頗有蘇武毡廬之感。先君自本年六月由香港放洋，共歷意大利、瑞士、奥地利、匈牙利、法蘭西、丹麥、瑞典、比利時、荷蘭、英吉利十一國。凡其政教風俗文物無不考察備至，不願自秘，先疏記其略，著歐洲十一國游記以告國人。自喻爲廚師，請同胞坐食焉；爲畫工，請同胞遊覽焉，書成，自爲之序言：

將盡大地萬國之山川、國土、政教、藝俗、文物而盡攬掬之，採別之，掇吸之，豈非凡人之所同願哉？于大地之中，其尤文明之國土十數，凡其政教、藝俗、文物之都麗郁美，盡覽掬而採別掇吸之，又淘其麤惡而薦其英華焉，豈非人之尤所同願耶？然史弼之征爪哇也，誤以爲二十五萬里，元卓朮太子之入欽察也，馬行三年乃至。博望鑿空，玄奘西遊，當道路未通，汽機未出之世，山海阻深，歲月澶漫，以大地之無涯，而人力之短薄也。雖哥侖布、墨志領、岌頓曲之遠志毅力，而足跡所探遊者亦有限矣。然則欲攬掬大地也，孰從而攬之？故夫人之生也，視其遇也，芸芸衆生，閱億萬年，遇野蠻種族部落交争之世，居僻鄉窮山之地，足跡不出百數十里者，蓋皆是矣。進而生萬里文明之大國，而舟車不通，亦無由覩大九洲而游瀛海。吾華諸先哲，蓋皆遺恨於是，則雖聰明卓絶，亦爲區域所限。英帝印度之歲，南海康有爲以生，在意王統一之前三年，德法戰之前十一年也，所遇何時哉？汽船也、汽車也、電線也。之三者，縮大地、促交通之神具也。汽船成于我生之前五十年，汽車成於我生之前三十年，電線成于我生之前十年。而萬物變化之祖爲瓦特之機器，亦不過先我生八十年，凡歐美之新文明具，皆發于我生百年内外耳。萃大地百年之英靈，竭哲巧萬億之心精，奔走薈萃，發揚飛鳴，磅礴浩瀚，積極光晶，滙百千萬億之泉流而成江河湖海，以注於康有爲之生世，大陳設以供養之，俾康有爲肆其雄心，縱其足蹟，窮其目力，供其廣長之舌，大饕餮而吸飲焉。自四十年前，既攬掬華夏數千年之所有，七年以來，汗漫四海，東自日本、美洲，南自安南、暹羅、柔佛吉德、霹靂吉冷、爪哇、緬甸、哲孟雄、印度、錫蘭，西自阿剌伯、埃及、意大利、瑞士、奧地利、匈牙利、丹麥、瑞典、荷蘭、比利時、德意志、法蘭西、英吉利，環周而復至美。嗟乎！康有爲雖愛博，好探賾研精，而何能窮極大地之奇瓌絕勝，置之眼底足下，攬之懷抱若此哉！縮地之神具，文明之新製，不自我先，不自我後，特製竭作，以效勞貢媚于我，我幸不貴不賤，無所不入，無所不覩，俾我之耳目聞見，有以遠軼于古之聖哲人，天之厚我乎，何其至也！夫中國之圓首方足，以四五萬萬計，才哲如林，而閉處内地，不能窮天地之大觀，若我之遊踪者，殆未有焉。而獨生康有爲於不先不後之時，不貴不賤之地，巧縱其足跡，目力、心思，使徧大地，豈有所私而得天幸哉！天其或哀中國之病，而思有以藥而壽之耶？其將令其攬萬國之華實，考其性質色味，別其良楛，察其宜否，製以爲方，採以爲藥，使中國服食之而不誤于醫耶？則必擇一耐苦不死之神農，使之徧嘗百草，而後神方大藥可成，而沈疴乃可起耶？則是天縱之遠遊者，乃天責之大任，則又既惶既恐，以憂以懼，慮其弱而不勝也。雖然，天既强使之爲先覺以任斯民矣，雖不能勝，亦既二十年來晝夜負而戴之矣。萬木森森，百果具繁，左捋右擷，大嚼横吞，其安能不別良楛、察宜否、審方製藥，以饋於我四萬萬同胞哉！方病之殷，當羣醫雜沓之時，我國民分甘而同味焉。其可以起死回生、補精益氣，以延年增壽乎？吾之謂然，人其不然耶？其果然耶？吾於歐也，尚有俄羅斯、突厥、波斯、西班牙、葡萄牙未至也；于美也，則中南美洲未窺，而非洲未入焉。其大島若澳洲、古巴、檀香山、小呂宋、蘇祿、文萊未過，則吾于大地之藥草尚未盡嘗，而製方豈能謂其不謬耶？抑或惡劣之醫書可以不讀，或不龜手之藥可以治宋國，而猶有待於徧遊耶？康有爲曰：吾猶待于後徧遊，以畢吾醫業。今歐洲十一國遊既畢，不敢自私，先疏記其略，以請同胞分嘗一臠焉。吾爲厨人而同胞坐食之，吾爲畫工而同胞遊覽焉。其亦不棄諸！

十一月，至灣高華，小病，卧於山中，重遊嬉理順温泉，湖溪泛棹，幽懷無已。除夕，卧病未愈，追思故園，得詩五首。詩曰：

東遼鼙鼓人中立，西藏風雲我不知。絶好江山誰筦領，空看書畫想迷離。從何説起中朝事，日飲亡何長夜悲。忽念當年開國路，艱難百戰是何時。——思遼藏也。

八道山川磨邏青，舊封箕子不神靈。夏商血屬惟存汝，晉楚干戈可有名。保護有人寧遣使，太平無事可裁兵。漢湯姬氏如今盡，撫鼎摩沙目不瞑。——哀朝鮮也。

王母瑶池麗上清，蟠桃正熟賜飛瓊。鈞天廣樂聞同醉，驪火燒烽不少驚。欲勸長星來飲酒，更增圍獵一開營。海枯天隕生何世，哀我蒸黎痛失聲。——傷臨朝也。

華胥夢入境迷濛，又墮迷途大霧中。衆瞽呶呶同論日，羣雌粥粥乃無雄。狂泉大飲奇歌舞，博夜摸行失北東。獨有餐毡北海者，冰天雪窖卧書空。——嗤變法也。

縱横宙合周寰宇，飄泊身名度落機。澤畔行吟無遠近，海邊齧雪太支離。一年垂盡陰陽戰，萬樹僵枯雲物悲。誰識伍胥吳市日，鬢鬚全白異當年。——感殘年也。

光緒三十一年乙巳（一九〇五年）先君四十八歲。

正月九日，先君自灣高華扶病赴美，當日抵舍路，爲憲政會演講。十一日，渡湖至砵崙小住。乙亥之夏，先君居加拿大域多利之文島，名其室曰寥天。自甲辰十月再入加拿大，游美、墨而歸于歐。無一日不在游中，自謂鴻飛冥冥，扶摇九萬，直入于寥天矣。凡乙丙丁三年歐美之作，都曰寥天室集，共六十四首。其歐土國别之作，先附於逍遥游齋集者不計也。

二月六日，由砵崙西行，路經沙加免度斐士那北架非等埠，均爲華僑演説。十一日，到羅生技利游覽，餘暇輒爲憲政會演述大同之義，日覩各國物質文明，一日千里，而中華守舊不改，難與世界争鋒，作物質救國論二十節，爲暮鼓晨鐘也。

三月，移居羅生技利之西湖畔，閉户養痾，每日扶笻雅步，擁册眠茵，或繞行湖畔，或棹船舟中，遥臨大海，緑潺舖茱，土地肥沃，氣候温和，實療養盛地也。

五月，病愈，思遊華盛頓。八日，到華盛頓。遊議院、砲廠、鐵廠、博物院、蠟人院、百獸園。十四日，偕詩人譚張孝、湯銘三訪華盛頓故居，又參觀華盛頓紀念碑。十五日，赴必珠卜，觀其鐵廠、學校、藏書樓。旋赴紐約，遊博物院、哥倫比亞大學各處。

六月三日，往波士頓，觀華盛頓第一次點兵處，十八日游費城。

七月三日，視察紐約監獄、報館。

八月四日，參觀華士納特軍校，校長戎裝領導，並請閲兵。十四日，赴芝加哥。十六日，去新坡，轉往粒榮士頓。二十日，遊黄石公園，園方三千六百哩，有温泉數十處，惟童山濯濯，石色枯黄，塵沙如山，蒸人若甑。游凡六日，意興索然。

九月一日，由碧架失地至波士拿省表色地，參觀銅礦、造幣廠。二日，赴士卜勒勒。七日，至抓李抓鏬。九日，往尼利頓。十一日，過砵崙。十八日，去貝士惡頓疏瀝。月杪到張順，經小路深至落機山盡處。

十一月一日，抵閔陀羅氏。二日，宿要離，四面雪山，中通一路，乘馬車上山。三日，午登絶頂，放歌七十韻。歌曰：

祖龍華盛頓開美，十三州憑西海隅。新藟百年前未闢，乃爲班法之轉鋤。南北戰餘四十載，迤西萬里未通車。蒼莽落機山，只有荒林穴狐猪。渺渺太平洋，只有烟翦晨捕魚。三藩息士高與乾沙，五十年前無人家。而今人居四十萬户，畫樓廿層聳雲霞。羅生新闢十八載，公囿華屋可驚嗟。砵崙舍路憑山海，市里繁廡亦怪呀。鹽湖大鎮開自摩門教，多妻被逐來作家。沿海數州皆腴壤，緑縟秀野鋪桑蔴。麥粉商估徧大地，以農富國機交加。新墨西哥宜水稻，溝洫舊跡出吾華。落機山中數州地，五金煤鐵大地誇。餘者亦復宜畜牧，牛羊徧野蔽草沙。回顧我中國，三代文化卓，江南粤蜀閩，尚爲蠻夷穴。羅施南詔在宋時猶如此，何況長城外東西北之三角。歐洲大陸羅馬初，渾渾草昧無人覺。過兹深林晉世開，英倫海賊宋時作。埃及以南莽萬載，渺渺撒拉大沙漠。

統觀大地開闢皆甚遲，無有若美之速攫。仗劍草創數郡土，闢萊順成萬里國。蓋從機器備文明，更賴軌地縮地岳。一通汽車四十年，萬里山河野蠻成神仙。農家樓閣丹青靚，工人士女衣帶鮮。小家琴聲弄娟娟，熙熙婦子自姿研。禮容神態中法律，皆從學校通文篇。自從北購亞拉士駕，富庶雄大無倫邊。地勢東西憑兩海，亞歐交通左右便。我驚開闢進化驟，時哉華盛頓、林肯之生焉。力小效大古無比，太祖美洲汝爲先。往來全美南北路，東西經過三周穿。行路略近五萬里，度盡落機四回旋，目極兩洋曾登岸，密士失必與微蘇拉皆泛船。東方登北山，西遊黃石園。日日撫地圖，昔昔考山川。甚妒華盛順，甚思開新天。横睨大地中，豈無荒地翳？榛烟高觀覇王圖，時來治教起聖賢。波士頓摩新世石，初祖舍我其誰先。從來争内地，尺寸皆奇艱。一城流血以億萬，兩雄互得守己軍。春秋晉楚争虎牢，三國六朝江淮間。歐洲中原千里土，千年戰血流斑斑。直布羅陀與旅順，英班俄日争幾年。魯衞宋鄭盛文化，地居中原無由前。晉楚燕齊秦强大，處於四極易拓邊。歐陸德法與意奥，千里雄争病氣纏。相吞相害千百里，凱歌高奏稱覇尊。師丹焚殺數十萬，爲得有幾何慘旃。拿破崙志一歐土，萬戰不就身竄國猶偏。豈若俄闢鮮卑地，英攫印度與加拿大焉。葡班地小迫於海，注意新地開最先。只今國弱地頻削，散布全美皆其孫。萬年英班必不滅，以種偏地皆根萌。古今國勢可以鑒，勿争朝市棄荒原。英智或失愚或得；放逐或福王或憐。南美有大荒，逝將闢地開坤乾，我國人民數萬萬，貧苦奔走同棄捐。我將殖民巴西地，樓船航度歲億千。樹我種族開我學，存我文明拓我田。移民迅速殖千萬，立新中國光亘天。既救舊國開新國，我族既安强且堅。雖未大同天下樂，我願庶幾救顛連。嗚呼！不知何時償此願，突兀獨立落機雪峯顛。

少憩，易馬下車。五日，過免駕士行盡落機山矣。南卽新墨西哥境。

六日，東返至顛喱㖃，轉車往乾沙色地，到密士失必河，河高平地五尺，常有崩決，築堤束水之法，悉如吾國黄河，步行堤上，如見故鄉，何東西之相同歟？十八日，張福來談中美事甚詳，頗思一往，一年以來，巡覽美國殆遍矣。先君考驗太平洋東岸，南北美洲皆吾種舊地，有詩紀之。詩曰：

吾遊加拿大，古蹟忽有李陵臺。好事徐維涇，購得埋地古錢之一枚，傳聞古錢埋一甕，名字皆自中國來。我曾摩挲墨榻之，視爲異寶藏於懷。米亞拉士加人，面貌酷似中原胎。新舊我遇水利長，口稱新墨西哥稻田開，其地溝洫似中土，定是華人移植回。墨西文明尤古出，遺殿百級高崔嵬。百器製作頗類我，舊民相見情親哉。吾人呼叔似南越，特留酒食意徘徊。秘魯文化亦相似，今雖代遠存刼灰。麥秘中間稱盛世，惜遭變亂毁蒿萊。我將南遊親考驗，益見吾種滂遠無不賅。想見颶風吹渡海，二萬里遠難重回。或者三苗舊蠻族，或者渤海扶餘裁。或者文身斷髮出吴越，小被文化無通栽。各以國風與野俗，行之新陸傳雲來。文者開文明，野者山澤化日頹。總之太平洋岸東米洲五萬里，落機安底斯以西之草苔，皆吾華遺種之土地，證據確鑿無疑猜。科倫布尋遠在後，先者爲主後者隨，彼挾國力推智者。歐土又近來相偕，遂令光光新大陸，客作主人先安排。赫赫歐土鼓與旗，樹遍南北美洲照電雷。從來得失多反覆，天道人事古今可相推。我華人類數萬萬，橫絶地球吾爲魁。他日中興樓船破海浪，水濱應問吾故壤。北亞拉士駕南智利，故主重來龍旂揚。

十一月三日，自新村乘汽車離美赴墨西哥。美墨間以一路間河分界。六日，至萊苑，觀其銀礦、鎔銀局。此間銀礦爲天下第一，開採已二百年矣。

光緒三十二年丙午（一九〇六年）先君四十九歲。

正月二日，先君至墨京，黃寬焯、黃日初讓屋以居。廿二日，遊砲廠、武備大學、博物館。

二月，遊兵帶皮料廠、製棉子油廠。

三月，遊墨京城外，滑打碌比大寺古廟，又觀模乙埠之華文碑，及銅鏡作福壽吉祥四字，爲華人修路掘得者。

訪墨總統爹亞士於前墨王避暑行宮，年已七十有八，目光如電，觀各國君相骨相，未見有其權奇者。先君爲憲政黨開銀行、築鐵路、置地十里，建二石樓爲移民基礎。自歐美遊兩載無少息，存稿數十，畫數册，遷運爲難，至是晨夕篝燈閉户著書，復如諸生時，因題曰「著書廬」。

先君嘗言：中國民貧由於人民之多，故養生不精而種族以弱，欲富民强種，非移殖不可。在中國則東三省、蒙古、新疆荒地極多，鐵路若成，則徙南方之民以闢北方空虛之地。在國外則南北諸洲，若墨西哥、秘魯、智利、阿根廷、巴西，皆新闢之土，地沃民寡。而墨西哥、巴西之氣候，與中國相近，殖民最宜，故此行留意焉。（同璧按：辛亥墨亂，在墨華僑死千餘人，族兄同惠死焉。先君經營之一切事業破壞無餘矣。）

四月，遊架丹古宮，及蔑地之孟常蘇寫之宮。黃寬焯、黃日初請一墨人教書，謂其種出於吾族，壺瓜名曰瓜壺，粟名曰米粟，用法皆同。墨西哥人種出自誰何，今歐美皆無定據。先君遊蔑酈，覩其古王宮廟，皆五百年前物，似吾國北方廣式紅墻層門，其石刻與西伯利亞博物院中物皆同，乃知確自鮮卑傳來也。賦詩以紀之：

吾遊墨西哥，考種訪古蹟。蔑酈腰架丹，遺宮猶可覓。就近尋蔑酈，汽車歷夜日。峨巒母山高，澗壑度山北。言至胡克家，都會稍屹屹。衢市頗整齊，户口三萬實。稍嫌中央溝，道上穢氣拂。一宿易馬車，百里馳驟疾。山野開秀緑，室廬多瓦質。屋瓦作金字，秀睞覩人物。白袴穿草屩，一一吾國物。體質與狀貌，似我怪呀發。夕照頽宮殿，壞牆磚石壓。丹墀廣十丈，四面皆三闥。鑿古開地穴，鐵閘深不測。後殿最完好，崇階九級石。左右飾紅牆，正中三門擘。内殿列六柱，厚牆三四尺。後殿丈室四，廣容小收窄。花樣磨磚成，凸凹結石迫。頗似北口寺，廟貌正髣髴。周視恍然悟，此是吾華物。吾聞丫士惕，移自鮮卑出。鮮卑者漢時，交通已久達。蘇武北抵海，已在鮮卑澤。宜有李陵臺，英蹟播遠貊。高齊嘗入主，文明傳其國。展轉中華制，播散其部落。甘查甲渡海，丫士駕乃作。避凍而南行，太平洋邈莫。遵海得熱地，墨西哥是託。因以舊俗廬，建築爲廣宅。最好作崇壇，三成而四出。惜不識華文，光明難發越。坐令科倫布，後來着先覺。

五月，初至胡克家，墨總統爹亞士卽胡克家人，少放牛，不識字，十六歲就學，得律師，一八五七年舉爲總統，車過多喔烟時，店主樹大幅龍旗，打鑼燃砲以迎，具餐奏樂，同車有胡克家州長，誤以爲接州長，不知其接己也，忽見故人，聞故國之樂，爲之欣然。二十二日，遊兵營，墨某將軍陪視軍裝圖畫各室，又遊博物院。二十三日，視察監獄。二十七日，訪舊京的根刀亞之地壇神廟，管古蹟官沙羅乙羅來訪，贈墨古蹟書七本。

留墨半載，貫其南北，政治風俗考察殆遍。該國母山爲脊，左右斜落爲平原，地脊民貧。二千里不生草木，天寒皆無衣褐，而以毡貫頸，風化新沓皆守舊也，先君賦詩一章，以誌鴻爪。詩曰：

歷亞歐非到美洲，墨西哥境又南遊。海山踏遍念萬里，國土縱橫大九洲。政治離奇文野見，榛荒開闢古今遒。睠鸞未閱諸天界，皮裏春秋納地球。

六月，舟泛大西洋赴歐，至是已五渡矣。著五渡大西洋歌。歌曰：

浩浩乎浮天渺無涯，洪波如山，蛟龍是家。翻壓巨艦，檣折衆譁。四海皆汪洋，西洋尤深鯨鼉拏。嚴冬無風不可渡，老黿吹浪白日遮。東羅美洲，西限歐羅巴。北浮坤蘭採冰海，時有雪山流出照霓霞。南通南極不可到，莽莽囊括非利加。邇來千百萬億歲，豈經人迹一泛槎。美洲大陸千萬里，膴膴原野莽烟花。落機母山安底斯，只有丫士惕人種之所家。豈有文明開新地，只循太平洋岸捕魚蝦。秘墨遺文久滅絶，但餘破殿供摩挲。若無科倫布，豈覩電燈汽道照雲霞。驟然闢新無恨土，動植繁怪可驚呀。世久人多國土窄，資此移植民富加。南美巴西阿根廷，豐源萬里蔽榛蛇。長流潏潏亞馬孫，護溉神皋饒仙葩。架非烟藍乃土產，可移百穀種桑麻。吾國生繁養不足，殖民尋地吾久查。欒士樂國無如此，廿年偉繣久咨嗟。航海哲開新國土，移吾種族新中華。雖知此願未易就，指圖向若吾先誇。嗚呼天地無盡藏，冒險勇浩鬼神訶。噫嘻科倫布之功，酹酒贊嘆豈有他。五度西洋如庭户，側身望洋頻嘆嗟。

七月。在美蘭那觀博覽大會，順游佛羅練士讀畫。佛羅練士爲意國中原，全歐盡人皆會於此。博物院凡八，皆宏妙可觀。同璧來此同游，旋赴德參觀克虜伯炮廠。

八月，赴瑞典重游稍士巴頓。先君以瑞典島嶼百億，山水明秀，買山以隱，題名避島卜居，號曰北海廬。自是卽以瑞典爲固定地，家近瑞王離宮，時常通往來。先君居瑞典避島十餘日，思歸未得。自光緒丙午秋至戊申秋，漫游歐土之作，都曰避島詩集。凡九十九首。

聞老友梁鐵君在天津被袁世凱毒殺，賦詩哭之。

鐵君，南海佛山人，爲先君二十年老友，少游俠擊劍，既乃折節讀書，好王學佛學，工畫，業商於梧州，聞先君戊戌蒙難，遂棄家從亡。光緒三十二年七月十四日到津，擬謀刺那拉氏，爲袁世凱所覺，毒殺之，近世烈俠未見其比也。

十一月，再游德國。二十日，抵柏林，先後九至，再觀其王宮。武庫及威廉第一故宮、歷代先王遺藏殿。既而出柏林，游温氏湖，觀壘來因。德人愛來因河如命，路易十四取來因，德遂分散而破碎，至俾士麥破法，又憑來因而俯瞰巴黎，如春秋之争虎牢，南北朝之争江淮。循河數百里，皆巍巍之戰壘也。著來因河觀壘記，以餉國人。記曰：

未遊歐土者，想像自推測之，以爲善見之天，妙音之國，極樂之土，金堂玉宇神仙聖賢也。以吾徧遊歐國，熟觀其博院及王宫之珍儲，則舉目所見者，金鐵之甲胄戈盾也，游於其國内山野之間，則接目而覩者，巍巍之戰壘也。其壘突兀於雲表，縱横於江邊，憑險據隘，式製詭奇，誠吾國人所未覩也。數求其遺圖於柏林、巴黎、維也納、美蘭、馬得理諸都會，亦不易得。蓋自道光二十八年來，奧普民變，侯封盡削，壘隨而廢，歐人亦恥稱之，而古跡亦漸澌滅矣。游歐者徒觀其大都會，覩文物之殷賑闐溢，宫室之奇麗閎敞，則震而驚之曰：文明哉！文明哉！然此其最新之跡耳。試與游奧國帝羅之河爾頻山、奧匈間之多饒河上、又與游德國漢那話州中，乃若蘇格蘭阿爾蘭山野中，則屹然蒼然於山間雲際者皆壘也。然遺跡疏落尚未能測然動游者之心，至於乘來因河邊數百里河道中，波浪泱泱，崇岡截嶭，夾河對岸三數里間，憑險相見者，果何物哉？則皆壘也。壘也者，故侯之宫，而争戰之場，歐人之白骨所築，赤血所染而成之者也。傷心哉！吾國之古戰場可弔者有幾？而來因河畔則接目皆古戰壘。五十年前之歐民何罪何辜，而二千年蒙此慘酷，吾至今猶爲歐民哀之也。吾國民生於一統之國，萬千里無一戰壘，民多老死不見兵革，父子夫妻相保以長子抱孫，豈識歐人之苦哉？歐土之侯，日夕披數十斤之金甲，童子亦然。引尺許之玻杯以飲葡萄酒，醉則卧地，刼抱民女，醒則出獵，入民家而奪所有，或攻鄰國而掠其商民，大舉則大劍長槍以攻其壘，非深宵入内寢見其妻，無敢解甲者。頭目戴密孔之鐵胄，足股踏纏裹之鐵縢，甲厚如錢，楯長過丈，苟非刺喉無自殺之。若其壘制奇詭，憑山顛而俛絕壁，峻聳入雲，處處斷而續以橋，面面壁而隔以城，高下方圓，可通可絕，可降可升，不知幾經戰争乃得此式也。故皆有一夫當關萬夫莫開之勢，以區區小國寡民，憑險守隘，雖有謀臣如雲，猛將如雨，莫之誰何。故德意志千年帝主，自路多父平九十壘以外，無有能定者。自非中國創火藥大砲，自蒙古突厥而西漸，則封建之争至今存可也。吾人幸生中國，不知一統之治安者，其緩游諸國大都，而先循來因河畔，必將憮然於歐民之不幸，而自慶生存於中國之治安也。然禍福無門，得失相召，歐人以競争，致今日之治，乃反以過我者。然後反復其致治之由，乃游各大都鑒而採之，其庶幾真有得於歐游而不入於迷途者乎？故游者不可不游來因河而學者不可不讀來因觀壘記也。

十二月一日夕，自嗜順公國京渡來因河，過怯倫登廟，塔高六百尺，自宋理宗時築至同治二年落成，凡八百年，世界巨工無出其右者。往荷京遊其王宮、議院及藏書樓，又赴亞連侯離宮，覽萬國弭兵會所。四日，至亞痕。亞痕爲沙立曼王故都，遺殿卽藏其骨，玉几在焉。古物十橱皆千年以上，沙立曼骨之金棺卽在橱中，非別有陵也。有詩記之。六日，至比利時，轉道赴巴黎小住。十二日，自加悟往遊蒙得卡羅，小國也。國土略當吾國方圓十五里，人口僅二萬，然其宮室服飾戲樂飲食皆冠絕歐洲。至冬草木不凋，青葱彌望，所以供人欲者，無不至精至妙，遂成一極怪極樂之國，爲歐洲避寒勝地。先君著滿的加羅游記，譽之爲大地極樂國。益知春秋之鄭衞聲色獨盛，非無故也。十六日，至班京，遊王宮。二十日，赴陀鼇度，觀其古廟、回宮及陸軍學校。二十二日，抵可度華，城碟環河，後倚羣山，道路人家直與墨國同風。二十四日，遊舊京迦憐拿大回教故宮及其廟院，地居羣山中，風緻尚佳。二十五日，赴直布羅陀，山勢陟起如孤島，雄峻異常，向晚燈火熒煌，兵船環泊。旋赴摩洛哥今京亞費，訪其王，居民半化，街道穢隘，無足觀也。除夕赴當之，度海至稽鐵士，在此度歲。稽鐵士在班得美洲時最盛，現已大衰。自西班牙經直布羅陀，朝行夕至，已歷兩洲三國家年地角，爲之感懷。賦詩曰：

汗漫客來賦遠游，今宵除夕渡非歐。兩洲連跨三邦土，半日飛行一葉舟。千載英雄争地角，九年飄泊望神州。明朝五十應知命，空念君親摩白頭。

光緒三十三年丁未（一九〇七年）先君五十歲。

元旦，自稽鐵士赴西班牙，女王故京篩非，在篩非道中，見班后以沙伯拉受科倫布獻美洲地圖像，及遊其古寺，又見班始王非難第一與女王以沙伯拉結婚圖及其兩棺，及科倫布棺，以四校金冕綠繡裳扛之。三人者，爲歐土文明之導，而餘波及於大地者也。七日，至葡萄牙邊境，遇盜同車，鳴槍示警，未遭毒手，班葡民貧故多盜，而交界尤甚。八日，抵葡京里斯本，臨海依山，形勢頗勝。九日，復過比爾鼻斯大山，千岩萬壑，積雪彌天。先君卽景賦詩。詩曰：

雪色何穹窿，横絶歐南壁。延亘三千里，千載法邦隔。辨辨嵩萃姿，一青惟頭白。絶頂開大原，莽莽接一碧。横巘掩長雲，積雪埋巨石。突兀聳蒼天，連峯走額顙。有若分軍旅，隊仗如部勒。旗蓋亭亭出，團護或單劈。潤流瀉絶壑，浩蕩黄河底。葡架徧山顛，蒙茸發芳澤。千岩與萬壑，黛緑若可摘。巨岳如美人，容華倚天末。南走賒尼華，礌砢露節目。餘枝落非洲，萬里變平漠。南歐聚精秀，宜人久開國。追念千年戰，英雄事已昨。山邑渾不改，青青横海角。

山北爲法境，卽轉法車入巴黎，轉返英倫。同璧來倫敦省親。

二月初一日，偕同璧自利物浦乘輪赴紐約，憲政會各分會特派代表來迎，並以六白馬駕車，租寓華道大旅館，懸中國旗以示歡迎。初五日，爲先君五十誕辰，同人祝嘏上壽，是日召集會議，設立華益銀行，各大埠亦紛紛成立，以資響應。先君性喜山水，以紐約繁華太甚，遷往離城數十里之鄉間步録林，該地山川明秀，花鳥怡人，是時同璧在紐約哥林比亞大學讀書，每日下課後，卽乘車前往侍膳問安，頗慰岑寂。

是歲，海外亞、非、美、歐、澳，五洲二百埠中華憲政會僑民公上請願書，先君屬稿，大意開國會、遷新都、除漢滿、裁閹宦、練海軍、改民兵，造船牧馬，製鐵鑄械，以圖自强。至癸丑二月，復以此文登於不忍雜誌，以備六和之再刖焉。

十月，納姬何理旃女士，姬粤籍，美國留學生，以家懸先君像，慕名來歸，偕遊列國，凡秘書通譯事多得其助。是月再遊巴黎，經巴登邦加魯士雷京轉德巴登，雖公國而爲德四大邦之一。其賽馬場爲歐洲第一，旋渡波顛湖至利士但丁，地近來因河瀑布，夕陽返照，飛瀑作紅色，尤稱奇麗。

十一月，遊瑞士。

光緒三十四年戊申，(一九〇八年)先君五十一歲。

二月，先君以埃及建國在五千年前，有金字塔、古王陵、石獸諸古跡，爲全球最古文物文明之地，乃往遊焉。

三月一日，由開羅乘車出鉢賒至阿剌伯，鉢埠屬埃及，爲蘇彝士河北口盡處，北爲地中海，闤闠連雲，人民數萬，環地中海北岸而居，築石堤，長里許，樹有息勃斯石像。

先君自光緒戊申四月，至是年秋間所作詩，都曰滃漣集，凡二十五首。

四月一日，自埃士拿游德國威廉壘宮，視擒拿破崙第三幽囚處。六日，由阿爹壁入奥境。是日，爲奥王佛蘭詩士瑟卽位六十年大慶。十一日，過薩遜，觀薩京賽馬會，各國良馬咸集，凡以萬數，先君相馬，凡碧眼峻耳，昂首細頭，長頸平腹瘦蹄，神氣清躍爲阿刺伯傳種者，必爲佳種，及鬭賽皆如所料。旋返瑞典。時何氏因事回美，而長女同薇偕女婿麥仲華來瑞省親，同璧聞訊亦至，一家骨肉團聚異鄉，不勝離合之感。偕由德國舊京波士頓之河鳌湖，及瑞典京城王宮居中島，樓塔相望，橋樑如織，世界京城之美，未有能比之者。十五日，訪鴨沙大學。

五月二十一日，携同璧由瑞京赴北冰海，觀半夜日出。二十三日晨，至布顛邑，環湖依山，冰雪滿目，尋入那境，見立蘭人衣皮居幕，有蒙古風。午至拿域，鐵路至此止，易舟行島間，雪山照眼，來迎不絶，午夜舟主呼起觀日，日落山顛，於此復起，天下之奇觀也。德王弟軒理乘船來迎。二十四日，抵喊呢非士，地球極北之地，午至欹岬，譯言北海角。再行三日，至靈士噫秩，雪山下看多羅科潤各峽，白雲滿谷，瀑流四注，泛舟五日，極海山之大觀，賦詩曰：

挪威好山水，歐洲最有名。島顛皆載雪，島脚皆插冰。或簇如樓閣，或颺若旋旌。或擁如人馬，或列如隊征。或卓如華竿，或棹如龍鯨。終年常白頭，萬古浸水晶。蒼蒼此帶島，海中立亭亭。

迤長五千里，領綠醉難盈。北極那岌島，南邊丹墨城。汽舟左右望，綿亘七日程。盛夏冰海開，泛舟可縱行。吸其島嶼衣，萬綠浸波吸。舟穿衆島中，奇怪爭逢迎。關道若江湖，忘在海中經。窗窗宕蜑秀，茫茫雲烟溟。海山但蒼蒼，天風但泠泠。白日出無没，夢魂光且輕。海山本華意，妙峯浪相映。明較視大陸，山枯旱味輕。况乃數千里，長遠尤可驚。吾昔愛溫華，又復爲南溟。既美加拿大，更戀瑞典京。皆以億萬島，足以妙性靈。然若論海山，諸地短且平。誰甲大地者，挪威吾定評。

二十六日，在挪威北冰海道中，聞禮部尚書李公端棻病逝，撰神道碑，述戊戌薦賢始末。李公號苾園，己丑典粵試，得梁啓超卷，奇其材，以女弟妻之。戊戌遘難，遠戍新疆，乙巳復原官，卒於京師。先君爲之銘曰：中華文明，歷五千年，閉關自娛，西歐實飛，物質精奇，破我門閭，孔子改制，舊窮則變，須大劘除，聖主憂民，洞見中外，維新是圖，師師貴築，循恂孝弟，鞠謹純儒，歷踐侍從，愛國發憤，乃毗宏謨，國人大勇，好善薦才，遂遭艱虞，遠戍新疆，行至甘州，京破免徒，堯台未解，千秋寃心，黨人黨乎，大業艱難，千秋俛仰，視此墳廬。

二十八日，抵挪威舊京陀濳，棄舟乘船，赴挪京轉返瑞典。

六月，將游澳洲后歸國省母，決捨宅去歐，乃於月之十八日，先往歐東各國。十九日，抵柏林，易車赴奧轉匈京。四年舊踪，不意再到，夜尋舊百戲園，則已毁改而易新者。曉游王宮，再飯於瑪結烈公園，京外二千里皆平原，羊牧韝塵，極似燕薊，而野中時連帳幕，猶存游牧餘風。一出匈京，則歐土繁華之俗盡去，而亞洲之容起矣。黄種遠來開國，冠絶歐土，爲之欣喜。賦詩曰：

白面朱顔認種民，國人握手致殷殷。匈牙利古無遊者，我是中華第一人。

二十二日，南入賽爾維亞，次夕，抵其京悲羅吉辣地，以山名者也。都城建於岡顛，街市尚整潔。翌日，赴巧加利亞京蘇非，二千里平原，至此始背枕崇岡，遠接羣山，旋穿巴根山，千嶺盤迴，其氣象僅比吾國匡廬，尚不及歐南之比京梟斯山。渡多腦河，過羅馬尼亞，遨遊歐東焉。二十九日，泛黑海，曉起，自船中望黑海，澄波萬里，紫瀾微迴，漸見岡巒，惟多剥皮。東坡詩曰：有山禿爲赭，蓋地有運會，苟非其時，則氣不澤潤。行數時，將近突京，平岡迤遞，頗有古壘及村落，山色枯而力弱，與歐西迥異。先君覘突厥之衰矣，遊突厥，突厥卽今之土耳其，午抵君士坦丁，突京臨三海，形勢風景皆甲全球，惟宮中皆用閹人，與吾國同風，殊爲怪異，不詳之事，賦詩以譏之：

人道有耻辱，國事最危險，大耻吾未覺，大險吾應知。漢由常侍亡，唐乃天策師。天子爲門生，廢立任爾爲。鞭笞朝士夫，何況國民卑。漢唐作殷鑒，明祖嚴制垂。直瑾既駸驒，忠賢更驟馳。峩峩九千歲，東林肆醢醯。莊烈親討戮，身復用奄兒。司禮與監軍，大權赫火曦。開門降闖王，覆祚誰貽罹。國初垂鐵牌，内監只守闈。干政罪則斬，煌煌祖訓遺。近者李蓮英，弄權苞苴肥。宰臣與疆吏，鬻賣視饋施。甚乃廢聖主，由其媒孽之。縱民以攘外，聯軍入郊畿。津遼血塊地，西道雨淋漓。京邑既邱墟，廟社皆離披。中國幾陸沉，不絶爲亘縻。亡人逋海外，十載良爲茲。行行至突厥。頻過王宫扉，奄人道相望，黑面而歐衣。聞凡八百餘，覩此多緆眉。云何亡國政，闔合復在斯。宮刑絶人類，不仁久已嗤。刑人在君側，春秋大書譏。品汚智昏愚，況復心險詖。天憲銜其口，王爵任所私。宮闈聽離播，大禍國遂隨。覆轍豈不多，何爲再蹈其。況今萬國通，得失較其微。豈能容此物，辱國可不思。歐土用宮婢，霓裳玉面姿。奧既四千人，德亦三千姝。袍袴掃御床，殿户引朝儀。紫袖侍玉座，顧之可樂娱。豈不勝奄宦，黄黑而縐皮。我與亂同道，驚惕可駭嘻。況突刑黑人，我乃種自誅。二千年國耻，願言一掃除。廓清比武事，洗滌險亦夷。鑒此禱祀求，東望吾涕洟。

是日，適逢突王下詔立憲法，夾道歡呼，晝夜不絶。

七月七日，自君士坦丁乘船往雅典。九日，至希臘，泊丕寥市海灣，易車赴雅典。大地文明，惟吾中華、印度、巴比倫、亞述、波斯與希臘矣。希臘之文明又以雅典爲盛，國會議院立憲民權之制，雅典實爲大地之先河。圖繪、音樂、詩歌之美，哲學之盛，凡今歐洲號稱文明之事，施及萬國者，無一不導源於雅典。而石室之壯麗，制像之精能，尤爲絶倫。先君嚮往已久，來此十月，訪古排勝，窮極其賾，然而山陵枯索，飛塵濫天，烈日炎熇，蒸人如甑，蓋失氣運久矣。想雅典盛時必不若此，感喟欷歔，不能自已。賦詩曰：

歐土肇文明，胎孕自希臘。詩樂與刻像，精妙開今葉。宮室及道路，瓌壯經歷刼。民權尤先導，萬國被大業。大地誰大力，雅典實爲極。平生想像之，神往撫圖籍。冒暑跨海來，故京今遂卽。山岳雖秀挺，禿赭殊可惜。絶無寸草木，但見飛沙積。大風時捲來，對面昧塵壁。日午闤市閉，道絶行人跡。吾驅車過之，蕭索驚適適。宮旁列大第，園林無緑色。徒觀屋頂平，足覘無雨液。走徧二千里，山野枯不澤。厄岌坡利岡，城中聳兀嵲。觀廟杭山椒，場館環麓揭。陟岡肆一眺，雅典攬目睫。海水蕩西南，波斯順所截。百萬師何雄，竟爲小邦折。乃知憲政國，民氣最騰達。巍峨厄人拿，三功表觀闕。俛視城闉雄，縱覽山川烈。初祖存佳廟，噫叻地是作。刻像員作柱，鬱鬱垂式廓。堂皇扒地嫩，傑搆遺嶻嵑。文石百餘柱，壯麗摩天切。高高當烈風，二千年不滅。其議院倚岡，階陛尚可攝。尚想梭倫輩，雄論發咄咄。大地此先河，吾欲瓣香謁。衆拉覓遺碑，熊首方丈揭。文字皆完好，摩挲嘆此碣。前岡何平平，石壁峭如削。拓中作大獄，三門緪以鐵。昔因索格底，於此斷賢骨。吾未窺獄門，森聳尚氣索。從來大聖哲，多蒙誅縲絏。濁世類地獄，專爲救苦人。其他門表觀，十餘尚星列。戲場百餘層，四萬人可歇。至今法與美，偉大難追轍。皆二千餘年，嵯峨未毁絶。兵燹豈不多，風霜久戰裂。選材既精石，保全仗後哲。洵美嘆文物，顧我慙哽咽。周物石鼓外，何者可指説。尚美乃公理，民情之所悦。自爲萬國法，範圍不可越。墨儉人不堪，中華愧樸略。今幾降歐文，良自雅典卓。氣運有遷變，山川今枯竭。安知此沙漠，昔非華膴結。盛衰有消息，賢嚴轉灰刼。蒼茫國土變，望古感遥集。

十五日，再穿瑞士山，假道地中海泛大西洋，還檳榔嶼，著希臘羅馬兩國游記。

八月，歸途過楞伽，再訪佛跡，著楞伽游記。

九月，至檳榔嶼。先君自楞伽還此，足跡已遍天下，覺大地無可遊者，乃卧病檳榔嶼，板輿迎養。自光緒戊申秋迄己酉，所作詩都曰南蘭堂集，凡一百六十三首。補德國游記。先君遊德久且多，先後九至柏林，四極其聯邦，貫穿其數十都邑，接其都人士，遊其工廠、官府、本其史譜、搜其圖像、考其風俗、記其大略。甲辰曾草德國游記，失落數卷，今補之。

十月，迎養勞太夫人於檳榔嶼。令梁伯鳴赴暹羅，開啓南報并主商報事，又著金主幣救國議，篇目三十。略謂英查理十一時，以財乏而克林威爾起。法路易十六時，以財政亂而大革命興。近元明之季世，亦以乏財加餉而亡。今萬國皆變金主幣，而吾國不改，則銀價日落，而吾民日困，租稅生計法無定，但此一事國其破乎？門人王覺任力請付梓，之滬猶議而未刻。至庚戌秋，滬、津、京、廣銀行聯翩倒閉，大變之來，不可卒歲，乃遂發此篇，自謂一字一淚，願讀者留意焉。

十一月廿六日，長子同籛生，祖母心大慰，因名所居曰南蘭堂。

突聞光緒噩耗，悲病萬分。光緒幽囚以來，並無大病，忽攖不治，傳說紛紜。嗣聞爲袁世凱所毒殺，乃由海外上攝政王書，請誅袁世凱，以謝天下，並發布討袁檄文曰：

袁世凱才本梟雄，性尤沈鷙，王莽之豺聲蠭目，越椒之狼子野心，學書不成，試劍是好。昔隨吳長慶戍兵高麗，懵于外事，欲立邊功，東釁妄開，西歸私走，致割遼臺之土地，遂償二萬萬之金錢。誰生厲階？則袁世凱之爲之也。而媚督榮禄，分典津兵，戊戌之秋，大行皇帝憂國救民，捨身變法，觸忤舊黨，廢弒將行，大行皇帝特拔袁世凱于末僚，超授侍郎，鮮帶賜食，授以衣帶之詔，俾供保護之任。董承豈遠，晉文何人？乃袁世凱親受付託之殊知，不思忠貞之報主，走告榮禄，大難遂生。幽廢聖君，大興黨錮，黜罷新政，危亂國家，誰造大因？則袁世凱之爲之也。諸賊既造逆謀，勢難中立，于是己亥立嗣，庚子變生，凡百非常之變，皆因謀弑而來。遂至京邑邱墟，乘輿遷播。東遼生民，久于塗炭，神州幾于陸沉，即今使館巍峩，壓于宮禁，償金十萬萬，刮盡民脂，是誰造因？則袁世凱之爲之也。至是，袁世凱總戎近衛，作督畿疆，分遣腹心，入參帷幄，大植私黨，偏授疆符。高歡之遠坐晉陽，朝權可以遥執；曹操之盜擁兵柄，簒國但以待時。于是袁世凱勢傾中外，遂爲國望二百年來所未有矣。然而訓政耄期，長秋老病，西日將薄，氷山難久，則復辟非遥，予袂猶在，權寵既極，患失日生。在大行皇帝或大度而忘射鉤；在袁世凱則懼罪而思擣藥。猶懼西鄰之來責，乃躬當外部之艱難，外託結好于友邦，内實陰謀于弑逆。于是浙路辰丸之大耻，明犯衆怒而爲之。夫豈不知將有爲也？義士程家檉之遠逃日本，曾發報其奸謀；烈俠梁鐵君之毒死天津，緣面斥其逆節。盖禰正平之駡，身首必難全，而司馬昭之心，行路皆知之矣。我大行皇帝憂國忘身，愛民如子，掃二千年之秕政，開億萬世之維新，雲霧一開，山河重秀。雖不幸房州久幽，潛龍養晦，而聖躬强健，日月升恒，朝廟親臨，臣鄰瞻仰。乃徵醫頻舉，進藥無時。大行皇帝常曰朕有何病？或覆藥碗紅丸故事，戊戌舊案，至今未了，豈不異哉？豈不駭哉？近者太后春秋益高，袁世凱毒謀益急，密行重賄，累啖御醫，咸惡霍顯之邪謀，皆知成濟之不免，並力辭其賄託，或走避于先機。大行皇帝之苟延旦夕，賴有此耳。冬來后病奄殢，人命危淺，宮車宴駕，不日不時，袁世凱遂挺而走險，力薦學西醫者遠發毒謀，西藥性烈，微劑分進，遂于太后升遐之際，能操旦夕絶命之權。

天地慘黯，山陵崩壞，風雨號泣，海水怒立。于是我捨身救國之聖主，遂毒弒于逆賊袁世凱之手矣。天下怒號，神人震憤，國民哀恫，薄海同仇，方今中國淪危，若陟淵冰，既失聖君之負扆，重聞孺子之委裘，喪亂猶滋，未知所屆。亂國之人同憤，弒君之賊必誅。夫春秋之義：有賊不討，新君不書卽位，大臣卽爲預弒，法至嚴也。我國民久埋于水深火熱于危國之中，大行皇帝戊戌變法，至今率行，國漸以安，人漸以立，我國民得免牛馬奴隸，皆大行皇帝手拯之也。今大行皇帝遘弒，緣于戊戌之變法，假使不變法，則聖躬可永保也。然則大行皇帝之遘大害，爲救國民也。大行皇帝以救我國民故，而喪其身，吾國民感戴不已，寧忘恩而不爲聖主復仇乎！夫以齊桓弒君，魯猶請討，況于率土共戴之聖主，捨身救國之仁君哉？方今醇親王以懿親攝政，君父之仇宜報，骨肉之恩豈忘，夷吾之殺里克，義之至也；桓公之容子犨，豈其然哉？咸宜結團上書，聲罪討賊，凡我國民，無小無大，哀聲動天地，義憤撼山河，報不共戴天之仇，冀答捨身救民之德。爲玆檄布，咸使聞知。

十二月，勞太夫人返港。先君著突厥游記。先君以七月間游突厥，適逢其立憲之嘉會，舉國歡呼。而青年黨徒學法國革命之名，而未嘗從事政治理財之學，徒艷炫歐美之俗，而未細審其歷史風俗之宜，一旦以兵脅其君而收其權，乃擧舊制之法律道揆盡棄之，且觀其後效可耳，突厥將危且亂矣。門人梁啓超來書，擬將先君詩稿親自手寫付印，凡得千餘首，惟任公在東甚忙，僅寫至明夷閣詩集止，以后未再續成。先君自序曰：

歌詩者，豈非言之有節文者耶？凡人情志鬱于中，境界迫于外，境界之交也瓌異，則情志之鬱積也深厚。情者陰也，境者陽也。情幽而相襲，媷媷而相發，陰陽愈交迫，則愈變化而磅薄。于是積極而發，又有禮俗文例以節奏之。故其爲聲也，鬱如怒雷，折如引泉，咽如溜灘，飛如驟雨，奔如捲潮。其或因境而移情，樂喜不同，哀怒異時，則又玉磬鏗鏗，和管鏘鏘，鐵笛裂裂，琴絲愔愔，皆自然而不可已者哉。夫有元氣，則蒸而爲熱，軋而成響，磨而生光，合沓變化而成山川，躍裂而爲火山流金，匯聚而爲大海迴波，豈故爲之哉？亦不得已也。故夫志深厚而氣雄直者，悱惻其情，芳菲其馨，明白其靈，娟媷其形，鏗妙其身，亭亭而不直，迤灝而不測，淵渟而波奔，月明而山行，斯爲情深而文明者之言耶？吾少爲學在譚理，又以不離人而好事，未能爲詩人也。惟性好遊，嗜山水、愛風竹，不遊則魂鬱如生幽病，遊時馬車茅店不暇爲學，則爲詩既多天人感，又遘身世大變，于是鬱積愈多，而詩日多，奔亡無定居，遺佚愈夥，門人或收拾之。行年五十，亦既知非，亡人何求，又非有千秋之名心也，抑以寫身世，發幽懷。窮者達其情，勞者歌其事，小雅、國風之所不棄也。以待後之誦其詩，論其世，其亦無罪耶？

宣統元年己酉（一九〇九年）先君五十二歲。

正月，先君居檳榔嶼南蘭堂，園中築草亭曰：乾坤一草堂。廊曰：行吟徑。常小病，旋再赴歐。

正月初四日，生次子同凝。

二月，花朝渡紅海，看日出。便道再遊埃及，歷訪開羅博物院、金字塔、古王陵、亞士渾故京各地。

先君得詩甚多，兹擇録四首以見意：

一、開羅京

歐美文明何自開，遠祖皆從埃及來。刻石雕金存舊蹟，摩挲歲物百千回。

二、開羅埃及博物院

開羅古昔廿三宫，廢殿頹垣今已空，尚有遺園江島上，摩挲測水認前蹤。

三、金字陵

四十七文插土陵，於今六千四百齡。登尖二千五百級，横覽大地嘘雲騰。

四、録士京

宫闕嵯峨録士京，雕牆文畫尚縱横。舊跡多傳藍射士，六千年物最文明。

三月，由開羅乘車赴鉢賒，易船往巴勒斯坦。憑弔耶教聖地耶路撒冷，並遊死海焉。耶路撒冷位於羣石山上，自左頓川至死海，草木不生，人家皆穴居石山中。伯利恒耶穌誕生地，亦係石穴，墓廟一切則遍刻文石，僧人授燭，羣衆膜拜。又至耶穌升天石及門徒見賣飲酒處，因念十字軍所啓新文明，爲之感動不已。賦詩曰：

耶路撒冷國，石山綿磥砢。須彌西走盡，結此羅城頗。草淺木不生，獨葡萄橙果。莊嚴耶墓廟，文石斵雲朵。中亭妙華嚴，遺骨於此裹。僧授一人燭，入穴膜拜夥。萬首伏士女，千載盛香火。驅車伯利恒，故宅石岩妥。低首入石下，馬槽錦綳左。傑搆誰所營，感動千載所。君士但丁後，信教實元首。檀施營陵廟，峩巍今未朽。遺石傳升天，舊堂認飲酒。使徒竟賣師，聖者不能走。傳教美保羅，剛動力莫醜。首座巨子傳，積力法王久，稱天最尊親，報怨以德厚。救身日施醫，度魂不絶口。勇猛得無畏，强聒能善誘。巨鐘一聲鏗，深省感良莠。科儀與妙義，皆自佛法搜。百年徧歐土，尊信彌萬有。遂令十字軍，九戰營寢牖。只爲一士巃，侯王死相糾。列國師百萬，萬屯白雲狗，唯尼士故宮，觀圖吾驚久。烈火燒危城，巨浪走大艘。豈知新文明，自此戰發興。華屋與金錢，東都覩遺型。其他百工巧，乃至哲學精。亦自阿喇伯，展轉傳授成。教爭死人二千萬，新教淘去得精英，餘波蕩地球，大力無不傾。吾今梯航來，感動亦屏營。獨惜廟前民，瘋瘖瘂環城，想見當時多疾苦，用借神醫爲哀矜。濁世病國哲人來，衆生無病神不形。我亦現身救苦者，身經百死萬險經。覩玆十字釘痛苦，又思伐檀削跡亦不寧。惟有瞿曇大慧先巧避，僅能度世全身名。吾今茫茫何所往，仍入地獄救衆生。

是月，又遊瑞士呂順阿爾頻山，威路士之卡理維壘，及巴士之古羅馬浴池。

四月，至英國威士賓，寓於烈住間。再遊英查理第一故宮，及傔葛古室。又至德威廉舒苑，風景爲天下第一。德王威廉每歲避暑於此。先君自漫遊以來，出入德國今已十一次。

五月，出利物浦赴美洲。復卜居加拿大域多利之文島。

六月，由美回歐。再過蘇彝士河，經楞伽，再遊乾地。楞伽卽錫蘭，印度音也。其佛跡有四，一在後山深林中，人跡不能到。一在班打拉威拉之崇山，距乾地不遠。僅石山有一佛足跡，無可觀者。惟近哥林布之迦利膩尚有道場，而此地湖山幽勝，佛跡最多，石柱萬億，千年前有僧十五萬，今雖零落，先君尚一一摩挲也。有詩記之：

五冢如山佛骨埋，當時膜拜兆人排。只今像塔經千載，僧坐諷經民獻齋。

雙池澄碧水猶清，廢寺猶存萬石楹。聞昔講僧十五萬，于今佛像臥泥濘。

乾地在錫蘭山上，高千餘尺，前臨明湖。湖邊古寺內有藏經臺，前爲佛骨塔，右爲故王宮，外爲公園，萬卉咸集，幽勝獨絕。那黨利在錫蘭山顛六千尺，上開大原，有湖，多花，其風景爲南洋諸島最勝處。先君皆扶杖往遊，道遇基督新教浸禮會牧師未脫土，在中國傳教二十年，今爲僧於錫蘭，詢其所得，仍是南宗，蓋印度北宗已亡，只入中國。耶教出於佛之小乘，本近南宗。今印度譯佛書雖有二百餘種，皆小乘。先君甚惜西土佛會未聞吾中國大乘，他日譯出，其傾倒歸心，轉移教宗必不可思議也。刼有輪迴，道有深淺，若至大同之世，佛教必復興於大地也。感賦曰：

印度地饒富，足食教先揚。印度民困苦，逃避教尤昌。北倚須彌山，萬物富豐洋。九十六道中，精妙日有彰。佛乃最後起，集成攝其良。微妙不可思，廣大不可方。淺則禍福陳，深則圓覺明。彈指現華嚴，帝網重重張。垢淨亦何擇，生滅視無常。卽心可證性，無住豈有鄉。大乘傳龍樹，北印流入吾華香；小乘舍利弗，南印流成南宗長。試讀弟子品，文殊普賢名渺茫。惟有舍利弗第一，成戒定慧大教行。譬如孔門多賢哲，曾子長壽宗最强。强毅樸誠能守道，宗門所賴是金剛。亞力山大時，入印久翱翔，小乘必西流，波斯展轉將，基督遠聞道，發明破天荒。舊義本託天，挾之加醫方。我各證其義，剖符無毫芒。更觀各科儀，壇像燭煌煌。緇衣合掌而跪誦，乞食赤足而遠方。素食且不娶，高行自激昂。道阻二千年，迴環復東方。耶徒未脱士，廿載華土翔。削髮忽爲僧，赤足而衣黃。皈依棲楞伽，大覺歸法王。方今佛蒙刼，全印無僧坊。正當耶宗盛，大地莫與强。逃耶歸乃佛，此非因勢降。淺者必歸深，公理之所當。時固有盛衰，道難逃陰陽。是時爲帝耳，雖刼何損傷。佛説太微妙，國爭時非良。奉天合地時，耶説今適當。行教有軌道，近短遠則長。逢時宜大興，過時宜則亡。佛教宏而微，軌闊道遠將。它日大同後，魂學大明光。粗跡人事極，度世魂靈揚。于是諸教宗，佛法再昌洋。

七月朔，重返檳榔嶼。自庚子七月來居，於今已五度矣。

九月，再遊印度，昔聞密遮拉士有寺數十，僧萬數，及至，問居民，皆不識寺僧所在。近縣支那智利，聞有古佛城七重金塔十餘，最莊嚴，已改爲婆羅門廟。丹租古印王國佛堂，亦有改爲濕婆教廟者。婦人入廟，隨意摩挲，以至潔不妻之佛道，一變而以奇淫爲教。先君由此悟正負陰陽反動力自然之理。益知大刼沉沉，全印寺僧皆滅矣。賦詩曰：

踏遍閻浮何所之，莊嚴佛土盡離披。是時爲帝相非矣，大轉迴輪翩反而。淨穢早知無揀擇，教宗如此太離奇。人天非想非非想，萬法冥冥萬刼悲。

旋遊孟買象島，見佛坐道場處，堂柱尚存數十，而龕中亦改供濕婆淫物，説法龍象之跡，掃地無餘。傷念大刼，復悲身世。再賦

匪兕虎耶遊曠野，又何沙矣再西遊。莊嚴淨土成淫祀，勝會靈山今冷秋。全印無僧無佛法，

有生盡刼盡離憂。本來不作生天想，爲拯斯人甘獄囚。

冬，仍居檳榔嶼之南蘭堂，檳地產柳絲松，皆數百年前物。南蘭堂亦有六株，高七八丈，勁幹如松，垂條似柳，剛柔合德，篩月戞雲。先君顧而樂之，日午常避暑，移几松下，著書自遣。除夕前三日，寄梁啓超詩，有「大地轍環吾倦矣，扶桑日出汝淒其」之句。蓋先君自戊戌出亡迄今，已游遍四洲，歷三十餘國，風雲入眼，日月催人，五十之年，倏然已過，從此心懷故國，不復再作遠游矣。

宣統二年庚戌（一九一〇年）先君五十三歲。

春，到星加坡，三遷館舍，招門人王覺任來坡興辦商業，以助黨費。先君自庚戌三月起至民國二年，居東瀛所作詩，都曰憩園詩集，凡五十一首。

七月十四日，過丹將敦燈島，昔日避難處。適爲老友梁鐵君殉節日，陳酒祭之。自云十年前鐵老從吾避難於此，而今已矣。祭詩六首，不具錄。詩有「從亡十年事，明月碎波濤」句，蓋紀實也。追思庚子七月十五日，泊丹將敦，泛輪來庇。壬寅七月望在爪哇。甲辰七月望在挪威。乙巳在紐約。丙午在意之美蘭那。丁未在瑞典。戊申在瑞士。己酉復歸檳榔嶼。庚戌過丹將敦到星加坡。俛仰陳跡，感懷無已。

八月，來港省母。

十二月，還星加坡，刺客追踪而至，夜半進門，車夫疑客至，甫開門，卽以利斧斷車夫臂，蓋誤以爲先君也。幸先君早行，幸免於難。除夕，移居海濱丹容加東，與何姬旃理步海沙，攀松石，長椰夾道，夕人家，所見皆巫來由吉寧人。去國十二年，傷念存亡，雲海淒迷，不勝浮海居夷之感。

宣統三年辛亥（一九一一年）先君五十四歲。

春，居新加坡。

四月十日，返港省母。

五月十一日，重遊日本，寓須磨門人梁啓超之雙濤園，自築小樓臨海，名曰天風海濤樓。時與矢野文雄、犬養木堂等把酒話舊。邱君菽園請點定其詩。先君曰：菽園於庚子勤王之役，犯險犯難，捐施十數萬，而家人左右勸之不聽，如獅虎之行，自無伴侶，同時目爲怪物者，豈非他日之豪傑乎？其地不與中原文獻相接，而其詩沉鬱之氣，哀厲之音，縣邈滂沱，頓挫瀏亮，雖多託乎好色之言，而夷考風騷，可興可怨，實正則也。菽園才志類明季四公子二秀才，就中尤類冒辟疆、吳次尾。今閱歷日深，進德甚猛，家日貧而道日富，或以退爲進，而大成就者耶？先君戊戌蒙難，避居星加坡，多得其力。

九月，武昌起義，舉國行大革命，若捲潮倒河不可遏止。而列强環伺，危機四伏，先君不禁惴惴恐慄。乃考事變、計得失、怵禍患，作救亡論十篇。寄之上海，無敢刊者。未幾，清廷宣佈憲法信條十九條，而海内同志仍進求共和政體論，倡虚君共和之説。先君嘗言：虚君者，如存一神以保虚尊，如存一廟以保香火，名爲皇帝，實不過一冷廟之土偶而已。蓋仿英日之制以息爭焉。重九，聞黨禁開，賦詩二首：

千秋傷黨錮，禁網至今開。自是昊天大，寧因兵變來。流涕蘇馬赦，傷舊滂膺哀。感歎烏頭白，艱難歸去來。

十四年於外，流離萬死間。子卿傷白髮，坡老指青山。國事亦多變，神州竟未還。惜哉遲歲月，念亂淚潸潸。

十月，女同琰生。先君以武漢事起，天下響應，及張紹曾上言信條，遂布君主虛位，已同禪讓，滿洲歸化，實同滅亡。天所廢之，誰能興之，舊朝可勿論也。聞海內志士咸欲用共和之政體，禮曰：「天下爲公，選賢與能。」易曰：「見羣龍無首，吉；乾元用九，天下治也。」先君昔著大同書，專發此義，以時尚未至，故先主立憲。惟共和之政體甚多，於古有六，於今也有六，凡有十二種，體各不同，能統以共和空名，混之也。若以美國之政體盡之，則猶有誤蔽也。故縱論之，名曰共和政體論。

十一月廿六日，同籛三周晬，貌似先君，先君五十始生籛，大母年八十，非籛不懽，聞能誦詩三十首，喜寄縮機汽車與之，並賦詩誌之：

籛兒吾所愛，五十子生初。風骨凝端秀，神明得靜舒。嘉名錫延壽，佳氣喜充閭。隔歲方摩頂，吾家得貳儲。老夫頗似我，大母最憐渠。戲綵爲天舞，含飴送月諸。能行騎竹馬，學語賣漁魚。嬉喜多陳俎，追隨解整裾。讓梨呼姊弟，懷橘落庭除。犢牴情傷老，牛牽齒折予。豈惟覓棗栗，頗知解文書。誦我詩三十，知名字百餘。驥子好非癖，哀師嬌不如。大賢猶望汝，天意可從余。欲以青箱託，深驚白髮疎。逋臣猶填尾，愛子竟離居。顧復何從及，殷勤亦只且。他時學禮過，猶望帶經鋤。所愧爲人父，飛行寄汽車。

除夕前六日，在箱根環翠樓，閱報知清帝遜位，適看玉簾瀧還，感賦：

絶域深山看瀑雲，故京禪讓寫移文。玉棺未掩長陵土，版穿空歸望帝魂。三百年終王氣盡，億中界遍刼灰焚。逋逃黨錮隨朝盡，袖手河山白日曛。

民國元年壬子（一九一二年）先君五十五歲。

二月，自須磨雙濤園遷近月見山下須磨寺側公園前，桃櫻滿山，居有小園。值五五攬揆，梁啓超等十餘人連日爲壽，且作詩會。茲錄其一：

我比古賢壽已永，幼訝衰翁今與參。絶域蘇卿人老矣，書空殷浩事何堪。婆娑槐樹傷身世，爛熳櫻花照壑巖。故國於今易朝市，惟將淒慘問江潭。

旋又覓得須磨湖前宅，僻地幽徑，豁爲大園，頗檀林池山石澗泉花木之勝。是園舊名長懶別莊，以梁啓超之請，改名奮務園。

四月，擬中華民國國會代議院議員選舉法案，凡六章百十八條，以備參議院採擇。

五月，以共和成立數月，慘狀彌布，棟折榱壞，將受同壓。昔奕劻、載澤以一二人富貴之私而亡其國，今之危險變幻，倍於晚清，萬國眈眈，衆民擾擾，恐失道以取分亡，作中華救國論以警世。

八月，著孔教會序。闡明孔子之道，以人爲天所生故尊天，以明萬物皆一體之仁，又以人爲父母所生故敬祖，以祠墓著傳體之孝。欲存中國，必先救人心，善風俗，拒詖行，存道揆，守法紀，舍孔教莫由。自漢時行孔子撥亂之治，風化至美，廉讓大行，宋明儒學僅割據其一體，或有偏矯，然氣節猶可觀焉。布衣徒布，可爲卿相，諸經之義，人民平等而無奴。光武免奴已先於林肯二千年，此非孔教之大效耶？十三日，爲文祭戊戌六君子，適梁啓超歸國，賦詩送之：

去國同奔日，蒼茫十五年。乾坤憂隕裂，桑海幾推遷。白髮看征雁，青山泣杜鵑。八年久離索，几月得同圓。

去去看雲氣，神州可鬱葱。山河仍故國，涕淚灑秋風。化鶴看遺郭，飛龍話舊宮。崇陵松柏路，爲我吊殘紅。

又作來日大難五解：一、憂庫蒙也，二、憂西藏也，三、憂瓜分也，四、憂割據也，五、哀民生也。二十九日遊大阪天王寺。

十月，偕犬養木堂遊日光山，觀瀑布。又偕何姬旃理遊箱根蘆之湖，觀富士山出現，以爲旃理壽，並遊銀閣寺、廣島各處。又以共和之後，財政困絕，借外債達六萬萬兩，外人監理，舉國驚憂，天下古今無以借貸立國者。前清鐵道小借，國人尚譁攻，而今銀行大借款以爲常經，而國人無拒之者，外人深悉吾困絕，此蒙歲所由日急而瓜分愈速也。今宜亟亟合輸股本成一萬萬之國家大銀行，以山西幫爲主，而各匯業錢莊助之，國家大銀行成，而后吾國始有自立之基。乃檢數月前舊撰理財救國論，擇切於今者刊布於世，其下篇論租稅續出焉。

十一月，以外蒙、西藏相繼獨立，各省自主磔裂支解，而政府澒沕却縮，號令不出京門，如無政府，惟借外債以度日。先君以中國之害，則在省區太大，必須剷除各省之境域，始可消滅自立。若漢行政區百郡，唐三百餘州，宋四百餘州，皆中國自古一統之良制。及蒙古入主，混一全亞，土地過大，於是有行省之設，以釀成今日自立分裂之禍。宜裁省以府爲行政區，駁美普制與虛三級制。此事倡於二十年前，並上之於朝，登之國風報，雖爲平世政治之言，實切於今弭亂之道，救國神方莫妙於是矣。乃檢舊説著廢省論八卷，以告政府、議員、都督、黨人。又以共和以來，各省擁兵索餉，羅掘既盡，惟借外債以度日，春間借款六萬萬兩，而受監理，冬後又受六國銀行團之縊，飲酖含毒，足以亡國，著大借款駁議。

十二月，先君以大道之行，天下爲公，故書稱堯舜而易稱無首，春秋據亂之後，爲升平太平之世，禮於小康之上，進以大同共和之義也。惟共和在道德物質而政治爲輕，若誤行之，爲暴民無政府之政，可以亡國。今共和告成矣，慘狀彌布，而政府彌縫度日，散沙亂絲日甚，爛羊頭關内侯，有賞有罰，赧于債台，日築日高，蒙藏已危，不爲波蘭，亦爲埃及，棟折榱壞，將受同壓。異日雖有聖者，無能爲矣。著中華救國論。又門人徐勤應僑胞選爲國會議員，由美歸國，途經日本來謁。徐勤從游二十四年，共患難者十五年，毁家紓難，始終不渝，行前贈以序文，並餽以日本五百年之寶刀曰：「勤也！師日本之武魂之致强也」。副以高麗千年之鏡曰：「勤也！鑒高麗亡國之覆轍也」。侑以埃及金字陵六千年古石曰：「勤也！如埃及石之久且堅」，慰其勞而祝其壽康也。從以馬丁路德滑卜壘圖之鈐曰：「勤也！如路德傳道之勁而聲彰徹大行也」。附己像，俾常見也，文長不具録。

民國二年癸丑（一九一三年）先君五十六歲。

正月，擬歸港侍母，以患瘍甚，留東京割治，未果行。先君以共和經年，自花而果，今熟而摘矣，而國民熙熙，日日内爭，事事内争，政府攘攘，動將大賚，金錢大賚，其才且智者競選舉，謀黨勢，議憲法，商起草，中國尚爲中國乎？舍憂分亡之大者宜與無憂，舍問分亡之大者宜無與問。然則吾國人乎！宜乘此時，大聲疾呼，奔走相告，求所以免瓜分，求所以免監治，求所以免内爭，中國猶有望也。著憂問。

二月，擬中華民國憲法草案。略謂中國危亡甚矣，非空文之憲法所能救，惟戊己之問，曾草君主立憲之憲法，以英憲法最美而依據之。今雖易共和，而英實爲共和王國，美法兩系皆由英出，相去不遠，應斟酌而參考之。先君知不可行，略備一説而已。

門人陳遜宜、麥鼎華等，承先君之命，編不忍雜誌。月出一册，先君作序文以闡其旨。文曰：覩生民之多艱，吾不能忍也；哀國土之淪喪，吾不能忍也；嗟紀綱之亡絶，吾不能忍也；視政治之窳敗，吾不能忍也；傷教化之陵夷，吾不能忍也；覩政黨之爭亂，吾不能忍也；懼國命之分亡，吾不能忍也。願言極之，惻惻沈詳，余意也。此所以爲不忍雜誌耶。每集有政論、教説、瀛談、文藝、圖畫、國聞、附録各項，頗風行一時。又著塞耳維亞、布加利亞游記。先君以至小之塞耳維亞、布加利亞，猶能治兵三十萬而勝突厥。吾國大於塞耳維亞百數十倍，而何畏於大地乎？惟中國書傳無述塞耳維亞、布加利亞者，日本亦無其書，卽歐人游記述之亦在數十年内，寥寥無幾，姑述所考聞以告邦人焉。又著保存中國名蹟古器説，蓋以我國古器自周秦至今，大厄凡七，小厄不可勝數，遺器大寶惟周有十石鼓耳，外人方日收吾古物爲事，恐不十數年而精華盡去。其説關係吾國文化至巨，特備録之。

保存中國名蹟古器説

驅車埃及録士京，𡶇崒嶋峭于尼羅河邊者，非六千年之宫廟耶？華表峥嶸，壁柱楣楹，抱以十圍，文字畫像，完好可驚，柱像數丈，精妙肖形，其他石之盤匜椅桌，金之釵釧印貝，紙之文書繪畫，越世六千年，光彩炫爛紛如也。夫六千年間，埃及之變亂多矣，斷礎頹垣，其礙地甚矣。使在吾國，地址則開之以爲街，文石則移之以爲用，可以資衆而獲利，何事留此斷礎殘垣于夕陽殘照中也。甚矣！埃及人之愚也。過希臘、雅典之墟，登厄岌坡利岡而四望，崇構傑柱，白石嵯峨，若者坐四萬人之戲園也；若者破波斯之紀功觀也；若者祭天扒地嫩之大廟也；若者議院也；若者熊碑也；若者封神之廟也；若者賞歌伶品物之華表也。其他佳石之像，精妙文美，千百相望，與斷礎頹垣縱横于城市夕陽殘照中。其哥林之古墟，斯巴達之遺址，猶是也。夫雅典至今二千餘年，其經變亂多矣。使在吾國，地址則開街以增民居，文石則移之以爲壁礎，金則融之以爲錢飾，紙則燒之以爲炊爨，可以資衆而獲利焉。何希臘人大愚而不知之？登羅馬城之七岡，彌望十里，奥古斯敦之遺殿，尼羅之故宫，君士但丁之遺宇，第度大哈練之坊表，斷礎頹垣縱横于斜陽夕照之中。精妙之相，文美之器，百千萬億，枕藉于荒烟蔓草間，過者流連撫摩，徘徊而悼歎之。夫羅馬至今二千年矣，其經變亂多矣。羅馬大都會中，尺土寸金，豈容斷垣頹礎之占地十里也。使在吾國，地址則開街以增民居，文石則移之以爲壁礎，金則融之以爲錢飾，紙則燒之以爲炊爨，可以資衆而獲利焉。何羅馬人大愚而不知之？乃至印度佛之講堂，婆羅門之塔廟，蒙古帝沙之刊之宮陵，及夫印度故王之宮室器用，閱今數千百年，巋然凌觸雲表。乃至波斯六紀時衣士花間及波士淡之靈寢，大亞罷土王之故宮及苑囿與壁瓦千年矣。及亞謨寺、刊尼亞寺、卡善之瑪善迭寺，亞爹悲路寺，皆七八百年，崇峻華詭，今猶存也。夫印度、波斯古物，至今數千年，變亂多矣。使在吾國，地址則開街以增民居，文石則移之以爲壁礎，金則融之以爲錢飾，紙則燒之以爲炊爨，可以資衆而獲利焉。何印度、波斯人大愚而不知之？過歐洲英、德、法、奧、意諸邦，雖小都邑，皆有博物院焉。收集其鄉邑之古物，前賢之遺器，某功臣名士詩人之片紙隻字，遺衣殘物。以吾所游，如華忒達爾文之所居，小室必保存而鄭重之。格蘭斯頓少時學堂讀書之室，黑黝粗闇，租價數倍。昔士卑亞之室，則留爲圖畫矣。其在德國，往古英雄賢達之宮室器物尤盛，刊士坦丁之珍，呼士克斯之室獄器物，埃士拿之寶，馬丁路德之屋廬器物，乃若詩人梯鴂之故宅，空空無物，亦保存之。楷魯壁大學尚有十三世紀之牆壁板扉，朽舊污敗，有古舊學生之塗鴉惡畫，及俾士麥刀劃之泉，剪剩之鬢髮，莫不存焉。法國于拿破崙、窩多、盧騷之流遺器物，珍藏極盛。意大利于畫師拉非爾藏柩古宮，與今意大利始王伊曼奴核並列焉。其遺圖游蹤，無在不有紀念。其于西班牙也，科侖布紀念尤尊，以四錦衣人扛棺。他若某名人所用之筆，所坐之几，所游之境，一一皆紀念焉。德之暖壁，十二紀之室屋，卑污荒矮，頗類吾國，環其半城，至今保存之，不居不拆也。凡此朽舊霉爛之宮室，殘缺刓委之器物，果何用哉？以言鬧市之地，則尺寸千金，何必存此古舊斷爛之宮室，空佔要衝之地乎？拉飛一畫，價值百萬，其他名人遺筆，動值萬千，以言觀則不美，以言用則無所，何事竭不貲之費，以爲此無用之事乎？彼歐人豈皆大愚耶！乃至彼埃及、希臘、羅馬、印度、波斯，不知毁大宮室以開街築屋，售石以移用，豈非皆大愚哉？然而彼歐人保留斷垣遺礎之地，珍重古器舊蹟之道，甘置無用，甘費不貲，乃至特設有司經紀之，特立專會講求之，特撥租稅之公款，日搜求而保存之。此猶言遠者，近徵日本都邑、村社、古寺、舊廟，莫不珍存古蹟，保藏古物。零縑斷簡，敗器壞瓦，所在皆官保存之；收錢數枚，而看護者帶觀焉。其社寺保存會隸于内務省，古物保存會任之士大夫，公共保之。其號稱國寶者，特國有之，不許流于外焉。比滅高麗，則已設專館，搜其圖書名器，列爲國寶而保存之也。今意大利之名畫，希臘之古物，亦皆類是。吾購希臘之古尊罍，既購得矣，令之裹封欲攜歸，售者告曰：必告我外務大臣。爲此特留數日，以將開博物院告，待外務大臣之許可，乃得攜焉，否則不能購也。以上所云云，猶爲文明國也。乃若墨西哥之陋，其文部猶專設搜輯古物之司，歲撥百萬鉅帑，爲搜剔古物之用。吾遊其古日壇月壇，去京千里，掘地百尺，搜求遺器，印之、圖之。墨之文部，以總統爹亞士之命，贈我十册。甚矣！墨之僻陋，而文明乃若此也。今埃及、希臘之人，盡設有司，日以發地古藏爲事，各國多特派博士從事焉。金字陵前之星士人首獸身者，長十五丈，首高六丈，昨日發開之，中爲大殿，日月石數百，及他異寶存焉。萬國傳電而相驚告，以吾國人見之，豈不大可笑哉。蓋凡物之理多矣，有以用爲用，亦有無用爲用者。夫保存英雄賢哲之宮室器物，則必于英雄賢哲之行事講求之，其雄偉超邁之概，其特達英俊之象，如戲劇然，感現於人目，而往來于人心。夫人之性，不感不發，不觸不動，故讀書之所得，不如戲之所感。蓋其興會淋漓，氣象真切，有以鼓動激發，優游浸漬，感動轉移人于不自知者。而後之人，感慕往蹟，流連摩挲，車馬之徘徊，詩謌之詠歎，其趣味倍深，而興起倍易焉。豈不曰彼丈夫也，我丈夫也，稍有志者，輒作是思。故人材輩興，風厲踔發，則所得多矣。故鑿戶牖以爲室，當其無有室之用；埏埴以爲器，當其無有器之用。若宮成而無戶，則何以出入？衣成而無袵，則何以展行？嗟乎！無用之爲用大矣。故夫立法者，識見周博，不泥于偏曲，不囿于聞見，而後不敗也。難矣哉！還觀吾國，固以禮義文明自誇爲中國，而鄙人爲夷狄者也。然自長城邦溝外，數百年之建築罕覩焉。遺器大寶，惟周十石鼓耳。九鼎既沈于泗水，雅樂復毁于契丹，太公錢、孔子履、又焚于晉庫，亦罕遺矣。蓋自項羽焚秦阿房之宮，而漢武之築建章，而增未央、井榦樓、通天臺，高五十丈，金銅仙人掌尤鉅麗焉，乃皆焚棄矣。曹操銅雀，石氏金虎，皆夷毁於北齊。而齊高洋宮室之詭偉，皆爲周武帝所移毁。南朝梁、陳之宮，後主臨春、結綺之麗，經隋滅後亦毁之。而隋煬窮奢，尤多奇製，其圖書館設機，立以金人，踐機則自開闔門户。而宇文愷之製行城，尤爲奇偉之器，然經亂盡毁，及唐而不見之矣。然周公指南針之用，先行之于羅馬，以爲征滅海國；墨子之飛鳶，遊天三日；偃師之木人，演劇如生；張衡地動儀圖，猶存于日本大學之博物院；諸葛亮手創之木牛流馬；祖暅之手創輪船，吾國早已無存矣。如使奇物猶存，則物質機器之學，横行地球，前民利用者，不在歐洲而在中國矣。試遊生番之室，或鑿石穴居，或團木支柱，其稍進者，則葺茅爲廬，伐木爲屋，衣皮蔽布，獵狩取魚，斯極厥初生民之樂事矣。又進而重牆練瓦，披衣舖席，釜甑爲烹，刀匕爲食，衣以繡綵，坐以床几，斯則各國文明進化者矣。其在吾國，農工商賈，衣食是求，負耒執斧，握算持籌，仰事俯畜，飽暖無憂，故觀于其室，惟有用器而無玩器焉。至學士大夫，則書橱畫室，名書古器，宋磁明漆，商周鼎彝，漢唐金石，縱橫于孤齋，合集于斗室矣。此皆清娛之具，玩好之事，非爲米鹽醬醋，布帛絹匹，可食可飽，可衣可暖者矣。然米南宮抱畫而欲溺死，唐太宗挾蘭亭以殉葬，其他名士，家無擔石，妻子饑寒，然售田典衣以購古董，若是者，其爲不適于用至矣。然凡此其人，必風流文采，有聲于時，有聞于後者也。其與大農富商室中，皆爲用器，倉廩堆粟，金錢滿家，何其遠矣。歐人則中人以下，農工商賈之家，其廳事皆陳古器，其遊蹤必攜遠物以誇于賓客，以傳于子孫，或捐之公衆焉。其意識不爲用物是寶，玆可怪也。然人道之文野，程度之高下，于此判然矣。吾國宋明以前之宫室，既絶無留存，六朝、唐之器物，遺留尤絶少矣。若周漢以上，更不待言。以吾四萬萬人，倍于歐洲廿國之民數，而古蹟古器，若玆其少也，其欲以感動興起後人之心，增加文美，濬發智巧，抑亦難矣。然乃以舉國之大，無一博物院，卽圖書館亦寥寥也，不能比于歐美之一鄉一邑，乃自稱文明，其爲慚耻孰大焉。蓋中國古器，自周、秦至今，大厄凡七，小厄不可數焉。史記曰：「始皇鑄天下兵器爲十二金人」。（見章懷後漢書注，較今本多一器字）兵者，戈戟之屬，器者，鼎彝之屬，秦政意在盡天下之銅，必盡括諸器可知，此一厄也。後漢董卓更鑄小錢，悉取洛陽及長安鐘簴飛廉銅馬之屬，以充鑄焉，此二厄也（後漢書）。隋開皇九年四月，毁平陳所得秦漢三大鐘、越三大鼓，十一年正月丁酉，以平陳所得古器，多爲禍變，悉命毁之，此三厄也（隋書）。周顯德二年九月一日，勅除朝廷法物、軍器、官物及鏡，並寺觀内鐘磬鈸相輪火珠鈴鐸外，兩京諸道州府銅象器物諸色，應限五十日内，並須毁廢送官，此四厄也（五代會要）。金海陵正隆三年，詔毁平遼、宋所得古器，此五厄也（大金國志）。宋紹興六年，斂民間銅器。二十八年出御府銅器千五百事付泉司，大索民間銅器，得銅二百餘萬斤，此六厄也。靖康北徙，器亦並遷，金汴季年，鐘鼎爲祟，宮殿之玩，毀棄無餘，此七厄也（宋馮子振序楊鉤增廣鐘鼎篆韻）。凡此皆朝廷作賊，鄰國爲災，破壞文明，不知寶惜，令我恨絕，與楊璉僧伽何異，眞慚見歐人者也。而二千年人民之盜鑄，樵牧之摧殘，則不足計矣。吾遊荷蘭海濱，有蛋民皆操舟而業漁者。自彼十二紀居至今千餘人矣。不宦不士，不農不商，不婚于外，今猶衣古服，不入城市，其室如船，極長而低，蓋牽船岸上住，而今仿其形焉，亦可謂至僻愚陋之野人矣。而室中，自廳事卧內，厨具用器雜沓，惟周四壁獨徧懸古磁碗碟，纍纍横竪列，家家以數百計，皆數百年物，花樣色相奇變，華妙濯潔無纖塵。吾出重貲欲購之，不售也。後託旅店展轉求之，乃得十五紀一碗以歸。彼蛋户，漁世家也，而所好尚寶存古磁，乃若此其高逸也。吾國人眞愧欲死。以吾所見聞，粤東近事：長壽寺之偉麗，築於前明，其後園半帆亭之石，移自太湖，久爲名蹟，若此土木，雖今以百萬金爲之，不可得也；乃竟毀之而開街也。銅佛大丈餘，則鎔之賣銅也。梧州之氷井寺，開自有唐，梵宇無多，而山水清瑟，此亦名蹟，宜保全者也；乃假緣開學，無端毀之。夫佛教爲一大教，雖有盛衰，然豈長吏一時愛惡所能毀也。突厥即無道，亦不過取他教之廟，改奉其教，未嘗取而毀之。借曰攻異端也，則天主之堂，巍峩參雲，誰敢過問之耶！以佛教而毀之，是欺弱也。吾國山水佳趣，多賴僧寺，豈徒宗教有關，實于風景有補，又多古蹟，足資考求。英人滅印度，于其宗教古蹟，猶派官吏發特金以保全之，何況吾國乎？卽故家舊物，實關一國之美術，日本之于日光德川廟也，鄭重守之，遊者人一元，歲收數十萬金，益以飾其公園之臺榭花木，歐、美人遊者日夥，乃築大旅館於山中，益增名勝矣。日人於一切名勝古蹟，雖至小不足觀者，亦多爲影畫以發明之，設爲鄉導，以便覽者。于是日人之文明，嘖嘖於歐、美人之口。其有温泉，則大表彰之，點以園林，增以旅館，而歐、美人之遊者日多，既增文明，又添遊屐，所得金錢，以資國民亦不少矣。法國於外人遊巴黎者，歲十萬萬，即日本歲計外人遊資，亦二三千萬。蓋今之新法，以飾名蹟、盛游歷，亦爲國民生計之一道焉。而我有名蹟古器，乃不知修美之，又從而毁棄之，何其愚智相去之遠也。日本于日光德川廟一貓之刻畫，于奈良春日社一鳥之精雕，摹繪圖寫，炫其美術。歐人之保全古美術，尤甚矣。以吾所見十八甫伍紫垣舊屋，其子伍子昇嘗一一與我觀焉。其屋深十八層，廣十一座，其門窗欄檻屏槅，刻花鳥人物，及方圓曲折之形式，無一同者，皆以檀楠美木，木亦無一同者，徒指一圓窗槅告我曰：此費千金，又皆乾嘉間之名工也。吾細觀之，精緻見毫髮，飛動若鬼神，若在今日，雖萬金不可得也。全屋皆若是。吾意全中國之宫室，雕刻之精美，未必有能比之者。其後園石山十餘畝，奇秀皆太湖石爲之，乃毁棄之而開街。其伍氏别墅，在河南海幢寺旁，水木清瑟，堂榭華嚴，昔張之洞飲酒于是，歎爲未嘗見者，今亦毁之而開街矣。吾粤百年前，千萬之巨富號潘、盧、伍、葉，其祠堂園林，皆精絶冠一時。以吾少年，猶見葉氏之祠，潘氏之園，曰海山仙館，今葉祠改爲十二甫之街，而海山仙館化爲平田。若廣東巡撫署，則平南王尚可喜所築，規模宏敞，將三百年矣，而亦聞以百萬出售，亦有議開街者焉。故以廣東開辟二千年，除光孝寺之鐵塔，布政司署之乾德殿鐵柱，及大鐘樓、五層樓外，無可數焉。若問昌華苑故址，則爲每每原田，不知幾何世矣。回回文明，非匕歐人也，吾遊西班牙之迦憐拿大，彼八紀之回王故苑，于今猶在。亭池門徑，一一猶存，千二百年之故物某樓，昔某某太子居于是也。某樓，昔某某公主居處也。某堂，昔召見外使處。某石碑有血跡曰：昔殺某大臣所染也。卽波斯尚存其六紀之宮苑，而埃及、印度無論矣。若我中國乎！則沈炯所謂凌雲故基，共原田而膴膴；別風餘址，帶陵阜而茫茫。羈旅勞臣，能不落淚矣。試問至近南京之明故宮，其尚有荒臺遺殿否乎？蓋已滅跡掃塵，一無所有矣。又何慨乎劉裿之遺宮苑哉。過西湖而訪宋人之宮室園囿，若武林舊事之所舖排，癸辛雜誌之所詳録，豈有片瓦遺址之尚存者乎？秦中自古帝王州，益無可問矣。歐人之賊，能愛惜名蹟古器，而吾中國帝王士夫，乃不能保全名蹟古器，豈不大可耻哉！吾往遊廬山，問古者九十九寺之遺蹟，則焚餘無幾矣！哀哉！吾中國之人，有殘賊之性，豈徒不如歐人，其愧于波斯、印度人遠矣。天命推遷，前朝已矣。帝王之儀，不復再見，而帝者之遺物尤爲難得。宮殿之以今之土木論，則燕京之宮殿、壇廟、園囿，皆金、元、明初之遺物，皆經五六七百年之風霜矣。宮殿之雕鏤雖不精，其廣大宏巨，以吾遍遊大地，實萬國之所無；其壇廟實爲吾國數千年之大典；其苑囿窈窕，亦冠絶東南亞，而爲大地之特色焉。其他彝鼎圖書，網羅三代之珍，收拾漢、唐之美，中國之精華多在内府焉。其歷年久，其財力厚故也。聞奉天宮殿所藏古磁玉圖書，外人歎羡。康熙、乾隆之磁，得一可爲珍寶者，而每朝以數萬計，此皆吾國之瓌寶，數千年之精華，可以興起後人之志，可以觀感後人之美，可以著耀中國之文明，而發揚光美之，所以異於野蠻者此也：可以招外人之遊展而徘徊感動之，所以爲理財之計者在此也。法之革命後，今櫨華宮以爲博物院，徽賒喇宮、方甸部羅宮，及一切故宮遺院，皆供國民遊賞。英滅士葛倫後，今其故宮亦供人遊焉。今吾國所遺宮殿壇廟，正宜修飾而保護之，以著吾國之文明，以供國人之遊賞。擇一二處以爲博物院，雖未能廣羅大地之奇珍，而先收吾國之圖書寶器。山巔水涯之所出，巖穴邱隴之所藏，故家舊族之所珍，尤在內府，萬方貢獻，前明遺儲皆集焉，茲所謂中國數千年之精華在是也。夫一國之圖書寶器，足以啓發國人之聰明，感動國人之心志，動懷舊之念，發思古之情，明審美之學，增致精之道，所關至鉅。夫歐、美各國，懃懃於博物院，不惜巨費羅而置之，良爲此也。凡人諷詠遺言，不如親瞻遺器，蓋十年窮鄉之讀書，不及一日之遊博物院，感動尤深也。若圖書寶器之皆無，文物精華之竭盡，在全國既枯槁而無色，在人民尤盲瞽而無知。所謂水煩則魚鼈不長，土敝則鳥獸不大。童山無木，百蟲不生；沙漠渺茫，百草不茁。精華既竭，褰裳去之，氣象枯竭，亦亡國之兆也。乃者永樂大典之古册，敦煌石室之奇珍，郭守敬渾天之儀器，以及累朝玉璽，歷代寶書，輦歸異域，中國之枯槁至矣，後生之師法少矣。今者所餘，益復無幾，乃聞奉天宮殿之所藏，竟有議售爲國用者，此之不能保全，實與賣國無異，我國人當以公憤而公保之。有售賣者，當視爲公敵可也。若夫翰林院、國子監，今不知廢棄若何？吳梅村詩曰：「學舍有人鋤菜圃」，又曰：「廢圃誰知博士齋，六堂絃管聽銷沉，極目蕭條淚滿襟。」今復見之。五百年文學之舊址，所以興起後人文學之心，所關至鉅，乃聞有工商部交爭之獄，而舉國公卿士夫無過問者。此非洲野蠻人不屑爲之，而中國人爲之，其奇耻大辱，眞普天下萬國所未有也。若爭翰林院諸君而欲尚爲中國人也，則可以止矣，否則鄙人幾不欲與同爲中國人矣。歐人於數百年之小校，遺瓦敗壁，黝黑朽壞，更珍保之。諸君試遊德之楷魯壁，干士但丁，又近之遊英倫惡士佛、檢布列士諸大學可見也。吾國子監、翰林院，起于元、明之間，與彼諸校時相同矣，而德英人瓌寶之若此，我乃遺棄之若彼，此英、德之所以强盛，而吾國之所以危弱也。歐、美人于古蹟名勝宮室，非必用之也，但留其空室敗牆之蹟，使人守之，令遊人徘徊焉、躑躅焉、感動焉、與起焉而已，此所謂無用之用也。歐人豈不知毁其室，改其用哉！誠以無用之用，其用之更大也。我國人徒知眼前之用，毁棄名蹟，浸假而爲馬廐、浸假而爲糞壤，令後人無可躑躅焉、徘徊焉、感動焉、與起焉，其爲暴殄之禍，豈有過哉！革命以來，各省大變，我耳無聞，吾目無見，各省焚琴煮鶴之風，類于國子監、翰林院者，不知凡幾也。其不淪爲馬廐糞壤者，不知得幾何也。吾願吾國珍重保之，勿爲印度、波斯人所笑，以爲甚于非洲野蠻也。竊以爲若翰林院、國子監之類者，宜以爲圖書館，廣植花木，修飾亭樹，珍而存之；次之亦爲公衆遊賞之地；再次之亦如歐人焉，僅存空屋敗牆，不賣不拆、不改用、不租人，派人看守之，以俾後生躑躅焉，徘徊焉、感動焉、興起焉，爲無用之用焉。如是乃爲文明人而非野蠻人，否則爲野蠻人，宜供文明人之奴隸宰割而已。歐美之圖書館、博物院有二焉。其珍重之品，有介紹者乃觀之，其通行品，則聽人人流覽之，豈惟京師哉？凡吾國省府縣鎮，皆宜設博物院、圖書館，皆宜設保全古蹟古器會，都邑人士相與竭力焉、鄭重焉、講求焉，視爲文明野蠻之別焉，以爲後生之感動興起焉。多爲繪畫拓影圖記以彰之，嚴爲守護以保之，設鄉導人以發明之，廣招外人之遊展，以使吾之精華保千百于什一，其亦庶乎其可也。否則碧眼高鼻者，富而好古，日以收吾古物爲事，恐不十數年，而吾精華盡去也。後日若文明大啓，擧國枯槁，無能救也。願吾同胞勿視爲不急之務，不切之事，而置之也。

三月，先君曰：農苦體耕耘，望有年；商廢財滯遷，望言贏利；士勤學，囊螢刺股，望通業取人間富貴；僧棄家入山，苦身斷欲，望成道證佛；寡婦劬劬抱哺其子，望承嗣亢宗。凡人之情，以有所望而後心安身寧神王長也。今吾中國之治也，數千年之舊機器已毁，而新機器未建，崇隆堅巨之舊宅已焚，而新屋未建，一家露坐，無褐、無衣、無食，烈風迅雷，大雨交加，虎豹豺狼，猙獰而嗥悲，吾欲救死而進退無所之也，是謂無望。著孤憤語。

七月，先君以立國之道，自有其教化風俗，深入其人民之心，化成其神思，融洽其肌膚。久之而固結，習而相忘，是謂國魂，舍此則不能立國。今之所採五千年之國粹，無量數聖哲之心肝，保之廓之，方且推廣爲萬世法。而國人學歐學，行歐禮，服歐衣，食歐食，不及百年則爲美州尼固之黑人矣。著中國顛危誤在全法歐美而盡棄國粹説。又以辛亥至今，盜賊滿野，民無所托命庇生。杼軸既空，公私乏絶，而國會不之恤，政府不之顧，惟議摹歐美，盡變舊章，以攫奪吾民爲事，中國衫神死矣。爲今計者，議院勿日爲變法之議，政府勿日下法之令，之已行者去其太甚，於舊章之無礙者照舊章行。著中國還魂論。

是月七日，勞太夫人病風，八日未刻，卒於香港。享壽八十有三。先君在日本，以割瘍不能卽歸。張夫人妙華，及從弟有銘、有霈同理喪事。

八月，先君以辛亥至癸丑兩年中，據日本人約計之，死者已二千餘萬。杼軸告空，公私交敝，而民國之大義，保全人民生命財産者，其慘酷若此。政府惟以乞丐度日，人民惟以水火盜賊爲生，禮、義、廉、恥、道揆、法守，斲喪幾盡矣，著亂後罪言。

九月，不忍雜誌以親喪不能執筆而停刊。

十月，先君由日本奔喪歸港。

十一月四日，從海明輪運勞太夫人與弟幼溥靈櫬歸羊城，港督及粤督均以官兵軍艦護送。十六日安葬於南海縣銀塘鄉之後岡，幼博戊戌蒙難藁葬於北京南下窪。庚子，始歸香港，浮厝於澳門山寺。太夫人不知其死，僞言爲僧，至是乃附葬焉。

民國三年甲寅（一九一四年）先君五十七歲。

二月，仲姊逸紅卒。朝鮮朴君殷植著韓國通史，有黍離麥秀之思，贈以序曰：覽玆痛史，其於亡國之術如燃犀，如燭照，亦可悚可悲可痛矣。吾國人讀之，憂傷恐懼，如吾國之影在是焉。發憤圖强，猶有望也，否則爲朝鮮第二不遠也。

四月，遊茅山。

五月，遊天荒蕩。

六月，返滬，李提摩太設筵歡迎。唐少川、伍廷芳、范源廉、王寵惠均在座。中外人士到會者幾二百人。先君爲述地球弭兵和大同之義。

九月，遊無錫惠泉，赴蘇州，登靈巖，望太湖。

十月，遊華陽洞。

十二月五日，何姬旃理卒，享年二十四，遺子女各一。除夕，先君撫棺延紹山莊，嘗謂一年以來，連遭三喪，肝膽寸斷。外憂國事，内愴家難，人間何世，亦復何心，豈東坡所謂但有羈旅人，天窮無所逃耶？何姬來歸七年，形影相伴，甫踐國土，卽告永訣，臨終未作一語，先君爲金光夢詞以哀之。

先君自甲寅除夕感逝詩起至丁巳三月，所作詩都曰納東海亭詩集，凡一百一十七首。

是月，曲阜孔祥霖著曲阜碑碣考成，來書請序，先君爲之序曰：

凡一家之祠墓，摩貞珉，刊翠琰，崇功紀行，傳示方來，後人猶將摩娑之，譜錄之、搥搨之、流傳之。若其爲一國之都會，一代之王者，記撻伐之勳，發皇功德，樹碑刻石，銘鐘勒鼎，鑄像銘盤，雖當亡國之餘，或山陵之後，後人莫不流連焉、徘徊焉、撫摩焉、憑吊焉，成金石之書，爲集古之錄。其在吾國，則臨安、汴京、燕京，及唐之昭陵、陝西之碑洞，皆令人考據盤桓而不已者也。其在大地各國，則埃及之金字陵、雅典之厄伋坡利岡，羅馬城之十里古塚，古刻如林，游人如蟻，考據如雲，此其尤著也。夫域中兩大，天大道大，若一國一王，置之一教之中，藐乎小矣，故惟天爲大，惟教則之。夫印度之舍衞鷄足，猶太之耶路撒冷，羅馬之彼得保羅廟、教王宮，阿拉伯之麥加，西藏拉薩之達賴大招寺，日本東西京之本願寺，其碑刻之精美夥頤，考訂之繽紛詳確，保護維持之至週至悉，其考訂碑刻之書，以五采寶石爲函，護以鏤金，裹以錦袱，樹以金櫃。嗚呼，彼獨何歟？何其敬教之至也。何居乎吾曲阜之碑碣，欲考之而末由，欲語焉而不詳？蓋古無專書，至孔琴南始輯碑目，而限於林廟，且多疏缺，若嘉慶後，更無補輯者。嗟乎！彼亦學者，吾亦學者；彼亦教士，吾亦教士，何吾教後學之若斯也。夫曲阜者何？先聖所生之地，闕里林廟所依之所，吾舉國萬里之地，四萬萬人教化之所由出也。自漢以來，明主、哲相、良守令、賢士大夫，謁闕里，設太牢，登聖人之堂而撫其車服禮器，想像瞻拜而致其敬慕，伐石刻文以紀其行事。及乎先聖先賢之遺物，與其經行過往之遺跡，詠歌讚嘆，大書深刻，傳之無窮。況乎孔氏世德，代有達人，以見先聖遺澤之遠，皆足令人感舞興起者，所關至大也。乃維持保護既不周，至有遺缺失壞之嘆，捶搨流傳既不得，徒有想象望慕之思。若乎殘碑斷碣，縱橫於林廟内外，攲側于尼山泗水之間者，編輯無書，考訂無録，令今之人無以動其慕思，今後之人無以藉爲考訂。安有一教之大，聖地之重，古今石文字之要，而可令其殘缺不修如是哉？前河南提學使孔君祥霖憂之。孔君聖人後也，亦衍聖公至近支也，少入翰林，晚乘輶軒，博學而多通，尤拳拳于先聖之遺教及其遺物遺蹟。日遊于林廟間，摩其碑碣，搜其殘缺，考其時代歲月，及其撰寫之人，詳而明，簡而盡，以俾天下慕聖而好學者考遺文殘石有所興起感慕焉。其上爲功于先聖，而下爲德于後學，豈有比哉？孔君，字少霑，爲孔教會總理，與吾同事，以書郵示而屬序之，後之尊先聖慕林廟考碑碣者，其實是書也，豈止尺璧懸黎哉！

民國四年乙卯（一九一五年）先君五十八歲。

元旦，門人麥孺博，潘若海來謁，縱談國事。

三月，偕門人王公祐、鄧百村及同璧、同復、同琰、同籛等，遊杭州高莊。自丁酉九月攜長女同薇來遊西湖，錢塘令吴雙遣爵館高莊。翌年，出亡走異域，雙遣殉難而終，忽忽十九年矣。舊地重遊，愴懷無已，口占一絶：

湖水仍清柳放綿，高莊庭户尚依然。記攜弱女曾三宿，蘇武重來十九年。

是月，又偕徐老子靜登杭城，遠望吴山，游仙霞洞，在南高峰麓，有六朝佛像數十，精妙逼肖，神氣如生。世稱羅馬雅典刻像之精，而中國古舊刻像能如此，實爲瓌寶。先君有詩紀之。

十月，居滬上申嘉園。

十二月，袁世凱帝制將成，先君遣門人潘若海赴南京，勸江督馮國璋保持中立，並電蔡鍔先收川蜀，然後出軍以爭武漢。電文中有以朝氣方興之義旅，對此時日曷喪之獨夫，其必勝無俟言也。蔡鍔，湖南人，爲梁啓超時務學堂高材生。袁世凱謀帝制時，梁啓超即與蔡鍔謀赴雲南起兵討袁。蔡鍔由滬過港，先君電徐勤接船保護。未幾，徐勤亦回粤討袁。張夫人以港屋質二萬金助餉，徐以十九艦攻粤，龍濟光始求和焉。

民國五年丙辰（一九一六年）先君五十九歲。

二月，送徐勤回粤起義，時袁世凱雖已撤消帝制，但仍圖苟延殘喘，向美波士頓商人借款兩千萬元。先君聞訊，致書薩門司總領事，勸其禁止借款，並電長江各督馮國璋等，結盟保持中立，如庚子劉坤一等故事。又連電袁世凱退位。電文如下：

慰庭總統老弟大鑒：兩年來，承公篤念故人，禮隆三聘，頻電諮訪，屢勞存問，令僕喪畢必至京師，猥以居廬，莫酬厚意。今當大變，不忍三緘，棟折榱壞，僑將壓焉。心所謂危，不敢不告，惟明公垂察焉。自籌安會發，舉國騷然，吾竊謂今之紛紛者，皆似鎖國閉關之所爲，皆未聞立國之根本，又未籌對外之情勢者也。夫以今日中國之岌岌也，苟有能救國而富强之，則爲共和總統可也，用帝制亦可也。吾向以爲共和、立憲、帝制,皆藥方也。藥方無美惡，以能愈病爲良方；治體無美惡，以能强國爲善治。若公能富强自立，則雖反共和而稱帝，若拿破崙然，國人方望之不暇；若不能自立，則國且危殆，總統亦不能保，復何紛紛焉。自公爲總統以來，政權專制過于帝者，以共和之國而可以無國會、無議員，雖德帝不能比焉，其威權之盛，可謂極矣。然外蒙、西藏，萬里割棄，青島戰爭，山東蹂躪，及條款簽訂，擧國震驚，憂爲奴虜，中國之危至矣，人心之怨甚矣。方當歐戰正酣，列强日夜所磨厲者，武事也，忽聞公改行帝制，我國日夕所籌備者，典禮也，行事太反，內外震駭，遂召五國干涉，一再警告。及遣大使東賀加冕大典，道路傳聞，謂十五條款後第五項軍政、財政、警政、兵工廠等外，尚割去吉林全省暨渤海全疆，以易帝位，未知信否？然以堂堂萬里之中國元首，稱帝則稱帝耳，不稱帝則不稱帝耳，雖操莽爲世所訴詈，然皆力能自立，安有聽命于人，如臣僕者哉！且公卽降辱屈身，忍棄中國，祈助强隣，求稱帝號，若晉石敬瑭之于契丹，若梁蕭詧之于周，若南唐李煜之於宋，然强隣必當察民意，可以義動，不可以利誘也。今既見拒大使，辱益甚矣！且名爲賀使，必無拒理，今之被拒，益爲鬻國以易帝位之證，而國民益憤怒矣。假令受使結約，如願奏效，若法之待安南，如英之待埃及，或要索稱臣，或聽從保護，則全國軍隊長官，必皆派遣監督顧問，或派駐防之兵，或收財政之權，至是則國實已亡矣，虛留帝號，何能自娛？然公或者以得伸四萬萬人之上，而甘屈于强國之下，隱忍爲之，而國民憂亡必大憤怒，卽諸將亦恐懼國亡而未必帖然聽命。不然，則憂强國之派監軍或顧問，更別易其所可者而代之，彼諸將自知權位之必不保，亦必不肯聽從公而爲降虜也。則必斬木揭竿，勝廣遍地矣。幸而見拒，中國尚得爲中國耳。然數月以來，擧國之民，士農工商，販夫婦豎，莫不含憤懷怒，黨人日夕布謀，將卒扼腕痛恨。頃上海鎮使鄭汝成已遭刺死，海軍之肇和兵艦亦已内變，廣東既全省大亂，滇黔亦劃然自立，分入川楚，攻破敘瀘，遂爭重慶。繼則辰沅亦失，湖南大震，武昌、長沙兵變繼告，長江勢將響應，蒙古亦繼之並起，而山西、綏遠聞亦淪陷，陝亂日劇，則近拊北京之背，他變將作，外人將認我爲交戰團矣。公自以軍隊爲可恃乎？然昔者滇黔豈非贊成帝制者哉？而今何若？今聞四川之陳宧，實已與滇軍交通，而貴州朝得助餉，夕卽宣布自立，恐各省軍隊皆類此耳。廣西卽可見矣。公自問有何德及彼，以何名分範彼，而必聽命盡忠耶？吾聞鄭汝成告人曰：帝制事吾不以爲然，但無可如何耳。鄭汝成者久事公，所謂忠臣親臣，贈以破格之侯封者，然乃竟若此，可以推全國諸將之心矣。公以封爵爲能籠絡諸將之心耶？聞各省諸將受爵，多不受賀，或不受稱，而雲南唐、任且卽起兵焉。且公在清末亦曾受侯封，何能因是感激，而遂救清祚哉？若軍旣含怒，同時倒戈，于前數年，突厥摩訶末廢帝見之，吾時遊突厥，所親覩者矣。然突厥尚遠，公未之見，辛亥之秋，武昌起兵不兩月，而十四省響應，清室遂遷。夫豈無百萬軍隊哉？而奚爲土崩瓦解也，此公所躬親其役者也。夫以清室三百年之深根固蔕，然人心既變，不能待三月而亡，公爲政僅四年耳，恩澤未能一二下逮也。適當時艱，賦税日重，聚斂搜括，剔盡民脂，有司不善，奉行苛暴，無所不至。加比款千萬，五國之巨款二萬萬，四年之間，外債多于前清。國民之負擔日重，然無一興利之事。以鹽爲中國大利而税之，今全歸之外，以煙爲中國之大害而禁之，今反賣之官。近者公債之新法日出，甚至名爲救國儲金，欺誘苦工而取之，乃以供加冕之用。頃兵急財盡，交通、中國各銀行，人人提款，勢將倒閉。國會既停，選舉既廢，自治局亦撤，擅立參政院以代立法，天下豈有號稱共和而無議員者，其士怒深矣。加之水旱洊臻，盜賊盈野，民無以爲生，民怒甚矣。即無籌安會事，尚恐大變之來，而公之左右讒媚者，欲攀附以取富貴，蔽惑聰聽，日以告公者，必謂天下皆已治已安，人心莫不愛戴，密告長吏，令其妄報，僞行選舉，冒稱民意。令公不知民怒之極深，遂至生今日之大變。漢朱浮曰：凡舉事無爲親厚者所痛，而爲仇讎者所快。昔孫權爲曹操勸進。操曰：是兒欲踞吾于爐火上耶？今諸吏之擁戴公者十居八九，闇皆迫于不得已，畏懼暗殺，非出誠心。舉朝面從心違，退有後言，或者亦踞公于爐火上，假此令公傾覆耳。賈誼所謂寢于積薪之上，而火其下，火未及燃，則謂之安。以公之明，胡不察焉？且使今日仍如古者閉關之時，則公爲諸將擁戴，如宋藝祖焉。然猶未可，蓋古之帝者，固由力取，不必有德，然必積久堅固而後爲之。卽以曹孟德爲手定天下之雄，司馬懿，司馬師，司馬昭、高歡、高澄，有世濟其美之才，又皆爲政數十年，舉國臣民爲其卵育，猶尚徘徊逡巡，不敢遽加帝號。五代諸主，旦夕稱帝，卽歲月不保。然此皆閉關之世。若如石敬瑭者，自藉外力而立，亦卽爲外人虜而亡矣。夫共和非必善，而果宜于中國也。然公爲手造共和之人，自兩次卽總統位，兩次宣布約法，信誓旦旦，渙汗大號，皆曰吾力保共和，誓不爲帝。于裘治平之請爲帝，于宋育仁之言復辟，則皆以法嚴治之，中外之人，耳熟能詳。至于今日，翩其反爾，此外人因以大疑而國民莫不反攻者也。徧考地球古今萬國之共和國，自拿破崙叔姪外，未有總統而敢爲帝制者。美洲爲共和國者數凡二十，日尋干戈矣，然皆爭總統耳，未有欲爲帝者也。中世意大利及德國諸市府之總統，未有敢爲王者。卽羅馬之奧古士多，威定全國，實行帝權，亦兼用諸官職號，未敢用帝王之稱。後世襲用愷撒奧古士多者，以前代總統之名爲元首之號。行之三百年，至君士但丁遷都海峽，避去元老院之議，然後愷撒之號傳於後世，今乃爲帝者之稱，卽今德奧尊號是也。愷撒爲羅馬總統，有手平法國、奠安羅馬之大功；有人進王者之月桂冠者，愷撒試戴之，其義兒勃尼斯卽手弑之。近者墨總統爹亞士，手平墨亂，七任總統，置三百年之墨亂于泰山之安，飾以歐美之治，其文治武功，歐美人莫不推爲近今第一。吾遊墨時，曾以殊禮待我，雖號爲專制，然尚未廢國會也，更未敢稱帝號也。然第八任總統，遲不退讓，遂使馬爹羅振臂一呼，爹亞士遂夜出走，以其百戰之雄，下車搏戰，僅以身免。易曰：亢龍有悔，知進而不知退，知得而不知喪故也。嚮使愷撒、爹亞士知亢龍之禍，識退讓之機，則身名俱泰，照耀天壤。惜其聰明才武，而忍俊不禁，貪而不止，遂卒身死名裂，一至於此。況才望功德遠不及愷撒、爹亞士，而所求則過於愷撒、爹亞士者哉？老子曰：知足不辱，知止不殆。今已辱已殆矣，尚冒進不止。昔人所謂鐘鳴漏盡，夜行不休，日暮途遠，倒行逆施，則不止辱殆而已，必如愷撒而後已，求如爹亞士之能逃出，亦不可得矣。以公之明，何不思之？且公之腹心親舊，宰相若徐世昌、唐紹儀；大將若段祺瑞；親舊若張謇、費樹蔚，今皆紛紛遠引。其他黎元洪、熊希齡、趙爾巽、李經羲、周樹模、孫寶琦、汪大燮、羅文幹、馬其昶、湯化龍、梁啓超、莊思緘、韓國鈞等，紛紛掛冠，其餘羣僚尚不足計也。朝廷皆空，槐棘無人，即强留牽迫一、二人，或畏死復來，然人心大可見矣。今所餘在公左右一二謀議者，皆負罪畏死，懷抱異心，其餘皆庸佞之徒，只供奔走而已。以此之人心，以此之人才，當承平繼統之時，猶不能支，而謂可當内訌，外拒中外大變之世乎？昔公練兵小站也，僕預推轂焉。今公用以威定天下，恃小站時心膂諸將，徧布中外也。然忠貞若王士珍，自辛亥玉步之改，即已拂衣高蹈。今雖强牽而出，聞其在陸軍上奏，于臣字必加塗抹，實與張勳之强勁同焉。雖受恩私室，然實乃心清朝者也。其沉毅若段祺瑞，以公之設模範團，而奪其兵柄也，乃自疑而辭去；近者頻遭刺客，日欲出亡。若蔡鍔兼資文武，擧滇來歸，而久投閒散，比且居宅無端被搜，因以恐懼遠走，擧兵故鄉。公之心腹舊將，皆有自危之心，即有倒戈之志，蓋以趙秉鈞之忠而鴆死；以尹昌衡之壯而久囚；以黎元洪之公而久幽，若馮國璋、張勳、陳宧、湯薌銘、朱瑞、龍濟光、陸榮廷，皆公之股肱爪牙，藉以坐鎭南方者，乃聞宵小作間，以造謠生事，爲希榮邀功計，妄謂諸將互相聯合，各有異志，果遂頻調重兵南下以防之，或日遣刺客以殺之，致令諸將信而被疑，忠而見謗。即今張作霖、張紹曾亦有嫌疑，則必至鑒于趙秉鈞、段祺瑞、尹昌衡之危，迫令益生携貳耳。各省諸將暫爲公用者，或只有奉、陝、豫、徽耳。然師旅之長，亦難一心。然則誰非蔡鍔、唐繼堯、劉顯世、任可澄者，但觀望待時耳。且夫各省將軍師長，率多段、馮、張、王四人部下，咸受卵翼於諸帥，而未直隸於公，其與明公恩義本淺。今主帥見猜，則部將生疑，咸恐不保，令之遠征，諸將即不倒戈，誰肯爲公出死力者？且公戎旅有幾，不以遣征西南，則以防衛西北，所餘軍隊不過三數千衆，保衛京畿，萬難他遣，則何以持久？萬一有變，更以何師勤之？頃聞模範團、拱衛軍有變，誅戮無數。夫模範團、拱衛軍者，公之心腹干城也，然猶如此，是腹心難恃，防不勝防。若各省相與内外聯合，公更何以爲計？辛亥之禍，魚爛瓦解，可爲殷鑒，竊爲公危之。近又有新華宫内變，益令駭聳。以明公之族人，親臣之愛子，警長之要官，則有袁英及公之二十年舊僕勾克明，亦咸思剸刃于公，其他内史爲公侍從近臣，亦多有同謀者。然則公之所謂近臣親臣若此者，正不知凡幾，皆包藏禍心，旦夕伺發，互相交通，密爲私匿。公宵夕寢處何以自安？朝暮饔飧何以甘食？門庭侍衛，左右僕役，何以供使？朝覲召對，引見臣僚，何以聽信？天怒人怨，衆叛親離至此，公自思之，應亦爲肉顫心驚，毛髮聳豎，曾無一刻之得安者矣。昔王莽之末，親若王涉，國師若劉歆，宰相若董忠，皆謀殺莽；以宋文帝之明，而死於元凶劭之親；以明穆宗之正，而喪韓金蓮之手。他若董卓死於吕布，王世充死于宇文化及，仇雠起于闉闥，猛獸發于輦轂，枯木朽株，盡爲難矣。公雖若王莽之憂不能食，李林甫之夜必移床，何以防之？昔唐宰相楊再思謂，一日作天子死可無憾，果以叛誅。昔人謂左手據天下之圖，而右手以匕首椹其胸，雖愚夫不爲也。今天下洶洶，民生流血，百業停廢，皆爲公一人耳。南望川楚，怵痛何可勝言！公奄宅天下四年矣，至今薄海騷擾，外警迭來，以公之明，寧待再計乎？今僕爲中國計，有三策焉。若公早讓權位，遯跡海外，嘯歌倫敦，漫游歐美，曠古之高蹈，肆志之奇樂，亦安中國保身名之至計也。爲公子孫室家計，無以逾此。今既爲左右所誤，謬受大位，遂致内亂外拒，威信隳矣。

然今爲公計，爲中國計，仍無以易此。明哲保身，當機立斷，策之上也；次則大布明令，保守前誓，維持共和，嚴責勸進文武僚吏之相誤，選擧僞冒民意之相欺，引咎罪己，立除帝制，削去年號，盡解暴歛，罷兵息民，用以靖國民之怒，塞隣好之言，或尚可保身救亡。然大寶不可妄干，天下不能輕動。今者民心已失，外侮已深，義旅一起，不能中止，雖欲退保總統之位，或無及矣。雖欲言和，亦徒見笑取辱，必不可得也。惟公審之。若仍逆天下之民心，拒列强之責言，忘誓背信，强行冒險，受位改元，聊以自娱，則諸將雲起，内變飈發，雖有善者，愛莫能助，欲遂出走，無路可逃。王莽之漸臺，董卓之郿塢，爲公末路，此爲下策。以公之明，將何擇焉？公之安危，在于今日，決於此擧。及今爲之，猶可及也，過是欲爲之，則無能爲計。往者外論傳有擁戴僕爲總統之事，此誠有之，然僕力拒，亦與癸丑之夏同也。僕一書生耳，終日以讀書爲樂，懶于接客，畏覽公牘，癖耽書畫，雅好山水，自以爲南面王之樂無以比之，而甚畏事權也。僕自釋褐入部時，未嘗一到署，但憂國危，不得已而發狂言，亦如今日耳。當戊戌時，僕毗贊大政，推轂大僚者十餘人，而已身未嘗受一官。上意命入軍機，亦未嘗受。前年某大黨，勢焰彌一國，戴吾黨魁，且欲推爲總理總統，而吾亦力拒不受，堅囑黨人切勿投票相擧，此皆公所知也。夫五聲繁會，人之所好，而墨子非樂；瘍癰穢惡，人之所畏，而劉邕嗜痂。是人之性，各有所近，非可强也。況今艱難之時乎？猥以虚名，日被後生㨖擠，所謂元凶肉甘，徒供獵人之羅網而已。謡言無已，後必仍多，以公之明，想能洞之。故擁戴僕爲將來總統者，僕視爲至危而力拒之，其推戴公以帝制者，亦爲至險，望公亦力消除之。僕不可受總統，亦猶公之不可受帝號，改元年，其揆一也。我惟不爲總統，故敢明以規公，惟我與公，正可互相勸勉也。追昔强學之會，飲酒高談，坐以齒序，公呼吾爲大哥，吾與公兄弟交也。今同會寥落，死亡殆盡，海外同志，惟吾與公及沈子培、徐菊人尚存。感舊欷歔，今誠不忍見公之危，而中國隨公以滅亡也。傳曰：忠言逆耳，藥石也。書曰：若藥不瞑眩，厥疾不瘳。公左右之人，明知阽危，不敢逆耳。竊恃羊裘之故人，廿餘年之交舊，當中國之顛危，慮執事之傾覆，日夕私憂，顓顓愚計，敢備藥籠，救公急疾。吾聞君子愛人以德，而小人則愛人以姑息。今推戴公者，姑息之美疢也。傳曰：美疢不如藥石。惟智者能預見事機，惟善人能虛受善言，惟公圖之。

五月，著中國善後議三策。略謂：

共和四年，革命三起，今袁世凱倒矣，中國又經大刼，中國所立之共和制度，而不能出美法兩國之範圍。美國西爲二萬萬里之太平洋，東爲萬餘里之大西洋，北爲加拿大之殖民地，南爲弱小危亂之墨西哥。若我中國乎，北界强俄，西鄰强英，南鄰强法，東鄰强日，毗境連疆，犬牙相錯，其與美之地勢至相反，而國俗、地力、民數、分合時代、兵額又至相反，而但欲求總統共和之一制，即可得美之康强安樂，天下有是理乎？老人見孺子之攀枝跳樹而學之，則必墜地而死；病者見飛將之躍馬跳澗而學之，則必溺水而死。若法國乎，拉飛咽倡大革命，遂使法之巴黎百日而死百二十九人。拉飛咽既自殺其身，君主民主更迭四易，大亂八十三年而後定。尚幸法爲歐洲之最强國，乃幸免滅亡耳。法國土地人民，僅當中國十分之一，然其亂猶需八十年，則十倍之中國，不應大亂八百年乎？法國總統由國會選舉，任期七年，既有願望，亦有大黨，而內閣總理多非其黨，故法之內閣，年必數易，用致百政不修，大敗於德。今若非比抗於先，英俄援於後，則法之亡國歲餘矣。法決不足效也。中國若行總統之制，則大權在握，總統之尊，幾等帝王。若王莽之謙恭下士，拿破崙第三之服從民意，袁世凱之信誓共和，善待議員，當時豈非以爲賢而共信之？今天下風俗之壞，安得有讓天下之賢者？卽有賢者，其真僞亦何從而辨識之？袁世凱之所以繼清室爲總統者，挾有八鎮之兵力耳。今繼袁者，豈不猶是乎！黎元洪以無兵而請退，若總統而挾强兵，又復以武力而專制矣。吾今謹告吾國民曰：必欲行美法之總統共和，則必勿行選舉而可也。今國人以黎元洪爲副總統，約法總統以事故去，則副總統有代之之資格，請卽以黎元洪爲法代表王之虛位總統。令黎元洪子子孫孫襲之爲總統，有其禮而無其權，有其號而無其事，如木偶焉，則此策未嘗不可行。但不知吾國人肯戴黎元洪爲無限制總統否？吾國人必欲保全共和，吾國首唱大同太平天下爲公者，誰肯使一姓永焉民上，爲此不公不平之事乎？吾斟酌萬國之宜，萃古今之美，有一創說焉。其在希臘則有賢人會議，其在羅馬則有元老院，及三頭政治，其在德國則有七選侯以選立王者，其在瑞士則以七部長歲選議長，其在美國則以每州選二人爲上議院議員，其在法國則有代表王之虛位總統，與責任內閣，其在唐堯則大政咨於四岳，其在周室則周召共和。吾合一爐而治之，請於國會而外，立元老院爲最高機關。凡廿二行省，及內外蒙古、西藏、青海各公舉一人爲元老，輪選七人爲長駐辦事，分外交、平政、法律、兵、教五司。凡不隸於內閣之大權皆隸之，其對外則以元老院名義行之，則政不握於一人，權不標於久遠，自不能再有專制之患，然吾所創議者耳，未嘗實行。今吾國當至危殆之時，豈可妄思以爲試場乎？若此二法仍不能行，吾尚有一法爲歐洲有驗之方，歷試而無弊者。若今之英國、意大利、比利時、荷蘭、丹麥、瑞典諸國，皆行虛君共和爲最良法矣。並不能謂之爲虛君共和，實不過一土木偶神耳。歐洲諸國所以不惜百萬之俸，甘屈躬之禮，以立此土木偶者，蓋鑒于中南美爭總統之禍，與總統必專制之患，經幾許敗亂，幾許試驗，然後乃得此土木偶虛銜之良法。易曰：以神道設教，萬民乃服。今人於家奉土木偶神，則以爲可，於國之奉土木偶神，則以爲不可，豈不惑哉。

六月，偕徐子靜遊杭州龍井。

八月，至曲阜祭孔陵，游泰山岱廟，撫唐槐漢柏。過經石峪，摩金剛經，登南天門，宿絕頂，上封臺，東至日觀峯，觀日出，乃知泰嶽之尊。賦詩曰：

泰山何巖巖，積鐵立峭壁。峻崖張巨嶂，巉嶟皆黑石。蜷蜒鼓餘勇，頓挫起鄒嶧。連峰若宫城，覆壓齊魯碧。晴暾映崇巘，望盡雲墨色。突兀起嶙峋，萬丈矗天尺。丙辰八月秋，謁聖吾始遊。汽車止泰安，岱廟嚴以修。漢松與唐槐，摩娑手數周。入山道五里，與疾夫咿優。陟巔級四千，盤磴石所甃，夾道古柏陰，綠澗清泉流。先撫經石峪，九百遺交留。珊瑚交玉樹，翔鳳舞蟠蟉。榜書誰可比，鐵畫而銀鈎。惜哉石碎裂，又被沙壓稠。下筆索請碑，欲作三日休，觀摩不忍去，手畫足趔趄。誓將積沙刮，定有遺珠搜。築亭資鐵石，覆此寶琳璆。手撫大夫松，低□□盤虬。此樹或補植，□唐四槐儔。閱刼亦已多，千載空悠悠。仰首南天門，碧城現五樓。峻立絶崖顛，眩若天上浮，疑是方壺仙，可望不可求。鑿崖置層磴，飇上飛鳥愁。倏爾出雲表，俛視邈十洲。衆山皆在下，乾坤豁雙眸。畏險若不登，豈能小九州。遂上登封臺，絶頂壯觀開。意氣四飛揚，天外招蓬萊。呼吸帝座通，引手日月回。萬峯皆下走，浮雲爲我開。東踏日觀峯，海山碧翠嵬。極目睇長空，萬里生雲雷。碣石四百島，遠源度海來。遂乃拔地起，掩卷登青萊。造化縱神秀，大宙增徘徊。摩挲没字碑，令我壯心衰。昔者七十君，霓旌抗山隈。茫茫今何在，所餘只刼灰。山色自蒼蒼，長偃自雲堆，碧霞尚有祠，銅瓦金碧璀。便當乘雲龍，自問非仙才。且復下天門，俯視亦危哉。陡絶降千尺，直下滑生苔。目眩若誤步，一顛身隕摧。吾生慣用壯，冒險判暴腮。面壁斜倚輿，心安入口咍。足二分垂外，不眴臨深崖。豈肯效昌黎，縋下驚輿臺。却立御帳坪，回望南天門。峭崖千丈立，層級一線存。却顧所行徑，猿猱愁攀緣。白雲忽然合，神仙想騎鸞。人息難交通，始覺岱宗尊。

九月朔，訪鳳陽龍興寺，明太祖爲僧處。並遊明陵，陵距鳳陽十八里，殿堂門亭皆廢，惟洪武自紀微時實事之碑尚存，可見英雄本色，而明史不採，以爲奇甚。口占二絶：

山河雄壯四飛揚，遠自嵩華王氣長。誰識王陵風雨泣，竟成高家起高皇。

久已銅駝款棘榛，於今石馬委灰塵。御碑紀實微時事，五百年間只愴神。

七日，遊南京莫愁湖，寺僧出端午橋莫愁湖圖，題卷末。重九至金山塔，夜登焦山。宴畢，趁月渡江赴蘇州，往靈巖鄧尉看桂花。

十月，至大茅山，登絶頂，宿於陶隱居松風閣。

十一月十九日，聞蔡松坡病故，爲文以祭。略謂首倡義師抗袁世凱，非君之勇，誰能迫之？卒烏合饑卒，艱難百戰，非君之廉毅，孰能克之？不幸短命，舍中國而長去矣。蓋松坡爲再傳弟子，深惜之也。

民國六年丁巳（一九一七年）先君六十歲。

元旦，賦長詩二百三十五韻，題爲開歲忽六十篇。先君自戊戌蒙難，流離異域一十六年，三周大地，游遍四洲，經三十一國，行六十萬里，一生不入官，好遊成癖，而今老矣。沈老子培言古人最長詩一百五十韻。先君遭遇既奇，援筆記之，故不覺其繁，非矜誇以示衆也。

開歲忽六十，元日歲丁巳。除夕飲團圞，羣兒鬧鼓吹，爆竹聲震雷，紅梅麗繁蘤。雪花大如片，飛來徧階所，池臺舖瑶玉，林樹綴瓊珥。天姥舞羽衣，來獻新年瑞。嚴服事上帝，酒醴祀祖妣。燈燭爛廊檻，兒女歡褰饍。俛仰易元正，感慨進我史。長途行漫漫，猶記當童齔。視彼耆舊翁，相隔遠莫比。豈料親吾身，及此花甲紀。長江夜大浪，扁舟渡楊子。避雨蘇臺屋，瓦飛立無壁。華德里落磚，掠面過從耳。假磚移半寸，中腦遂已殪。大同書未著，中國人無此。廿八患頭風，半載痛不止。羣醫束手謝，自計亦永已。蘇村延香屋，瞑目將不食，令妻與壽母，旁觀淚泚泚。海外有良方，書架得數紙。拚死妄嘗藥，首疾居然弭。海通大勢變，萬國進猛鷙。中華猶守舊，沉沉若鼾睡。上自馬江敗，下迄割臺議。不忍吾國危，七上書投匭。遭逢堯舜君，采納及葑菲。震雷馳霹靂，變法除痏疻。維新甫百日，昭蘇動萬彙。牝晨構呂武，讒慝遇宰嚭。毒霧噎堯臺，寃雲慘柴市。竟遭甘露禍，逮捕三千騎。閉城三日索，鐵路中斷毀。津滬並大搜，驚濤立海水。兵艦走飛鷹，嚴電馳遠邇。密詔命吾行，仲弢歌變徵。戒吾易僧服，北走蒙古寺。幼博長跪請，過津難自秘。吾生信天命，自得大無畏。經津登芝罘，拾石罔忌諱。到滬得僞詔，正法着就地。驚聞上大行，舍身投海汜。英吏力抱我，勸言宜少俟。艨艟多巨艦，護我驅濤主，十死亦不足，幸免皆天意。己亥港省母，高樓夜遇刺。開門正對賊，隔岸僅尺咫。大呼吾閉門，驚奔賊走避。乃改炸藥焚，買隣穿地隧。吾適圖南行，闔户免於燹。懸金五十萬，購我頭顱貴。橫地浩茫茫，視天夢噎噎。庚戌居星坡，又爲敵所忌。健賊夜斬關，車夫痛斷臂。吾先及曉行，破浪已遠致。天幸何多逢，湘纍爾何恃。廿年亡海外，時時辦一死。遺囑繫衣帶，恒幹付僕婢。君危莫濟扶，母病歸難侍。憂國驚溺淵，思家軫病姊，祭先顧無後，望鄉歸無自。浮雲漫長空，飛揚惟爾企。頻繁嘆絕糧，質物盡簪珥。印度居絕域，交通艱郵寄。生兒大吉嶺，瘗兒亦於彼。小墳向中華，後顧無有嗣。囊餘十四錢，自分溝壑委。峩峩須彌雪，天半橫峻峙。望嶽歌采薇，金石吟擁鼻。英雄方時來，霸王自高視。丈夫慣餓死，傭保亦何恥。巉嶫鷄足山，伽耶塔尚巋。方塘十七龕，有齋挾女季。山道夜深行，白牛車緩弛。山僧挾二挺，防盜出與掎。危徑聞狼嗥，深林憂虎咥。驅馬哲孟雄，荒山行日四。徑仄路又滑，日黑驛未蒞。下臨萬丈澗，轟轟浪聲恣。林密杳無見，山暝行彌邃。前則憂虎豹，後則憂蛇虺。長嘯愁猩猿，一脚驚山鬼。同壁投我懷，揮刀捫壁卉。尺寸扶服行，一步汗惴惴。出林見星光，據石聽流駛。枯坐待天旦，篝火露垣垝。喜心乃翻倒，得生倒酒匜。在德遺目疾，延醫無藥餌。腹痛摩洛哥，不敢入郊鄙。洪濤渡西洋，巨浪泛其屣。吾道其非耶，曠野多虎兕。生嗟人道絶，死葬蠻夷殪。豈天降大任，拂亂苦心志。險阻與艱難，重耳久歷試。大地環三周，四洲足曾履，那岌日不落，北極看靉靆。游三十一國，行六十萬里。十九年於外，子卿已暮齒。竟逢唐虞禪，已知舜禹事，新室善詐符，曹社陰謀鬼。謬假共和名，只爲篡盜計。四海飲泉狂，九洲慘鼎沸，生民哀塗炭，百物盡更始。九關布虎豹，白日走魑魅。學校禁讀經，天孔廢禮祀。傞傞睹飛舞，攘攘爭權利。荃蕙化爲茅，芳橘變爲枳。神社與神帝，風晦泣壇壝。鬼妾與鬼馬，色悲供娛使。神州憂陸沉，須磨悲憔悴。龔勝辱頻徵，管寧卧不起。東海吹疊浪，風木哀陟屺。白首奔喪還，朝市久變置，重入黃浦江，若隔人間世。重望白雲山，毁龍難爲祭。重返銀河鄉，見塔若夢寢，重上澹如樓，摩挲七松翠。愴然化鶴歸，人民似非是。蕭蕭茂陵樹，風雨注荆杞。卧棘銅駝傷，人河金仙淚。舊俗既遷移，教化亦淪墜。大好舊家居，纖兒撞破碎。神器既折散，誰能造神器。我歸一不識，若異域人貴。閉門未暇論，無賢愚惡美。歐戰莽風雲，中江遽遷次。沁園艷池臺，書畫饒清閟。藏書廿萬卷，四百畫在笥。歐美亞珍物，博搜集瓌異。少文爲卧游，華胥夢酣肆。山谷芳杜若，牽蘿從園綺。漱松飲石泉，搴芳采蘭芷。歲晏孰華予，種菜猶附髀。巨君懷大欲，託名置金饋。翯然起巨波，洪憲圖帝制。吾時游西湖，看管幾囚繫。翩擧脱樊籠，懸賞猶密伺。吾本淡蕩人，魯連義不帝。發憤呼義徒，奔走易趙幟。碧海掣巨鯨，大力曳屓贔。蚩尤旗已滅，嘖室議尚㬢。五年三大亂，蟲沙可歔欷。君子爲猿鶴，小人爲螻蟻。四海嗟困窮，杼柚空筐篚。機樞已停轉，邦國無活理。中原試睨望，澄清待攬轡。蒲輪迎申公，洪範訪箕子。執政虛旁求，却曲未敢詣。崆峒多風雲，橫天射長彗。鯤鵬負九萬，千里假翼翅。披艱掃紫氛，太清澄翳滓。渺渺兮予懷，天乎胡此醉。補天猶未能，鍊石負恧愧。賢豪幾歷劫，蘭菊弋代遞。新者日以親，舊者日以徙。帝王與將相，親戚及友紀。山邱多零落，吾生觀何爲。古人多遭變，無如我所被。過眼煙雲中，收拾色空裏。維吾欃揆辰，五日月維二。大火赤流屋，子夜吾生始。戊戌亦流火，藍燄禍先悸。父老動色驚，奔走成怍異。書香再世延，吾祖賦詩慰。時秉欽州鐸，名余欽爲誌。摩頂受教告，趨庭訓垂鯉。康叔劉康公，未知所受氏，代傳青箱業，十三世爲士。十一齡能文，十二覽傳記。連州觀競渡，古詩二百字。耆宿驚傳誦，神童謬譽擬。長受九江學，大道嚌其胾。以聖爲可學，豪傑能仰跂。虹氣摩青蒼，長劍碧天倚，生性本淡泊，握卷窮日晷。幽幽雲洞奥，峩峩樵山峙。萬木下擁書，瀑流聽瀰瀰。故鄉銀河橋，故國七檜址。淡月篩葉影，落花滿衫履。金山望紅棉，花埭種茉莉。蓬館日游行，綠暗鬧紅醉。究極天下略，研窮諸教旨。著書遂等身，發真除糠粃。講學得英才，循陔奉甘旨。雖嘗竊科第，無情求祿仕。一生不入官，好游有癖嗜。樂豐草長林，行山顛水涘。松霞弄暉孌，花鳥獻天媚。漠沙山海巨，雄奇入目眦。造物妙文章，千紅更萬紫。吾既生其中，樂天受蕃祉。前哲竭心思，制禮樂工技，吾幸生其後，美樂略大備。合沓翕受之，濟衆用博施。

若生太平時，獨樂吾几几。豈肯預人國，歷險冒詆誹。無如哀民艱，又痛國事燬。猥以不忍心，百難遂集矣。亡身及其親，戮尸及先骴。三魂易斵喪，廿載歌瑣尾。臨崖足垂外，蹶墜下無底。仰涎見鱷魚，磨牙遇封豕。假能臨國强，身殉亦樂只。廻觀中國勢，墜淵日傾否。空自覆吾家，危身其餘幾。胡不爲燕雀，稻粱飽豢餼，胡爲慕巨鰲，戴山竟流徙。喪亂俗反譎，罝罘陷老侐。見人鮮佳妙，覩物博欣意。林泉送日月，豈不得樂愷。含旃復含旃，避世永斷棄。入山恐不深，友鹿衣荷芰。人外天海濶，逍遥無歆冀。斯人既吾與，同患應大庇。萬物皆一體，諸天並同氣。發願救疾苦，華嚴現彈指。中天俛雲雨，大旱待一溉。瓦礫與腥羶，不厭人世味。往返曾八千，來此偶現示。戮辱與謗攻，皆吾夙孽遺。于天固不怨，于人亦不懟。化人之煩惱，熱口亦何似。世界自無量，國土本蕞爾。陶輪曾一擲，天地爲傾阤。八表雖經營，僅若洽隣比，天宫遊汗漫，地獄入惻悱。豈敢憚患難，但發吾悲智。撚鬚白成絲，斷髮短以毦。觀河面還皺，嗟余其老矣。唯吾滿腔春，赤子心尚穉。假年百二十，吾志自强冀。形容日衰艾，浩氣日壯厲。縱浪大化中，不憂亦不喜。江海幾浩蕩，天人自游戲。

二月五日，六十初度，門人集滬祝嘏，徐勤携戊戌舟中與徐君勉書手蹟請跋。徐勤，號君勉，爲萬木草堂弟子，忠肝義膽，先君稱之爲烈丈夫。戊戌蒙難，故以家事相託。追思舊事，中心惻惻，爲作長文以跋之。

三月，游蘭亭，探禹穴，泛舟數十里，山水秀絶。左子異以左文襄少年像屬題。

五月，張勳擁宣統復辟，先君到京。主用虛君共和制，定中華帝國之名，開國民大會，而議憲法、除滿漢、合新書、去拜跪、免忌諱，各省疆吏概不更動。而張勳左右劉廷琛、萬繩栻等，頑固自專，排斥不用。先君正擬辭去南行，而兵事已起，乃避居美使館之美森院，高木幽陰，惟日以校書吟詠爲事。嗣聞馮國璋進京，以臨時大總統名義下令緝捕。先君以復辟事，馮國璋實爲主謀，乃於十六日電請一併到案候質。此電爲復辟重要文獻，其中經過委曲，可以大白於天下矣。原文如下：

華甫大總統鑒：頃承明令，以僕與胡嗣瑗等同謀造亂，而令有司嚴緝，盡法懲治，所以表彰僕舍命不渝以救中國者，僕且感且愧。雖然僕數年來，尚有同謀造亂之一人，未見明令嚴緝，令其人耿耿孤忠，不得暴白於天下，僕甚惜之。公自克復漢陽，而功不得竟，乃心皇室，日謀復辟，吾門人麥孺博、潘若海入公幕府以來，偕胡愔仲所日夕與公謀畫者，復辟也。孺博舍袁世凱教育總長而屈從公者，以公主復辟也。所與公日夕謀先倒袁者，以爲非倒袁，則復辟無自也。去年四月，僕以所著虛君共和各論寄公，承公欣納，面稱謹藏，未嘗示人。吾惟歐美人所力爭者，國爲公有而已。苟一君私有其土地人民而專制之，則必力爭之。故奧普革命，逐其君也，及革命立憲，開國會，國爲公有，則復迎立其君，奧新喪之動蘭諸士第二，及普之威廉第一是也。蓋所爭者國爲公有，即是共和。苟國爲公有，則立民主如司理，立君如大股東，是爲名譽經理，無足輕重，而力爭之也。故英克林威爾革命爲共和後，克林威爾死，迎立故主之子詹士第二爲君，而實無權，故歐人號英爲共和國也。今中國雖行民主，實則專制，名爲共和，不過少數人爭總統、總理、總長。既得總統，將改帝制，民又不服，爭亂而已。非有虛君如英、意、比者，令國本不亂，民由以安也。公既眷念故主，又深然虛君共和之說。至於去夏五月六日袁世凱死，公與紹軒二人同心，決行復辟，已調兵矣，信誓旦旦，公與諮議長胡嗣瑗日夕密謀者，復辟也。後雖以故而止，吾對紹軒不起。吾自主持復辟者，開國是報于上海，公助吾五千元，有感公意。及二月，公自京不得意而還，語諮議伍君某曰：府院不和，鬧至如此，實是無法，民主政權，誠不適於中國，今非行虛君共和不可矣。及督軍團事發生，曰：張紹軒粗人，豈能辦此。促吾速出山，謂吾及上海遺老出山，公卽相從云。又告沈瑜慶曰：吾清室之男爵，亦遺老也。吾出身秀才，猶勝於張紹軒之粗，而不解治體也。若南海與遺老出山，吾自從之。人言略同，必非沈瑜慶之誣公者也。故沈子培、王聘三諸公以公之言，秣馬脂車，北首燕路，牽率老夫，以至于此。實以公之言，並非以張紹軒速我之故也。張紹軒復辟時，專治兵而不及政，一切皆其左右劉廷琛、張鎭芳等主持，吾一切未得與聞。吾所擬之上諭，主照英制爲虛君共和，爲中華帝國，及其他除滿漢，免拜跪，去御諱，合用新舊曆，開國民大會以議憲法，召集國會等諭數十紙，皆不行。吾以改大清國，及大清門、大清銀行，爲尤不可，面與醇王及諸王公、世伯軒、陳弢庵言之，皆以爲然。諸王皆謂立憲則事事付於內閣，已公天下，何必用朝名，弢庵決議將吾草之上諭再發，且令門及銀行不改，而劉廷琛等堅持而行之。吾到京三日，擬卽不稅駕而行，惟僕謬忝人望，恐人謂僕亦行矣，則人心震動，事益難成，非與人共患難之道，故堅忍數日。不意各省督軍與張紹軒會議徐州，決行復辟，信誓旦旦，而忽背之也。紹軒提輕兵六千，深入京師，擧行復辟者，信諸公同心之故，不圖今皆改易面目，大聲疾呼，反稱討逆也。嗟乎！不過妬功爭權云耳。信義云亡，無事可言。孫毓筠所布告，字字皆實據也。夫舍身家生命于不顧而救中國者，謂之逆，名之賊，僕等則名之同謀，應予嚴緝，固應爾？夫中國以國爲公有而言立憲也，實創于僕戊戌所請。僕以英、奧、德之舊例，雖革命共和，亦可迎立舊君，而虛君共和以安中國，令國本不亂云爾，於我豈有賴焉！若袁世凱乃真背叛共和，躬自僭帝者，然身後禮以國葬，總統與百官服喪二十七日，而曹錕奬助袁帝，百戰蔡鍔者，復任爲直督，則何以稱焉？張鎮芳等洪憲舊臣，僕固恥與爲伍，未嘗與交一言，然昔罪止禁錮，今何重也？若段芝貴者，豈非亦助洪憲帝制而同謀作亂者乎？今何以與曹錕並爲討逆司令也？且吾嘗面周孝懷曰：段芝泉於復辟如何？孝懷曰：嘗面問之。段芝泉亦謂共和亂國，今非君主不可矣。但只可有君主之形式，而不可有君主之精神，則亦願行君主立憲矣。若徐菊人，則尤以復辟爲主，頻令陸宗輿告張紹帥，且與門人陳彝仲、章一山頻言之。蓋六年五亂，人心厭極，有同然也。僕戊戌以來，主持君主立憲，自辛亥以來，主持虛君共和，先後言之，未有改也。先墳掘、亡弟戮、家産沒，二十年來蒙難負罪，未嘗屈改而冀得一官職，爭一權利，上質天日，下告國民，僕之心在中國，拯生民耳。否則僕雖無似，亦不後於今之袞袞諸公，豈不能滑梯鋭進，與諸公爭一日雁鶩之食哉？但今人都無是非，只觀成敗，旦夕反覆，有同兒戲。朝對帝制，則爲臣僕；夕擁共和，則爭權利，此則僕愧未能，故重陷罪戮，再被抄沒，危身破家而不悔耳！惟既曰共和，政體宜公，刑法宜平。若同罪異罰，何以爲政？歐美之於訟也，只重證人，而不必據口供。

今公等主復辟之證人多矣。今姑舉一二人，公有沈次裳、胡嗣瑗；在段芝泉有周孝懷；在徐菊人之證人尤多：有周樹模、陸宗輿、章一山、陳彝仲，而曹錕、段芝貴去年助帝制，背共和，尤爲彰顯，豈能同罪異罰也。僕生平未嘗作誣詞，亦未嘗耽遊戲。上帝臨汝，萬目睽睽，四萬萬國民具瞻，苟有一語之誣，上帝神明，是罪是殛，絶我子孫。逆計公下此令時，内捫天良，必有難忍於心者。竊亦相諒，度公出不得已也。今川滇爭於西，浙亂於東，粵鬬於南，蒙古立於北，滇粵南方已不認假託命令之總理，聞戰德已決，則各省反對必多，勢將分裂。嗚乎！天下滔滔，何時能安？始不過數人爭總統總理以亂天下，既得總統，將稱帝制，幾何有分毫利國福民者哉？且就今四萬萬人中，任舉何人爲總統總理，殆無不爭。其高談擁護共和者，不過少數人戴假面具以欺國民耳。六年五亂，亦可推矣。苟中國長爲民主共和，則墨西哥九十年易五六十總統，今亦五將軍爭立，喪亂如麻之實禍，已見於中國矣。中國無孟禄義以保之，豈能待墨之九十年内爭，法之八十三年内亂乎？蓋先亡久矣。若天不亡中國，則必如僕説，改行英虚君共和制，而後能令國本安，不爭不亂，乃可言治，請懸之國門，以驗吾説之中否也。僕生命乖舛，頻被捕戮，戊己庚間，懸賞三十萬元，屢遣刺客，身經萬死。同罪之門人，今已變化高翔，僕又留供公等名捕。然僕之生死自有天命，與中國四萬萬人相關，非公等所能爲也。僕在清室自登第釋褐，未受一官，而遭拏戮掘墳之禍，其慘甚矣，何必復辟以犯顯戮？若今諸公在清朝，皆居將相，窮富極貴，受恩至深，而敢攻討皇室，以順爲逆，任意顛倒，欲以一勝之勢，隻手遮天，内有國民，外有百國，誠恐亦有所不能也。夫共和之義，所以美於專制者，以與衆國共之也，故法國國會明立王黨。孟子言用人，必曰國人皆曰賢；殺人必待國人皆曰可；否則左右諸大夫曰賢曰殺，皆未可也。今公等擅設法國斷首之臺，以行秦政專制之戮，而冒稱共和。試質吾四萬萬國民，若能公開國民大會，公決虛君共和與民主共和之是非，設大審院選聰明正直者，充當審判員，吾不待嚴緝，必自當投到候訊，以待盡法之懲治。凡公等同謀造亂之人，亦當一一投到候訊科罪，否亦應下令嚴緝，盡法懲治。蓋大總統被控，亦須赴案聽審，無得以一日大總統總理之故，恃符狡展也。今若沐猴而冠，妄下滑稽遊戲之令，塗飾天下耳目，既貽笑百國，且國民亦難盡欺也。雖然僕寧無罪哉？昔袁世凱敗於高麗而歸，遍謁朝士，皆惡而不齒之，吾獨愛其才氣，爲祓飾而卵翼之。小站之練兵也，吾實推轂焉。吾聞德人之譽小站兵也，不禁自以爲榮，蓋視如一家也。袁世凱藉以養成執兵權，以叛我賣我，假共和而盜國稱帝。公與段祺瑞及北軍諸將，皆生息於小站之中，由小校而至將帥，今養成兵權，飲水而不思源，數典而忘其祖，又敢假共和而名捕我。鴟食母而獍食父，乃方今之流行品，何尤於公！但深自責其比匪人而自作孽，以害於而家，凶于而國耳，此則僕負國之大罪，咎無可辭者乎？嗟夫！昔意大利擧國主共和，而嘉富則主君主立憲，而意卒成爲立憲國；昔普魯士擧國主共和，而畢士麥則主君主立憲，而普魯士卒以强。若嘉富、若畢士麥，豈非人傑哉？苟無世界之通識，昧百年之大計，而唯諾畏怯，猥隨羣旨，以自亂其國，僕豈肯出此？彼李烈鈞、方聲濤、張開儒、林虎等，專言共和，尚屬真心專一，惜其泥于民族，不知中外治術之源，而不知嘉富、畢士麥乃真能安國者。然所爲尚非虛僞者也。人皆議公爲圓滑不可捉摸。夫行歧道者不至，蹈二船者易溺。諸公若有憂國之心，應少緩爭權勢，勿徇共和之虛名，而求救國之實事，惟至誠者，乃能救中國，惟公圖之。

先君自丁巳五月八日北上起，至癸亥五月止，所作詩都曰美森院詩集，凡五十二首。

七月，門人張篁溪倡建袁督師崇煥廟於北京左安門内龍潭東湖岸。先君爲題廟額，並撰長聯廟記刻石於廟中，今爲北京名勝之一。

八月二十四日，聞徐侍郎致靖病逝，爲文祭之。徐公次子仁鏡，爲先君癸巳鄉舉同歲生，論齒爲年家子。先君戊戌來京，館於上斜街，爲門徒講春秋，公亦側坐肅聽，質問疑難如弟子。四月二十四日，公首上書請定國是。百日維新之盛，公實創之。及光緒幽囚，公以誤薦先君下獄。晚年卜居杭州，與先君過從甚密。張勳復辟，謂先君擯於弼德院，必不能展其鴻圖，勸先君先行，其卓識如此。孫衍高來乞銘，先君銘曰：鳳凰翙，朝野枯，周鼎棄，都邑墟，此爲中國維新元老徐侍郎之墓，百世敬之勿樵蘇。

十二月二十二日，美大使派人護送出京，返滬，仍住沁園。輯二十年政論，爲不幸而言中不聽則國亡一書。憶舊事，述世德，記孔子祀，又成康氏家廟碑文。不忍雜誌繼續出版，以九十兩期合刊一册。又著共和評議四卷。先君自言二十七歲著大同書，創議行大同者。兩年居美、墨、加，七遊法，九至德，五居瑞士，一遊葡，八遊英，頻遊意、比、丹、那各國；十六年於外，考政治爲其專業，所謂共和於中國宜否，其得失關中國存亡至重，仿吕氏、淮南之例，有能破其論文一篇者，酬以千元。

冬遊青島、大連、旅順。

康氏家廟碑

吾康得氏自周叔，或云自劉康公。然晉書稱雍穆父子出康居，遠莫定也。始祖建元，當宋末自南雄珠璣里，遷南海縣銀塘鄉，又名蘇村。七世前，譜佚。八世祖汝堅生惟卿、惟相。惟卿生敬山，敬山生朝遠，朝遠生省予，省予生泰秀。省予、泰秀二祖皆能文，壽皆七十，始述族譜。時族人垂百，遘明季亂亡殆盡。泰秀生涵滄，以一人延宗，博學工文，善詩駢體，佐幕河南，游京師，歸結樓敦仁里。吾少猶及居之，今圮矣，實吾宗創業傳緒之祖。子從聖生世堯，蕭曠慕邵堯夫，善詩文。生元猷，樸篤，號「白鬚公」。累世壽皆七八十，爲儒爲吏。元猷生文燿、臺燿、英燿。孫德修，把總；曾孫達本，守備，勇于戰，同治元年死於嘉應州。德修贈守備，恩騎尉；達本贈都司，雲騎尉。子達朝襲爵騎尉，子有璋襲達本。兄達昆，龍巖銅山守備，參戰閩、粵有功。

文燿吾高祖也，諱煇，號炳堂，嘉慶甲子科欽賜舉人。同邑馮提學成修傳陸稼書先生之學，欽州馮魚山編修敏昌，以詩文詞學鳴，並傳於粵。公翕然受之教，弟子著錄千人，爲嶺南大師。闇修躬行，非禮不履，詳南海縣志官師傳。公壽八十，門人醵金，將演劇祝，公改以營惟卿祖祠，用土築，門左鼓亭，前圍以牆，令後世子孫勿易，此實營祠之始也。同治時，曾孫知縣達善、達遷修之，易以磚。吾宗以孝弟禮學昌，自公始。蘇村有炳堂家塾，象崗有公廟。公生瑞圃、華生、雲衢，咸孝友守家法。瑞圃才以商富，生慎修、懿修、國器（以芳）、遜修。慎修能文，以諸生爲邑耆宿，與吴中丞榮光友。懿修字種芝，又名國熹，雄才博學。咸豐紅巾亂，布衣夜屠牛，募壯士，創「同人團練局」，平南海、三水、高明、高要四縣賊，爲豪强誣下獄，四縣父老萬人，匍匐巡按署救之，今祀於竹逕墟景賢祠，詳縣志。公雄才大略，以諸葛自命，左文襄聞其才奇特超羣，特大用之，未赴而卒，以平藍山功，贈鑾儀衞經歷。公博羣書，尤深史學及兵，能詩文，所著六太居士稾，其才氣天授，而不竟其功，若得時而駕，當與胡左驂靳矣。晚治鄉局嚴，賭盜絶跡，勸學講文，崇禮讓，風化肅然。三十六鄉思遺愛，祀於竹逕墟景賢祠，詳縣志。中國自治自公始，咸以爲田春儔也。藏書萬卷，爲童冠涉獵，得博羣籍，賴公書。

國器字友之，由桂源巡檢，募兵拒賊，咸同間轉戰江浙閩粵，以粵勇萬人，百戰克名城十餘，射殺其名王汪海洋於嘉應，兵事終焉。公讓功於鄉軍及將士，左相宗棠督師，亟稱其謙讓焉。官至廣西巡撫，晚歸築大宗祠，瑞圃公家廟、七檜園、澹如樓、紅蝠臺，皆用雲衢公地，臨水架橋甚敞勝，吾少讀書其中也。鄉路泥濘，盡舖以石，又於象臺鄉築家廟，買祭田祀炳堂祖，吾宗光大自公爲之。子熊飛字少岳，浙江補用道，强勇「巴圖魯」，驍勇善戰，與並時名將鮑超善相頡頏。左相宗棠稱其才氣雙全，許爲督撫之器，文書畫妙絶，年卅二卒。不竟其才用，咸惜之！

慎修生達聰，字虞門，純直孤介，老儒教於鄉，能文工書，鈔書百卷。次達行，又名朝棟，字天民，福建候補知府，倜儻宏遠，不治家産，詩文卓越，累試不第，從中丞公戎幕。既乃從左文襄征新疆，南定臺灣，以瘴卒。子有猷，千總，孫同富，廕州判，並亢直壯武，不幸死於水火。女拾翠，亦不幸適非人，遂殞。次達喜，字吉堂，福建候補縣。早從軍久吏，爲師爲卒，爲魚販，煦煦爲物，多才藝，而金皆以奉母，卒負母㬩暄，至孝也。達聰生有譽、慶、功、儀、濟。譽、慶、功，皆孝悌温良。濟又名治華，生員。儀出繼熊飛，生同和。

懿修生達材、達節、達騰、達讓、達用，才武治兵。達節字竹蓀，試府學第一，爲生員，候選訓導。工詩善畫，有詩集，早役贛閩。生有霖、有愷。有霖生員，候選訓導。工詩，有自怡堂集，蕭散似太白。生同勤、恕、惠。同惠才莞墨西哥銀行，遘墨西哥革命慘死。達騰又名鴻，坦直有勇略，從馮子材定安南，宏厚得士心，久官瓊，至龍門副將。達用子有勇，主簿，才氣猛厲。達讓繼國器，蔭知州，澹泊不宦，博學高識，論議精奇，詩古文亦警闢，以樂生無求爲旨，似韓非楊朱也。

華生生灝修。灝修生達兼、達孚、達邦。達兼，浙江知縣，才練兼勤，戰浙、閩、粵有功。老歸躬耕，胝足田中，拇指猶帶五環也。中丞公既不私子弟，於是有幹局節操者，亦屈下吏。子有信，廣西巡檢；次有恪。達孚生有侃，千總。達邦生有儉，守備，勇樸；次有松。

雲衢諱式鵬，吾曾祖也，守劉蕺山人譜、陳榕門五種遺規而篤行之。其與人惠，其仁親厚，人咸敬畏，遂以垂袁柳家範，爲西樵稱。生學修、道修、自修、贊修，皆孝慈温良而壽。學修壽八十。有大家富盛而不分，子孫繁而兄弟妯娌睦。蓋雲衢祖承炳堂祖累世躬行積德爲之，今不之衰也。喪德不學，適相反也，可不鑑歟！

學修候選知府。生達天、達泉、達燧、達智。達泉、達燧，並從戎得官。達智，守備。達天生有鉅，潮州守備，有膽略而孝；有彬，中唐區長；次有熙、桓、椿、翰、賡、甲。達智子有柏、有漢。

道修字敬之，高行而篤學，與徵君徐臺州、臺英爲石交，佐其治耒陽，有循聲。生達藻、達棻；達棻字彛仲，生員，候選教諭，孝悌温良，能文工畫牡丹，有「康牡丹」之名。次達琛生有杞，其時吾鄉被盜，杞竭二晝夜力不寐，卒偕警吏擒盜，獲所盜物，惜未冠而卒。次達夔，善醫。

自修生達爵，字尚朝，廣西西林縣知縣，西隆、永安州知州。孝恭清直，罷歸灌園，藝花數畝。貧甚，未嘗一語家人產，卒時僅餘銀一枚，古之廉吏，豈有加諸！生有煌，純孝；次有坤、有楷，明慧皆早卒；遺腹子有田，有田子同亮。

贊修諱以乾，字述之，吾祖也。廩生，中道光丙午舉人，欽州學正，歷合浦、靈山、連州訓導。粹德至行，篤守程朱，誨人不倦，欽州祀之賓興館。水死於連州，祀於昭忠祠，贈教諭，年七十一。嘗與伯兄學修，建雲衢祖祠於象臺鄉，買祭田焉。

先考達初，字仲謀，號少農，又名致祥。孝友而才辨，受學於先師朱九江先生次琦。既而從軍閩中，治羽檄，贊謀畫，爲江西知縣，年卅八卒。仲父達遷，字介藩，廉介有威，弱冠統兵數千藍山，既而入知縣，從馮提督子材入安南定亂。叔父達守，字玉如，通諸史，靜退止足。時以中丞公貴盛，吾門或從戎仕宦，朱紫盈門，公得通判，不仕而營實業，不求人，謂人當獨立，不可倚門第以徼官，且不支求差，困苦無恥，非人狀，蓋得老學。生有銘，廉靜知足，有父風，欲薦爲令，不受。次有霈，有才明練，久遊美，任「憲政黨」事，廣東財政廳徵爲秘書，不就。吾弟有溥，字廣仁，號幼博。嘗爲吏於杭，棄去，以主事候選。創「不纏足會」、「醫會」於滬，六省士夫歸之。又創「女學」。治才嚴密，神鋒峻明，橫掃一時。從吾變法，封策商榷多弟力，竟蒙戊戌八月之難，戮於柴市，世稱烈士。

有爲，光緒癸巳舉人，乙未進士，工部虞衡司主事，總理各國事務衙門章京，督辦官報，專摺奏事。受德宗皇帝特達之知，毗贊維新，大變法百日，諫行言聽，以惠生民，而救中國。那拉后信讒廢德宗，德宗密詔爲籌救，與徐世昌讀詔同泣，吾誤遠召袁世凱留救。既又密詔促行云：「他日更效馳驅，重建大業。」乃留廣仁與譚嗣同救上，遂行。於是寃獄大興，誣爲進紅丸弑上，斷鐵路，閉城大索，調兵三千，又大搜津沽及滬，電天下逮捕，英人救以兵艦，亡海外，遂捕家屬，没産業，掘先塋，封及先廟，閲十四年方解禁，則朝市易矣。越癸丑，先妣勞太夫人卒。乃自日本歸國葬母。還鄉，歷萬死一生，乃得謁先廟，蓋不奉祠者十八年矣。今夏以復辟故，甫被逮捕，避美使館，蒙難幽憂，慮不測，既無補於宗人，且上累先廟，乃追舊事，遂記世德，以貽後裔，永毋忘也。

孔子二千四百六十八年丁巳冬十月，賜進士出身、誥授光禄大夫、頭品頂戴、弼德院副院長、廿一世孫康有爲撰並書。

民國七年戊午（一九一八年）先君六十一歲。

「六月，門人龍伯純來謁，携戊戌八月在吴淞口外登英艦後，擬投海自殺時致同門弟子絶筆真蹟求跋。適游杭未見，録稿留庽。及返，爲長跋數千言，述生平所學所志，及其脱險經過。八月，在廬山黄龍寺重覩原稿，復爲加跋，謂此二十年中經庚子、辛亥南北之變亂，朝市多更，大官豪富死者如麻，而故舊亦鮮存者，今老夫尚能曳杖看山，與五老周旋，既感慨亦自憙也。此書自戊戌後流落人間，而爲再傳弟子江天鐸於無意中得之日本橫濱書肆中，得失遇合之奇，有足異者，是蓋佛法所謂因緣者歟。

民國八年己未（一九一九年）先君六十二歲。

三月，先君所著大同書，原有甲乙丙丁戊己庚辛壬癸十部。甲乙二部已由不忍雜誌陸續登載，今於雜誌中取而印之，合爲一册，在滬出版，餘則尚待。大同書題詞如左：

千界皆煩惱，吾來偶現身。獄囚哀濁世，飢溺爲斯人。諸聖皆良藥，蒼天太不神。萬年無進化，大地會沉淪。

人道只求樂，天心惟有仁。先除諸苦法，漸見太平春。一一生花界，人人現佛身。大同猶有道，吾欲渡生民。

廿年抱宏願，卅卷告成書。衆病如其已，吾言亦可除。人天緣已矣，輪刼轉空虛。懸記千秋事，醫王亦有初。

七月，先君以歐戰時日本占領青島，電請犬養木堂，轉達日本內閣撤兵交還。文曰：

木堂先生執事：違離久矣！雖滄海隔越，國土殊異，然僑札之交，夙期相契，通夢交魂，推襟送抱，未嘗不在執事也。每因東風問訊，輿居備承康吉。僕廿七歲作大同書，蓋憂人民之艱，哀衆生之苦。大地有一人之飢溺，吾實恥之；衆生有一物之不度，予任其罪。思欲合大地爲一家，置生民於衽席。故思剷國界以致大同，力除諸苦以求極樂。撰成書後，於今卅五年矣。不意國際同盟，鄙人竟獲躬親見之。自歐戰後，大地之事勢大變，雖諸國未平等，國際同盟惟强者馬首是瞻，必不能卽見大同之盛，而公理漸明，强權漸抑，忌一國之獨强，畏大戰之慘禍，則同盟大勢必可粗定，可預決也。他日或更釀一戰而後大同告成，然此戰必非吾東亞，或者非國戰矣。吾非不能以社會主義推翻今世，以時未可也。若妄發之，徒苦吾人。故吾之大同書以未至其時，亦不宣佈。惟昔在湯河，同浴温泉，曾以大同書就正於執事，執事以爲自有東亞數千年以來，未曾有此書也。非執事之遠識，孰能賞心及此？此乃僅言大地内之書耳。僕尚有諸天一書，尤爲非非之想，以視區區地球，藐爾不及滄海之一滴，不及山岳之一塵也。其俛視諸國之競争，猶蝸角之互觸互鬬也。猶以今日而視俾斯麥、毛奇，强國拓土之功何在哉？夫昔當俄帝尼古拉之加冕也，萬國奔走，及德帝威廉第二之稱覇也，百國震懾。此僕與君同時所熟於耳目者也，而今則烟銷灰滅，國亡家破，身或危亡。昔者道遇德人神氣王長，何其驕也，而今何如哉？此皆强權覇國已然之跡也。三十年來，俛視忽忽，曾幾何時，變化至此。嗟乎！使國際同盟不成則已，使國際同盟稍有成也，斷不能以一强國獨占鄰封，若能占之，必出於戰勝各國而後可也。昔吾春秋之争鄭虎牢也，晉楚争覇，迭戰互勝而迭據之，德法之争來因，可爲前車矣。今之山東青島，猶春秋鄭虎牢，德法之來因河也。貴國之得青島，與濟順、高徐諸路，是横截中國之腹，則中國可斷而亡，中國人所必不能忍受者也。中國以共和故，内亂日滋，雖不忍，而我無財無兵，爲之奈何，安得不忍？夫以貴國之强，若在歐戰期内吞併之，上援兼弱攻昧取亂侮亡之義，下因賣國黨徒之順，中乘内争狂走之勢，亦安見其不可也。惟今歐戰已畢，東西諸鄰，虎視眈眈，專注貴國之舉動，美艦雲集伺機而發，以監視山東青島之事，雖有賣國之徒，內爭之劇，亦不能得志矣。夫以德國一跌，國民衰弊，生氣盡絶若此。貴國兵力之强弱，人才之多寡，物質之豐富，比德國若何？此不待較計也。若至近隔海之鄰，其財富之羸虛，物力之多寡，與貴國較，若何也。彼與貴國利害相關，咄咄迫視，萬不能令貴國獨肆欲於東亞，又不待籌策也。今大地之勢，三尺之童，負床之孫，皆能知之。豈況貴國之羣賢士大夫乎？其必洞識情勢，明辨得失，又不待僕言也。然近者乃以山東青島之故，吾兩同文同種之邦，交生大憾焉。貴國於巴黎大會雖得成功，然見疑於列强，激忿於敝國，所失多矣。鄙人坐視旁觀，戚戚傷懷，不能少有所補助，竊爲痛心者久之。內閣之原總理山本君，吾舊交也；床次君吾聞聲相知也；皆高才達識，必有良策以解之，憾至今尚未見之也。想必能鑒强德之覆轍，戒西鄰之責言，翩然改圖，親結善鄰，力踐誓言，昭昭百國。萬一貴國士夫因緣舊俗，挾持强力，尚行軍國之義，懷侵掠拓土之心，不忘山東青島之小利，恐成德國之大禍。則舊遊三島，久居須磨之客，拳拳故情，愛櫻花而甚憂之，不忍視其櫻花之有摧殘也。今山東青島之必不能强吞下咽，事勢至明。食之不下，棄之不忍，遲疑徘徊，爲庸人之行，致啓西鄰之忌，而釀敝國之怨，甚非策也。且歸還青島，貴國早有誓言，背誓不祥，失信不義，個人不可，何況國乎？若待列强翻然正詞責問而後歸還，亦少味矣。智者見事於未萌，才者審勢而善迎，從大事者貴當機立斷，發信誓者貴力踐而勿失。吾與子亞洲同文國也。春秋交鄰，舊有善法，不必引歐例也。昔齊桓歸汶田以示親；晉文捨原隰以示信；貴政府若願加惠敝國，永結同好，則無所利吾土也，在大隈侯、加藤伯早有誓言。爲今之計，莫如慨然以山東青島歸還，用昭大信。凡德國舊約一概置之，撤駐兵、還鐵路，乃至袁世凱之二十一條，及近者段祺瑞之軍事協定，與及徐世昌之順濟、高徐之路約，皆折約券，焚盟書，不索條件，盡還於我，則吾四萬萬人歡喜踴躍，莫不稽首咸戴大德，永紉善鄰，將以二萬萬之廣土衆民，供貴國之商場，所以爲報，似更厚也。歐美諸强，亦必歡心寫誠與貴國攜手，無貳無虞，以交和親，以進大同，貴政府既安外交，然後以易安內變，爲貴國計，莫善於此。僕與君皆地球人也，非獨一國人也。府視東亞，哀我生民，願效顓愚，伏維垂察。

十月，移葬勞太夫人及弟幼博遺體於江蘇金壇縣茅山積金峯下之青龍山。

是時，章行嚴（士釗）先生卜居上海新閘路，過從甚密。行嚴中年作書，效先君體。先君爲書「康齋」兩字奉貽，行嚴嘗爲同門張篁溪題所著萬木堂始末記。有詩云：

謬許文章謂後塵，暮年心迹兀相親。荒齋瑟瑟題名大，古木森森舊事真。未業師承仍弟畜，初知緯識入經倫。無窮氣誼存天壤，取證山門記蒯人。

民國九年庚申（一九二〇年）先君六十三歲。

三月，赴浙江紹興訪蘭亭，遊柯岩，探禹穴，登紹興城中虎山，弔越王勾踐棲甲士處，望城郭山河甚壯，自古爲雄郡，惜改爲縣矣。

是月，上海遊存廬落成，有賦詩曰：

絶域投荒十六年，回看漢月百餘圓。欲歸香港猶未得，望斷中華只黯然。出入玉門寧自料，坐看灰刼笑憂先。人民城郭都如故，華屋山邱惟問天。

四月，雲君海秋藏有翁文恭公手書易林，共七十一頁，先君借觀，並書其後曰：

翁公寫時爲戊戌庚子，正當免職編管，乘輿西狩，大禍彌天，敵騎偏京兆，九廟震驚之時也。文王囚羑里而演易，故孔子曰：作易者，其亦憂患乎？公之寫易林也，文王蒙難之意，憂患之所託耶？此七十頁中，莊嚴奇偉，高逸妙麗，珊瑚碧樹交枝柯，鸞翔鳳翥衆仙下，奄有漢碑之長，豈後世所可擬？公以薦吾，故下詔偏管見殺，吾累公以大難。自戊戌四月送公行，遂與公永訣，音容既不接，公與吾之書札亦抄沒無存，瞻此巨册，又復悲從中來矣。

民國十年辛酉（一九二一年）先君六十四歲。

正月，先君自辛酉元日起，至絶筆止。所作詩都曰遊存廬詩集，凡一百四十九首。

夏，人天廬成，園在杭州西湖一天山丁家居山下，故俗名丁家山。今丁家人盡矣，故復名一天山園，地購於丙辰、丁巳年間，凡三十餘畝，至庚申春夏始築屋亭道路。先君著有一天園記，及詠景詩十首，茲録其二：

一天山頂作高臺，呼吸參寥雲四開。三面山環三面水，萬枝松擁萬枝梅。吐吞日月南亭下，起滑烟嵐東海來。腹坦西湖抗萬户，老夫登望亦悠哉。

天上人間七往還，而今遊戲在人間。民生同患何忍去，木石與居猶自頑。茅山槿籬盤磴道，茂林修竹抗崇山。結廬人境心仍遠，呼吸通天開九關。

十一月，朱彊邨先生校録麥孺博、潘若海兩君所遺詩詞，請序。先君曰：

吾聞之沈子培曰，以所見人才，能冠一國，莫如吾之門生麥孺博，潘若海也。吾聞而適適驚。昔講學萬木草堂，陳千秋、曹泰，高材博學，冠絶一時，不幸短命死矣。及戊戌從吾變法，則有譚嗣同、林旭兩生，皆以奇才戮死矣。越歲，唐才常又以奇才弘學舉兵漢口，蒙難死矣。越數年，三水何樹齡，道通天人，無言而死矣。今孺博、若海又先後長往矣。昔袁世凱之將帝，兩召孺博相見，且授以教育總長，孺博拂衣而不見，然乃俯首與若海入江督馮國璋幕，相與謀倒袁，以爲非西南無敢起兵者。若海既遊説桂督陸榮廷，訂舉兵之約，復爲馮國璋電約滇中蔡鍔舉兵，滇桂遂舉兵，若海爲袁嚴捕，走香港，嘔血死於吾家。孺博則以乙卯怒袁稱帝而先氣絶死。嗟乎才難！既有其人，又復凋之，傷心人兮，將如之何！孺博於詞章緜麗沉鬱，少與梁啓超齊名。若海詞本多，今此區區散在人間，亦泰山之毫芒耳。因題曰粤二生詩詞集，並述其經過如此。

民國十一年壬戌(一九二二年)先君六十五歲。

一月十四日夜，先君自滬來杭，道過戲園，有告以今夕演光緒痛史者，下車觀之，適扮演出場戲，成十六絶，兹録其四：

君臣魚水庶明良，戊戌維新事可傷。廿五年來忘舊夢，無端傀儡又登場。

事無成敗過雲烟，劇裏君臣歎逝川。歎息諸人皆拱木，天遺一老吾生全。

吕布無知爲反覆，柬之虎範奈無人。本初告變成圖篡，洪憲從生種種因。

八國聯軍砲震京，蒙塵又唱雨淋鈴。傷心最是景陽井，南内迴鑾對月明。

五月九日，由曲阜至泰山，居斗母宫，對面盤龍山置地十一畝，有老柏八十五株，下爲澗流，坐柏下終日聞泉聲，甚樂，將營室焉。二十一日，張夫人卒，春秋六十有八，卒前尚觀劇，夜半忽坐化而終，悠然來去，豈所謂解脱者耶？先母，係外舅玉樵先生女，長先君三歲，玉樵先生愛先君少慧而定婚。來歸後，事勞太夫人至孝，終日勤勤，無少暇。及戊戌蒙難，先母得滬電告，變起倉卒，移家舟中，而緹騎已圍園宅，藏書三百篋，及古器百物俱没，僅以身免。先叔幼博被戮，密運骸骨，停厝澳門山寺，香火不絶，皆先母一人經營之力也。那拉氏以五十萬金，購先君頭，日本大隈侯接至扶桑，走南洋，避地印度，刺客載途，一夕數驚。迨榮禄死，先君始歸港。甲辰再遠歐美，至己酉倦歸，先母到檳榔嶼相見。自蒙難至是十二年，乃始有家庭園林之樂。討袁之役，同門徐勤收粤艦攻龍濟光，先母以港屋質二萬金助餉，俾平大亂。所遇皆天地晦冥，暴風亂雨，艱難險阻，哀痛憂苦，爲人生難堪之境，而先母皆以鎮静出之若無事。然先君一生事業，得内助居多。七月十日，卜葬於金壇縣茅山元祚村之原。先君執佛送喪，悉如古禮，並銘其墓曰：茅山之雲，仙靈所存，與子共患難，今已樂子之魂，救國無成，康家不寧，鬱此佳城，永以妥子之靈。

六月，湖南省長趙恒惕倡聯省自治，徵詢先君意見，覆電斥之。文曰：

承電詢單一邦與聯邦自治事，想見虚懷好問之雅。猥以悼亡，喪事孔殷，闕然久不報爲罪，敢竭其愚，惟垂察焉。竊以政治之道至爲深遠，宜通終而知其敝，不能見小利而敗其成。春秋言大一統，孟子言定於一，故中國千年來，皆以統一立國，生民賴以安，文明賴以起，土地賴以廓，種族賴以繁，實爲長治久安之至理，無能易之。試考三代與漢、唐、宋、明、清之政，較於周末之戰國，漢末之三國，晉後之十六國，五代之十國，其爲治亂盛衰得失何如乎？生民之安危苦樂文野何若乎？不待智者而審之也。蓋分裂則必爭而大亂，統一則必治而修明，物之理也，人道所不能外者也。徧考萬國歷史，莫不皆然。古遠勿論，以至近言之，一、昔義大利之文明，分爲十一國而弱；瑪志尼合十一國爲一，然後强。德、奧舊爲歐洲統一之覇國，既爲多國，則爲法弱，拿破崙爲德增置巴威薩、遊滑頓伯諸小主國，而益弱之。俾斯麥收合二十五邦而爲德國，則復覇。日本舊封建八十餘國，故弱，統一而變法，故强，此至易見者也。二、昔印度豈非萬里之大國，三萬萬之衆民哉？徒以憤蒙古帝而革命成，遂成數十國而統一散。兄弟鬩牆，日尋干戈，鷸蚌相持，漁人得利，於是印度遂以亡國。昔吾游印時，英印度總督以時大朝會諸印度王而招吾茶會也，陳兵萬數，旌旗拂雲，百僚陪位，設高座如帝者，寶座前几陳虎皮，後衞列棨戟，總督南面坐焉。次第引印王北面鞠躬朝，矢誓忠英，乃賜小糖果一枚、小銀錢一枚，印王鞠躬拱手捧謝而退，此乃有國世襲之君也。若吾總統督軍，則尚未得此小糖果、小銀錢也。總督朝散，乃退而與吾握手談，吾旁觀悚息嘆，恐吾國之或類是也。夫波斯地不過六十萬里，人民不過千萬，然至今存者，以內不革命，而國不分裂故也。印度地倍於波斯，人口且三十倍之，然亡國百餘年矣！可不鑒歟？三、英之滅緬甸也，五日而擧之；日本之滅高麗；法之滅安南也，僅費一檄，以其小也。吾國之苟存性命者，以廣士衆民之故，若分削爲省，則如東西越然，滅之至易矣。故華盛頓竭七年之力破英，尚易；佛蘭詩令等費八年之力，乃聯合十二洲而定統一，更難。若瑞士則本爲二十二小邦，以拒奧乃聯合而爲一；德本爲二十五邦，以破法合而爲一，此皆所謂聯邦國也。其立國皆經數百年，國體國俗皆以久成，皆以禦外侮而後聯之。如今戰德之協約國然；如今國際大會之各國然。或有一強者，則如春秋晉、楚之争覇泗上，十二諸侯則屬於齊、晉。或擧一長如瑞、美，要皆以分立久遠之邦而聯之也。如我國各省之事實，則適與瑞、德、美大相反也。四、夫聯邦制，創於瑞士，盛於美國。吾國人只知美之富盛，而慕效之。吾國人寡至印度，不知印度之所以亡，而不戒也。今中外所期者，統一也。乃日言聯省自治，以實行分國互争，是之楚而北行，鞭馬疾馳而相去之遠也，何其反哉？且美之聯邦自治也，在十八世紀，當西十五六世紀，英舊教焚逐新教，教徒避舊教之焚逐而走之美，墾土立邦，合開國之始，美爲十三邦久矣。進而以美國言之，美之美政，在其華盛頓都府，人才既盛，財力尤豐，紐約、波士頓、費鰲地費三處之大家舊俗，好名譽而宏志願，故能操黨權而成美政。若各聯邦之自治，則黑闇貪暴與他國同，但覽勃拉斯之平民政治一書，而斑斑可見也。以美之盛治猶如此，況吾國今日法守墜地，廉恥喪亡之時乎？古人言，利不百不興，害不十不除。舍吾國數千年統一之善，而反學美洲争亂之制，未見其利，先見其害，是退化非進化也。吾國自漢後二千年，皆以統一立國，所謂省者，昔之州郡道所管，英譯「巴分士」，義爲國内之行政區也。美人所謂邦者，英譯「言士迭」，義爲各獨立也。邦與省相反也，若以遼東與西南各省，不受中央政令，勢同獨立，已成事實，此但年月間事耳。蓋殆皆由軍閥割據自分之，然人民心理，莫不厭軍閥之分争，而日望統一也。豈能以瑞、德、美數百年立國比之乎？既曰民國，以民爲主，民所不從，豈爲事實？即抗中央爲獨立，亦只如唐之藩鎮耳。藩鎮雖跋扈殊於州郡，然比於邦尚逈異也。此尚空文也。今瑞士、美、德之聯邦爲中央權力所吸，名雖爲邦，除德之巴威外，實已漸進爲省。故夫瑞、美、德之聯邦，由分而合。吾之聯省，乃由合而分。由分而合，則强而日治；由合而分，則弱而争亂，自然之勢，必不能免也。而吾乃力行其反，由省退而爲邦何？吾國之政客志士，與俾士麥、華盛頓、瑪志尼相反之甚也。書曰：與治同道罔不興；與亂同道罔不亡。今吾國之政客志士所策畫，乃與治道反與亂道同，豈不危哉？今政府解紐，諸公明欲由一統而分立，則事實與瑞、德、美背馳矣。尚欲勉强爲之憲法，曰一面自治，一面統一，試問似此統一爲何政體乎？能比柏林、華盛頓之政府乎？得無大權盡削，號令不行，同於無政府乎？今吾國本自統一，而議者必力争解剖强分之，然後乃從而聯之，以望統一。姑無論既分之後統一至難也。六朝分三百年，三代、五代亦歷七八十年之亂，争而合，即統一有望，何其相反也。沙立曼分其德國與三子，遂永爲德、法、意三國，德亦自分爲數百，萬千年而後合。至今德、法之争，尚蒙沙立曼分封其子之延禍，及地球大戰，死人千萬，分裂之禍之烈，至於此也。他日吾内争既甚，牽動各國，或共管或瓜分，展轉引出大兵禍，實難思議。且美自華盛頓統一後，垂數百年不設一兵，林肯後全國僅一萬兵，麥堅尼始增爲六萬，羅士福乃增爲八萬，誠以地界兩海，而林肯之前後無飛船、汽車、潛水艇、大砲艦以相侵也。試問吾國之地與今時，能如美國不設一兵乎？即能裁止數萬乎？各省悍將强藩，根株甚深，當此大亂，兵争之世，而高標聯省自治之文，必至分省互攻互亂而後已。今美洲中南各國，皆師美之制者，自阿根廷、巴西、智利外，其餘各國之内，諸省莫不自亂互攻。墨西哥久行聯省自治者也，自辛亥革命内亂互争，至今未止，其明效也。昔庚子之秋九月，吾居南洋之檳榔嶼，門人梁啓超自日本來見，謂中國太大，宜每省自立，分爲十八國乃易治。吾聞而適適然驚，謂何處得此亡國之言，乃大詰之曰：英之滅緬甸，五日而舉之，日滅高麗在一檄，此何以故？爲其小耳。吾國所以未亡者，爲國土廣大之故，若分爲十八國，則高麗、緬甸之比，滅之至易。啓超乃服曰：吾每離先生，自抽新思，及見先生，則爲先生所屈矣。越歲辛丑，日人井上雅二來見，謂伊藤欲割分中國，則便宜歐人，大隈欲助中國，則中國强，亦何利焉？吾同文黨之策，欲分中國十八省爲十八國，而與日本爲聯邦，舉日本爲普魯士耳。噫！是誠併吞中國之妙策也。於日本爲大利，而於中國爲大害，人人易辨之。誠不意邪説離奇，謬種流傳，竟實行於今日也。夫以中國明達之政客，而奉日本分亡中國之良策，日爲傳播，力爲實施。今南方諸省，已實見分立矣。日人旁睨大笑之，哂中國之奇愚可賣矣。不審中國人自思之爲如何也。夫於青島山東之一隅，則深知痛惡拒日人而力争之，至於全中國，先自豆剖瓜分，以供日本他日不費一兵而來食，則甘爲日人效死力焉。其爲愚智何如也？朱雲曰：凡舉事無使爲親厚者所痛，而爲仇讎者所快。今公等發此論，真令國人所痛，而敵人所快而已。夫以今北政府之無力失政，誰不憤歎？然今號稱英、法、德、日、美、意之强者，豈非以倫敦、巴黎、羅馬、柏林、華盛頓、東京之赫然政府哉？政治出於是，文明盛於是，吾若憤恨太過，並統一之政府而棄之，則是因噎而廢食也，同歸於餓死耳。蓋省地太大，比於歐國，易成分裂，故聯省萬萬不可也。若舍聯省而但言自治，豈非至要哉。吾三十年前爲中國人最先創言者，其文附存於吾所撰官制考，刻布卅年矣。吾國土太大，萬不能以一政府合大小而兼統之，是故田野不治，實業不興。在全歐各國，雖皆行自治，但只今縣邑行之。法國者，共和最先進國也。其八十六州豈有聯省自治，各定憲法之政體乎？以吾國今日情狀，只可師法國，而不能師美國也。劃地最大者，亦只可行府自治，不可行省自治也。大概國政宜隸於京師政府，民政宜隸於府縣自治，劃分各權，由國民大會酌定府縣自治法而推行之。大舉其要，細發其繁，則兩不相失矣。頃者粵軍之攻桂，武鳴百里之男女老少，屠之皆盡，潯州百里亦然；段祺瑞兵之攻湖南也，醴陵、攸縣民靡孑遺，此皆同胞，非仇讎也。然與所聞嘉定三屠，揚州十日，或有過之，至今兩粵人民猶相惡，而不相容也。此豈盡將帥之不仁，蓋兩軍相當，積忿既久，則遂無所不至也。且豈止省不能聯，省亦內爭。今川分爲五，而劉湘與熊克武爭；陝中則陳樹藩與張鈁、于右任爭；湖南亦且分爲三四，陳嘉佑明獨立矣；粵西分爲十數，有省長七人；福建亦分爲三四。何省之云，何聯之云，何自治之云，只欲增兵增督，豈有分立而能裁督乎？誠如吳子玉所云，增無數小皇帝而已。故分之一字，不可妄言。鄉曲各姓同居親疏等也，若一殊異其鄉，則兩鄉互鬭，而一鄉各姓必連帶舉兵，雖敵鄉爲至親，亦不能不相殺，故往往有婿舅互殺，中表兄弟互殺者。粵人在美國有三邑會館、四邑會館。三邑者，南海、番禺、順德也。四邑者，新會、新寧、恩平、開平也。新會、新寧與三邑同屬廣州，然因四邑兩字，遂與三邑累戰相仇，而絕交矣。昔漢高欲立六國後，張良躡漢高之足而後止，然分封諸子土地過大，尚遺景帝時七國之亂，武帝兩分其封，而後同安；晉大封八王，則內争而亡其國矣。且吾國五族共和，尚有外蒙、西藏萬里之地，久爲外人垂涎。今外蒙已獨立矣，若內地既聯省，既自治，則新疆萬里即別獨立爲國，而蒙古、西藏更永爲異國。是一倡此說，即永棄西北萬餘地，而防外亦艱苦矣。天下政策之顛倒，豈更有甚於是者耶？若引英國、加拿大、澳洲之聯省自治爲例，則益不可。昔吾游加拿大之京阿圖和也，加拿大總理大臣羅利，法種也，語我曰：曾游吾法戰英之壘乎，甚堅而險。吾曰：未也。君與全加法種，皆未忘英憾乎？曰：然。議院之權，法種多乎？曰：然。海陸軍全權在君乎？曰：然。彼總督無少權乎？曰：然。然則何爲不背英乎？曰：惜吾祖國不强，若祖國强，則背英矣。曁英沙士勃雷、張伯倫之攻非洲杜蘭斯哇也，費卅萬萬之金，三年之久，死傷數十萬，僅乃克之。及定盟，許其照加拿大政體。澳洲師之，英總督皆無少權焉。昔英於澳洲獨占運貨權，今亦削之，沙士勃雷、張伯倫遂大爲國人所攻。沙士勃雷爲英故相格蘭斯頓之甥，傳其保守黨四十餘年之政柄，至是永失。張伯倫至瞽其目。沙士勃雷吐血養病於瑞士，吾與同旅舍，慰問時猶述其苦焉。蓋加拿大、澳洲、杜蘭斯哇皆異族，被征服者之政體，日思抗而獨立，頗與吾外蒙、西藏同。今印度人所日夕拚命力争者，即此政體。屬地日行離心力拒，而政府仍以吸力收之而未舍也。今阿爾蘭已争自立，英如並印度而行加拿大之政體，則英人所餘者，爲倫敦蘇格蘭兩小國，將不國矣。今吾西南各省豈異種族乎？何爲必離心而必自立，以斲小而促亡乎？且號爲自治者，必人民有權而後可。今二十一之省，廣土衆民，既類於國，軍閥之專權，用人行政，作威作福，實同小王，人民惟其生殺予奪，尚無法之可制，更何自治權之可言。然則安得有省自治？惟有各省獨立覇權專制而已。夫物莫患於以僞亂真，中國實非共和，而冒名共和，其禍足以害民；實非自治而冒名自治，其禍足以喪國。若夫聯省者，則如歐人戰德，或爲聯盟國，或爲協約國。但講利害爲軍閥之自衞，豈有安中國爲生民之利害計乎？比如唐世有河北三鎭之聯合，終唐之世無能平定之，即如戰國合縱連横，適足爲統一之害，爲生民釀亂之源而已。蓋民治與軍閥，二者不相容者也。美國自華盛頓至林肯，百年來全國無一兵，故人民分州自治；無軍閥之横行專制，故人民得以分州自治。中國既有軍閥專制，則只有割據之軍治，而民治無自而生，故軍閥未除，自治二字不必假用。即美國分州自治之例，不能誤引。若瑞士本爲二十二村，尤爲自治而無軍閥，不待論矣。即德國以兵立國，而普魯士外，無論漢堡伯雷、閗罕伯雷本爲都市自治，即其餘二十王公國亦皆民制憲法，由總理執政，其君主之王公，皆形同木偶守府而已，與吾今各省之督軍、總司令之大權專制，相反至極。蓋彼久成之邦，與吾未成之邦，事勢逈殊，此即事實之最相反，而不能誤引者也。故聯省自治之説，求之歐美無例可援，實即中國舊俗，六朝、五代分裂割據之實而已。不過軍閥便於專制，自爲小覇小王而已。然各督亦本無此學説，不過政客因中央之失政，故分盜政權，簧鼓各將帥，聯合倡和以成其事，各督以其便已，亦樂從之。他日借自治爲獨立，指私人爲選舉，收議員爲腹心，改憲法以横行，不過便一二武人之專制力争而已。

試觀之川、粤，久已制憲，而兵連禍結，豆剖瓜分，争地争城，流血遍野；湖南内争隱隱，亦復同之，但伏而未發耳。然陳嘉佑已明樹一幟矣！然則何自治之有？何聯省之有？且分争既盛，風俗化成，下叛其上，卑弑其長，十年以來，滔滔皆是，殆爲成例，不忍指數，況近若顧品珍之叛逐唐蓂賡；王文華之謀其舅劉如周，然則爲督軍者，亦何能安富尊榮，久享王者之樂乎？閻相文、李秀山之不得其死，天下皆有燭影摇紅之疑；羣盗满山，叛者遍地，恐懼戰慄，不知命在何時，好頭顱誰當斫之。卽使聯省自治能成，督軍總司令豈有益乎？卽政客亦豈有利焉？每有變亂，各省長吏及參佐，亦復各從其黨，升沉奔走，避禍倉皇，或室家荼毒，或身命殞滅，國家不旌邮，人民咸唾駡，自作之孽，罪有應得，其誰憐之？然則各督軍政客何必誤爲此説乎？蓋牽于目前之小利，而忘將來之大害故也。燈蛾撲火，旋卽身亡。人之愚固有若此！然牽累全國爲奴，則不能强從矣。夫以吾國人之愚而無識也，忿於中國一時之衰弱，則惟傾心媚外。歐美非無所長而不知擇也，不問中外歷史風俗地理之逈殊，而妄採歐美之政俗，以盡用施行於中國，譬猶貧子慕猗頓之富，而傾家一飽，童嬰羨壯夫之長，而曳被其衣，則必顛頓立倒而已。況橘踰淮而爲枳，遷地固有弗良乎？以若所爲，求若所成，不過惡中國之壽，而速求爲印度、緬甸、安南、高麗而已。諸公未至印度，不知印度以分裂内争，自亡其國百年之慘也。吾徧遊五印度，居之十五月，乃粗知之也。印人苦難萬千，不能一二數也。公等必欲舉吾中國萬里之土，四萬萬之民，投而爲奴，使從印度之後，聽人魚肉，則日倡聯省自治之説可也。苟猶未忍也，愼勿妄言以自召大禍也。熊秉三告我曰：華會之盟，列强助我，中國從此不憂危亡。吾應之曰：已不自立而恃外援，無是理也。今華會固有參酌部也，吾獨立國也。安有待人參酌之理？參酌者，共管之別名也。列强爲其商務，望吾統一，而彼商務亦得利焉。苟吾不能統一，且益分裂内亂，勢必損及其商務。今九江之兵多，外團已怒而質問，若漸亂漸多，彼商務大損，則彼謂中國已失自治能力，雖力助之而無濟，則共管之部實施矣。英法合而管埃及，協約合而管君士但丁那部，非其成例乎。吾昏不知，亂舞傞傞，自刼自殺，至亂後共管共分時，吾國已爲印度，雖欲不爲聯省而不得也，但受治于外人而非自治耳。鄙人自辛亥年草共和政體論，當時爲各報所拒，今則十年分争，一一皆驗矣。若今聞聯省自治，尤爲驚心駭目，首疾岑岑。吾中國人也，實不忍舉中國從亡印之後也。心所謂危，不敢不告，語長心重，流涕以道，吾國人聽之。吾昔有一書，不幸而言中不聽則國亡，勿使吾再續此編也。

是月，門人高麗遺臣朴殷植來滬。曰：吾友王侍講性惇，朝鮮故王裔也。講理學而涉於忠義，慕先生名，有尤雅堂集，請序之。先君曰：僕緣大地之圖以百，而同文者惟高麗與日本，高麗又箕子後，舊爲漢郡，王李以來，舉國漢姓，又吾宗也。其學則唐之詞章、漢之義理兼擅之，其才者驂勒聯鑣，撫塵於華土，往往莫之先也。以篤守程朱學，故義理生於心，忠憤騰於性。邇年亡於日本，而志士仁人斷脰沉族，相望而益厲。其遺臣眷舊主思故國，遁逃海外，哀怨而憤，發抒寫於詩文，聲哀厲而彌長，吾國士夫多愧焉。爲序以贈之。

是月，邱菽園由南洋來，以所著菽園集請序。先君曰：生海外蠻荒之地，當弱冠綺扉之年，遘國家非常之變，而能毁家紓楚難，指困贈周瑜者，難其人矣。假若有之，未必能卓犖觀羣書，華妙工詞章也，吾門人海澄邱菽園乃並而有之。當庚子之變，吾游星加坡，主菽園之家，唐才常舉義師，捐款十數萬，黨人多託命於菽園，雖不幸敗，而忠義之氣，雄傑之姿，與張良之破産報秦奚異焉。太白曰：「子房未虎嘯，破産不爲家。滄海得壯士，椎秦博浪沙。報秦雖不成，天地皆震動。潛匿游下邳，豈曰非智勇」。豈非菽園寫贈耶？固不以成敗論也，序以贈之。沈寐叟稱其詩，磅礴天葩，雄奇俊邁，可争長中原，北方學者，莫能先也。

是月，聞國會吴景濂等，俗改北京故宫三殿爲國會，電請曹錕、吴佩孚制止。文曰：凡各國議院宫室之制，計準議員多少之數，令其發聲，可以互聞，故必作圓蓋垂下之形，聲浪能作反響，然后發音乃得全院聽聞。今太和殿之形，横方數十丈，高聳十餘丈，發聲散蕩，去而不返，亦不足供八百議員周圜之位。而吴等謂今殿不須拆毁，改建而可爲議院，其敢於欺天下一也。保和、太和兩殿甚小，僅足供議員茶煙之憩室，而兩廡三殿，階級數十，皆無廊可通，無瓦可蓋，非破壞殿壁，無以滿用。吴等謂今殿不須拆毁，改建而可爲議院，敢於欺天下二也。三殿階欄，白石至精，光緒十五年太和殿災，階欄稍毁，出重金覓精工石補之，猶不能得原貌，謂今殿可爲議院之形，必爲歐式内圓外方，圓堂以合會議，方室以分治事，雖分室千百，皆蔭於廣厦之中，其與吾三殿之制既反，必不能用。吴等謂今殿不須拆毁，改建而可爲議院，敢於欺天下三也。吴等引法國王宫用議院爲例，而歐洲王室多有圓殿，與議院之制相似甚多，無空階之遠隔，亦不待長廊之交通，固可因以爲用。今妄引法宫之例，吴等謂今殿不須拆毁，改建而可爲議院，敢於欺天下四也。法國王宮至多，以攄華最大，巴黎之外尚有方點部爆宮之室三千。法今無王，法人尚保存之，若吾禁城殿制，上本漢世未央、建章前殿之體，中沿唐宋明三殿之式，乃中國數千年之宏模，非清室一朝之體制也，不可妄引爲例矣。吴等謂今殿不須拆毁，改建而可爲議院，敢於欺天下五也。禁城廣袤，道里遥遠，議員尊大，必難遠步，若八百馬毁以利交通，此皆明永樂世之所築，中國五百年之巨，地球之偉制，冒稱保存，實皆拆毁，欲得中飽之利，豈不謬哉？斯議乃罷。

七月十七日，爲同薇、同璧餞行，酒后步月，薇、璧問易義人天之故。先君以行前無人間悲感之情，庶幾遊於人間，而不爲人所囿，則超然自在矣。賜詩一首：

行時問易説經鈴，不似凡人傷别筵。記取天游台上月，伏生有女出人天。

朝鮮培山書堂李君炳憲，渡海問學，訪求真經。李君忠鎬來闕里，求聖像立文廟以祀之。先君曰：朝鮮爲箕子後，人士莘莘，諷孔經，被儒服，奉孔子爲國教久矣。莊子謂孔子之道，配天地，本神明，育萬物，六通四闢，本末精粗，其運無乎不在。故孔子爲創教之聖，即其運世之粗迹：在春秋則有太平、升平、據亂三世之異；在禮運則有小康、大同之殊。其傳於七十子後學者，則有今文之六經，六緯副之，皆以除民之患，奥深切明矣。惟自劉歆僞作古文諸經，篡亂聖統，晉唐傳之，雖以朱子之才賢不能無蔽。故朱子信僞周禮爲真，周公作贊，其盛水不滿。疑禮運大同爲老子説，謂春秋不可解，不知公穀董何之説，於是太平、大同之義，斷絶閉塞矣，徒存據亂之説，則不能範圍歐美民主社會主義，遂至孔教爲新學所疑攻，豈不悲哉。夫朱子無得於六經，只能發明四書，然所發明者，猶是據亂之説，僅能得孔子之一端，偏安割據而已。朝鮮諸儒所傳爲孔教者，實劉歆僞纂之經，朱子割據之教，非孔子本教之真，著培山書堂記以貽之。

九月，赴西溪，看蘆花。

民國十二年癸亥（一九二三年）先君六十六歲。

正月，隱居一天閣校詩。程伯葭來滬，出示戊戌出亡時致英人李提摩太書。皆關戊戌政變重要之事，原書共四件，一爲八月望後乘英艦初到香港之書，二爲八月望後居港之書，三爲九月在日本所發湯覺頓代筆之書，四爲十月在日本所發爲烈俠梁鐵君代筆之書，而梁啓超一書附焉。竭一日之力，爲長跋千言，述戊戌變法及其脱險極詳。先君爲實行新政，保薦英人李提摩太爲懋勤殿顧問，未及發表而大難已作。程伯葭君時爲李君隨從秘書，得梁啓超八月初六日告變之信，知先君將不免，程君急勸李提摩太電問上海英總領事白利南求救，而先君始於英艦保護之下，安全到港，皆程君發動之力也。

二月，游海門、定海、普陀。

三月，謁泰陵、昌陵，至保定乘飛機。旋游河南開封禹王台龍陵，登鐵塔絶頂。以塔用琉璃磚瓦，爲中國創製，自東徂西，由波斯又傳於唐而推及萬國，實爲大地之神物。著開封琉璃塔記，以敍其事。記曰：

崒嵂崔巍于汴城東北之夷山，晃昱丹青紫翠碧藍之琉璃色，妙莊八棱十三層之華嚴，巀嶭三百六十尺之峻崇，竅窔萬佛像設之内壁。上奉丈六金身之大佛，下地藏陀羅尼經者，非琉璃塔耶？

其興創于齊天保十年爲××，于唐開元十七年爲封禪，于晉漢十八年巨工等爲覺禪院，爲開寶塔于端拱之，巧工郭忠恕、喻浩，郭圖喻造作欹西北之斜塔，後世正與意大利斜塔，同爲天下未有之奇寶，豈非大地之佛築哉？寺雖頻頻燬廢，而慶曆再建之。洪武十六年僧祖全、順治二年左布政徐化成重修之。乾隆時，高宗南巡臨幸又修之，賜名甘露。道光二十一年，寺燬於火，越七十八年己未，河南財政廳長鄭焯。開封知事丁康保等又修之。惟塔則亘古屹屹霄漢間。癸亥三月，康有爲登絕頂而作天游，俛視城郭人民。捫壁顧梁用弧而歎曰：此塔皆琉璃也。當西曆十紀時，爲萬國琉璃磚之先河，焜燿山川，照映日月，不止中妙之神物，實爲大地之瓌寶，惜國人不知。雖塔中十層琉璃像皆洪武、正德、嘉靖、萬曆、乾隆時迭代增修，不盡宋物。然琉璃瓦磚之爲中國創造，自東徂西，由波斯傳於唐，而推及萬國，無可議也。今歐美建築盛行琉璃，五色輝映，光晃星日，遊於突厥波斯之京，大建築皆琉璃也。自俄與羅馬尼亞，及班葡京皆琉璃瓦相望矣。波斯尤精且古焉。昔波斯通商，於唐爲盛。今晉陝延安清凉山之寶塔等，爲唐初尉遲敬德所造，鄜州之黑水寺，爲唐初秦叔寶所造，河南盧氏縣南寺亦唐時之寺猶在，皆琉璃磚瓦也。在西曆六紀時矣。以所考波斯琉璃瓦，多在十一紀後，最古亦未有八紀。前者吾曾遊西班牙迦藍那大故京及節離故京，兩宮之玻璃磚瓦精美且古矣。然亦在九紀後矣。且兩宮形製門廊堂室，層進座分，皆吾華之制，蓋自波斯拂林傳至阿剌伯，尤爲吾國建築西徂之證。吾琉璃磚瓦爲大地萬國師至明矣。舊呼錢塔，失其實情，證其名曰琉璃塔，以與閻浮提萬國珍護之。河南督理張福來、省長張鳳臺招吾遊開封。鳳臺，吾同歲生也，屬記之，乃發明琉璃磚瓦本末，以告天下。

月杪，遊南京清涼山。

五月，過濟南，登千佛山，望濟南城居山脅之一隅，黃河遠來，爲弓背之反，陰陽既誤，流水之反，所以宅民居盛都邑者，或未全至。宜從黃台橋通馳道華山前，闢爲上園，以招遊人，而后移都會於華不注，蓋山水之美未有若華不注者也。　著新濟南記，以諗山東人士。　旋赴青島，遊嶗山，並在青、濟兩地成立孔教會，以後改爲萬國道德會。〔注〕

六月，游北戴河。

九月，游洛陽，過函谷關至爛柯山王喬洞，觀呂祖畫，紙已裂，傳爲吳道子畫，非也。　然神氣超逸，可與西湖呂祖像比美。　旋赴華陰，登華山，渡渭水，遊漢陵，賦詩曰：

渭橋古渡水沙縈，萬點空鴉落日明。　秦代苑宮天漢像，漢時陵闕畢原晴。　久經歷刼滄桑感，只賸高邱烟露橫。　晚上咸陽城上望，千家雲樹暮笳聲。

十一月，陝西各界邀請講演。　先君爲講天人之故。　其言曰：莊子謂人之生也，與憂俱來，孔子春秋政制，專爲除民所憂，佛之全藏經，不過爲解除煩惱。　吾一生在患難中，而以不憂不懼，欣喜歡樂爲主。自哥白尼出，知地爲日之游星，而自古一天地之說破。　地爲天中最細物耳，世界各國猶若比鄰。　乾隆

〔注〕　按，據李雲光著康有爲家書考釋第三十五信注引年譜續編油印本，此下尚有一段話：「該會會長孔德成，自以年幼力辭，乃會同發起人江壽峰、杜紹彭、張臨安等人，一致敦請先君爲萬國道德會會長。」

四十八年始發現天王星；咸豐八年又測有海王星，今年正月又知有一星，其大四千五百英里。諸星如此之多，如此之大，而地球渺乎小矣。況一國一家乎？今引望遠鏡一視，則各星可見，其事至淺，而佛不知，則佛之無量世界，無量刼，無量世，亦理想所推而已。回教並海王星、天王星而不知，更不能自立。故一通天文而諸教皆破。窮理格物之極，有無限之權，無限之樂。今以一千倍望遠鏡觀諸星，卽能明，諸星通乎諸天，則人世無長短大小之可言，一家一身之憂患，何足言哉！詩曰：「昭事上帝，上帝臨汝，無貳爾心。」古人言帝天，以其監臨至近，後人以古爲愚，故言人而寡言天。吾則以爲天與人至近，有潮、有光、有電，三者與天通者也。地受潮，乃有風，以鼓萬物；地藉日光之熱力，萬物乃生。然潮與光只通日月與諸恒星。若電則諸天無所不通，每秒電行三十萬里，天下之至速未有如電者矣。今無線可通電矣。吾有天通一書，發明此義。電字與神字相似，古神字屈曲相通，與電字合。禮記云：「地載神氣，神氣風霆，風霆流形，應物化生。」卽電通之理也。曾子之母嚙指，則曾子心痛。南史阮孝緒亦然。彼有至誠，卽能電通至誠，卽無線電台。佛經言定佛必望定者，以凝神而後收電也。孔子不語怪，然云至誠之道，可以前知，亦電通也。電有陰陽正負之相吸，卽仁之二人相愛也。歐美盛行克魯泡特金互助之義，互助卽仁也。仁爲二人，故仁愛人、博愛之謂也。孔子云：「道二，仁與不仁而已。」仁則電能通，而全體暢洽；不仁則電不通，而全身麻痺，一身如此，天下同之。

十二月，偕詩人楊雲史游嵩岳，宿於太極峰下，踞巨石，臨清淵，相飲而樂。雲史善爲詩，雄麗如少陽，而詞尤度世飛升，世鮮知者。雲史以所填江山萬里樓詞，請序。題曰：「絕代江山。」並告之曰：

天生鳥獸，有自然之語言聲歌，何況人也。文言者，語言聲歌之精，故雅而有韻。大地萬國語文，皆用拼音，惟中國語文，雖有諧聲，而用單文，故有屬對。夫一陰一陽之謂道，中國文詞窮奇偶駢儷之工，整齊倚麗之極，萬國無比焉。六朝人稱文筆以無韻者爲筆，有韻者爲文。歌謠也，自古有之，文之最先者耶？和聲依永，演而爲詩，調而爲律，于是有高下抗墜，清濁平仄，長短之音，有一言、二言、三言、四言、五言、六言、七言、八言、九言之句。至於唐末，詩之道變化極矣。長短之詞乃出焉。詞者，文言之有分別節奏，寫情之尤要妙者耶？其聲緜渺而哀厲；其氣芬芳而馨遠；其情娟娉而悱惻；其詞綺靡而瑰麗。文言至五代宋人詞，觀止矣，蔑以加矣。元人增長爲曲，鋪排廣博而已，于其聲調，分毫未之能加也。詞人皆師法南北宋，若美成之跌蕩悠揚；蘇辛之儻宕遒上；夢窗之七寶樓台；姜張之清新俊逸，亦各窮工極研矣。然韻味之雋，含蓄之深，神情之遠，詞句之逸，未有若三李者。結唐詩之終局，開宋詞之先聲，實詞家原始之音，中止之聲。若文辭之有屈宋，書法之有羲獻，無以尚之，憾元以來未有能學之者。明人爲詞不足道，國朝最盛，然朱厲以來皆組越甲以爲工，誇晉郊以炫富。夫詞以抒情也，非與波斯胡競賈也，奚取于斯。納蘭性德之飲水側帽，其庶幾清水出芙蓉乎，然雜于宋元焉。顧梁汾猶未及也。

十九日，赴武昌洪山寺覓寺僧，步訪庚子勤王死難唐才常諸烈士之墓。披荆穿蔓，久始發現。殘雪滿山，江波映日，自謂十死餘生，越二十四年矣，乃能澆酒焚紙以祭黻丞與諸烈士之墓。告鄂督蕭耀南修葺其墓，以旌英烈焉。

旋赴岳陽，至長沙，游岳麓山。除夕，返滬。著癸亥國内各省遊記。

民國十三年甲子（一九二四年）先君六十七歲。

元旦，同薇、同璧攜子女等來游存廬度歲。

上元，先君住西湖一天園。

三月，遊天台、雁蕩，蔣君叔南導遊，並以所著雁蕩山志請序。先君曰：印度須彌，全球山之祖，最高者也，吾居十四月；落機山貫南北美，地北之尾也，鐵路度山須一晝夜，吾四過之；意奧德間之阿爾頻鐵路，度山一日，法班之比耳牛耳鐵路，度山亙一夕半晝，突厥之巴幹鐵路，度山半日，此歐洲三岳也，吾頻度焉。甲子之春，吾遊天台、雁蕩，逾馬鞍之嶺，聽龍湫之瀑，登雁湖之巔，入靈峯岩之奧。千岩萬壑，競秀争流，龍湫之瀑，垂八十丈，散爲五色，視匡廬黄岩之瀑，經如匹練，過之遠矣。羣峯峭壁，與青天白雲相摩，以吾足跡所到，全球無比，奚獨中國也。惟天台爲土山，雁蕩爲石山，本不能相較，徒以天台闢自晉唐，人多所題詠，又有智者大師光大之，雁蕩闢於宋時，太晚，又無佳山志以發潛展幽，故世不甚知其名，著序以貽之。

四月，外孫羅榮邦年十四，譯天文書。先君手録金星、水星、火、木、土、天王、海月、中山海四長紙，喜其慧而好學，有遠志，以手稿賜之。翌年，諸天講著成，多得其力。

朝鮮朴君箕陽來書，問中國儒教，先君告以今世所傳禮説乃漢劉歆之僞，反覆論辨，長數千言，原書照録如下：

朴君大提學閣下：朝鮮吾同宗之兄弟國也。每念箕子陳疇，吾道遂東。朝鮮二千餘年，尊孔子，信儒教，文學彬彬，才賢接踵，東方禮義之邦，側仰久矣。近雖時事遷移，而好學敷教不絕，望風引領，甚願竭所懷與諸君子一談學焉。夫孔子爲儒教主，改舊制，而作六經，配天地，本神明，育萬物，本末精粗，六通四闢，無所不在，故爲聖之時。要以人道爲主，故曰：「道不遠人。」人之爲道而遠人，不可以爲道。故窮則變，變則通。觀其會通而行其典禮，故於禮陳夏、商、周之三統，于春秋有據亂、升平、太平之三世。一世之中各有太平據亂，升平據亂，升平之三世焉，故推而爲九世八十一世以至於無窮。故中庸曰：「萬物並育而不相害，道並行而不相背」，「如四時之錯行，如日月之代明」也。大哉孔子之道，博也、厚也、高也、明也，溥博淵泉而時出之，所謂峻極于天，而爲至聖不可測之神也。孔子晚年乃作春秋。春秋經文萬六千餘字，然微言大義不在是也。今日傳孔子之道，莫可信于孟子也。孟子者，傳春秋者也。其事則齊桓晉文，其文則史，其義則丘竊取之矣。然今經文事跡，皆魯史之稍有筆削者耳。史記漢書諸名臣所引春秋，皆曰春秋之義。若春秋之義大有王，春秋之義大一統；春秋之義王者無礙；春秋之義丈夫無遂事；春秋之義丈夫出疆，有可以安國家定社稷者，專之可也；春秋之義以王父命拒父命，不以父命拒王父命。凡所引句百數條，皆稱春秋之義，而不引春秋經文，則孔子竊取之義，似別有其書，而不在今傳萬六千字之經文，至明矣。孔子傳之七十子，後學至漢董仲舒而集其成。董子正誼明道爲漢儒首，武帝信之，乃令天下不在孔子之學，六藝之科勿進，于是孔子之教傳于天下後世，董子之功也。夫董子學公羊之學也。穀梁與公羊雖文辭少有異同，而大義一致，故公羊、穀梁爲春秋大義真傳。尚有口授微言未及寫出，後學師師相傳，口口相授，至善學而寫出之。今董子所傳之春秋學，在其所著之春秋繁露，其書今猶在也。以董子之説，考之于何休之公羊註而同；考之于穀梁家、劉向之説苑、新序、列女傳而同；考之漢儒爲作史記之司馬遷，撰法言之楊雄，撰論衡之王充而同；考之兩漢諸儒之經説無不從同。當兩漢時傳孔子之學者，于詩則有齊、魯、韓三家；于書則有歐陽、大小夏侯三家；于禮則有儀禮禮記傳之大小戴、慶氏三家；于易則有施孟梁丘三家傳之京焦；于春秋則有公穀二家。立于天下學官，傳于博士弟子，兩漢人人誦説，道一風同；無有異義也。及西漢之末，有助王莽篡位之國師劉歆者出，反其父劉向之學，乃始破亂孔子之經；乃始僞犯周公抑孔子，輯晚周戰國諸書而撰爲周禮，託爲周公所作，此劉歆之大本營也。孔子六經無奄人，而周官有奄人，于是十常侍亡漢，天策亡唐，魏忠賢亡明，李蓮英、小德張亡清矣。周禮曰：惟皇后世子不會，于是帝后得縱欲矣，亂謬百出，後世以周公所作，信而從之。劉歆以孔子之義，莫重且明于春秋也，于是偷竊國語，以爲左傳以攻公穀。後人以左傳事理詳明，皆習讀之，遂棄公穀不學，而公穀亡。于是孔子升平太平之道滅絶而不傳矣。夫史記兩稱國語，其十二諸侯年表序理據國語爲之，則是國語爲十二國語、分國而非編年。今國語只有六國，寥寥殘缺，考以十二國諸侯年表所録之事，皆無之。蓋歆竊取以爲左傳，改附春秋爲編年，以其殘者爲今國語。然則僞左傳非傳孔子之春秋者，至明也。司馬遷又曰：「左丘失明，厥有國語，鄭重言之」。然則左丘明祇一書而無貳書。夫左傳重而國語輕，若左丘明作有二書，則馬遷應稱左丘失明，厥有左傳，不應云厥有國語。然則左傳之爲僞輯而不傳春秋，而劉歆之破亂孔子春秋，至明矣。劉歆願廣證其學說，故于詩則僞作毛詩，而排齊魯韓三家；于書則于伏生二十八篇經外，增撰僞古文書至五十六篇，而排歐陽大小夏侯；于易則增說卦、序卦、雜卦，僞作費氏易，偏主義理，而破施孟梁丘京焦之卦氣，乃至論語、孝經皆編爲古文義，作爾雅以證其說。凡僞經皆以僞鐘鼎之古文寫之，號爲古文經。凡其僞撰古文毛詩、古文書、古文周禮、古文左傳、古文費氏易並號稱古文經，而託于周公，而孔子所傳之真經，若齊魯韓詩、大小戴之禮、施孟梁丘之易，皆號爲今文經，此其變亂之大別也。一言蔽之，今文者，孔子之真經也；古文者，劉歆之僞經也。晉世有王肅者，又僞撰孔安國所傳之古文尚書爲五十六篇。然自晉宋六朝之後，立學官者，于詩則尊古文之毛詩，而孔子之今文齊魯韓詩廢矣；于書則尊王肅之僞古文尚書，則不獨歐陽大小夏侯今文尚書廢，並劉歆之僞古文亦廢；于易則尊王弼注，則爲費氏易，傳劉歆古文學者也，于是今文之施孟梁邱京焦廢矣；于禮則尊劉歆之僞周禮爲經禮，若孔子之禮抑爲威儀三千之儀，改名儀禮，至王安石而全廢。而古文經說聚訟，禮不可得而定，而孔子之禮盡矣。於春秋則尊左傳，晉人已稱公穀有書無師，故唐世啖助趙匡之徒，束縛三傳，獨究遺經。至宋、明以來，言春秋者百千家，而皆望文生義，與孔子傳之微言大義渺不相關也。宋儒生于董子千年之後，經劉歆滅絕今文真經之餘，舉世所服從者。皆劉歆之僞古文學也。宋諸賢心疑五經之碎破支離矣，故求於諸經無所得，乃發明論語、孟子，選大學、中庸于禮記中，號爲四書，以教學者。自程子創之，一傳於楊龜山，二傳于羅仲素，三傳于李延平，四傳至朱子。朱子博學而明辨，以居敬爲體，窮理爲用。上明理氣，推本於太極陰陽；下重躬行，細入于小學之灑掃進退。能詩能書，能詞能畫，傍注及于楚詞、參同契、韓文，而專力於註四書。自元明立于學官，大行於明清，遠傳于朝鮮、日本，皆朱子學也。蓋其博大精深，講道尊孔，誠千餘年來未有比也。然朱子于諸經皆徧註，而獨不敢註春秋，謂春秋有不可解處。然朱子之不知春秋至確矣。朱子謂周禮盛水不漏，非周公不能作。然則朱子之誤尊從劉歆亦至確矣。其註詩雖與毛詩小異，實以毛詩爲主；其易雖與王弼少異，然以王弼爲主；其于書則更從王肅之僞古文，並劉歆僞古文亦不知，何論孔子之歐陽大小夏侯今文經也。朱子之五經，于孔子五經皆失，惟日在劉歆宇下盤旋奔走，歸附後先而已。吾固極尊敬朱子者也，然朱子不傳孔子今文之學，吾亦不能不分别明白言之。何也？今天下所言孔子者，皆非孔子之學，實朱子之學而已。而言朱子學者，又非朱子之學，大半實劉歆之學而已。劉歆之學只有據亂、小康之學，而不知太平、大同學者也。今大地百國改爲民主大半矣，甚至進而爲社會説矣。若引孔子之學説，猶有董子繁露與禮記之禮。在禮運曰：「大道之行也，天下爲公，選賢與能，講信修睦，故人不獨親其親，不獨子其子。使老有所終，壯有所用，幼有所長，鰥寡孤獨殘疾者，皆有所養。力惡其不出於身也，不必爲己；貨惡其棄于地也，不必藏于己。」則今日民主説、社會説，無不範圍其中矣。董子尚只傳其口説，若禮運則指明孔子曰，其爲孔子學説至明矣。然朱子惑於劉歆據亂之世，指禮運大同之説爲老子之學，是朱子舍棄孔子太平大同之説，而無以範圍方今民主社會之義，則孔子之道窮矣。天下旣誤尊朱子爲孔子，而朱子守劉歆之據亂說，不能範圍民意，不能範圍社會。安所用孔子，則安得不攻孔子？此非孔子之不及，乃朱子爲劉歆所教也。朱子知四書而不知五經；知據亂而不知太平大同，非割去中原等於偏安而何？朱子之發揚道義，激厲人心，教莫切焉，功莫大焉，其尊之甚至，故隱忍久之，欲爲朱子諱。然無如民主之國旣多，社會之說盛行，若不發明孔子大同之道，而徒稱號偏安之朱子，則孔子之教恐亡也。孔教亡而朱子何所附焉？古諺曰：「皮之不存，毛將焉附？」朝鮮學者，最尊朱子者也。尊朱子亦以爲尊孔子也。若爲尊朱子而甘亡孔子，終則並朱子亦亡之。此豈諸君尊孔子之意，更豈以愛護朱子之意乎？習俗蔽人，賢者不免；非常之原，黎民所懼。此非諸君之誤也，劉歆之罪也。諸君旣信從儒教，尊聖衞道，願廣覽萬國之變，考求古今眞僞之義，則必有大明者也。中國大亂，儒學不講久矣。朝鮮爲千年行學之淵藪也，若能講而明之，孔子之大教于是乎賴！欲別古今文之眞僞，吾有僞經考一書；所以明中國創教在孔子而非周公也，吾有孔子改制考一書；欲明董子傳春秋，吾有春秋董氏學一書；欲明孔子之春秋，吾有春秋筆削微言義考一書；欲明孔子大同小康之別，吾有禮運註一書。凡上各書，李君炳憲東來十年，頻來問學，皆以數書付之。諸君子若不存成見，虛己博求，可問李君取此諸書考覽而辨明之。若有非也，願諸君子教正，僕固願舍而相從也。若無可駁正也，願諸君百尺竿頭更進一步，旣保守諸子之舊學，更進求孔子之大道，庶幾孔子存而朱子因而存，大教顯明於東土，豈不美哉？以聖教所關，故敢妄貢罷罷之愚，惟諸君子裁察焉。

夏秋間，先君偕植邦等諸外孫去茅山拜墓。

民國十四年乙丑（一九二五年）先君六十八歲。

春間去杭州，未幾，回滬上。

三月，先君偕同璧及邦孫去青島，看櫻花。返滬不久，五卅慘案發生，先君偕全家暨同璧、邦、鳳孫等赴杭。六月，轉青島避暑。

八月初旬，同薇偕子女來青島，家人相聚，娛侍承歡，誠有樂敍天倫之感。

九月，全家回滬，同薇偕其子女旋京。

民國十五年丙寅（一九二六年）先君六十九歲。

三月，在上海愚園路，設天游學院，以龍澤厚爲教務長，爲諸生講學。〔注一〕先君生前講學凡三次，一次在廣州，一在桂林，晚年則在上海教育英才以爲至樂。講室内懸有聯云。

天下爲一家，中國爲一人。

知周乎萬物，仁育乎羣生。

並爲諸生講諸天書，成則刊布於世。〔注二〕自序曰：

吾人生而終身居之、踐之、立之者，豈非地耶？豈可終身不知地所自耶！地者何耶？乃日所生，而與水、金、火、木、土、天王、海王同繞日之游星也。吾人在吾地，昔昔矯首引鏡仰望土、木、火諸星，非光華炯炯，行於天上耶？若夫或昏見啓明，燿燿宵行于天上，尤人人舉目所共覩。然自金、水、火、木、土諸星中，夜望吾地，其中光華爛爛，運行於天上，亦一星也。夫星必在天上者也。吾人既生于星中，既生于天上。然則，吾地上人，皆天上人也，吾人真天上人也。人不知天，故不自知爲天人。故人人皆當知天，然後能爲天人；人人皆當知地爲天上一星，然後知吾爲天上人。莊子

〔注一〕按，李雲光著康有爲家書考釋導言中引年譜續編油印本，在此下尚有一大段論述中國學術的話，今錄以參考。「任生啓聖由閩航海來謁，先君授以長興學記，並告之曰：……天下道術至衆，以孔子爲至聖。按孔子繫易曰：『立天之道曰陰與陽，立地之道曰柔與剛，立人之道曰仁與義』。所謂道者，仁義而已。孟子曰：『仁者，人也。』董子曰：『義者，我也。』自黃帝、堯、舜開物成務，以厚生民，周公、孔子垂學立教，以迪來士，皆爲仁也。佛氏普渡，亦爲仁也。故天下未有去仁而能爲人者也。虎狼鷹鸇號稱不仁，而未嘗食其類，則亦仁也。其仁小者，則爲小人；其仁大者，則爲大人。若能任恤於鄉，流惠於邑，推恩於國家後世，則仁益大且遠矣。……孔子之學，有義理，有經世。義理卽德行也，經世卽政事也。宋學本於論語，而朱子爲其嫡嗣。凡宋明以來之學，皆其所統，多於義理者也。漢學則本於春秋之公羊、穀梁，而以董仲舒爲公羊嫡嗣，劉向爲穀梁嫡嗣。近於經世者也。宋明義理之學，自朱子書外，陸王心學爲別派。四朝學案爲薈萃歷朝經世之學。自二十四史外，通鑑著治亂得失之源，通考詳沿革遞嬗之故，皆宜考焉。窮搜博採，觀其會通，務致之用，要以求仁爲歸。范蔚宗後漢書激厲名節，學者講求，可以入德。若詞章所用，駢散畢具，擢其典實，拾其香草，法其氣貌，得其神思，誠藝林之淵海，文苑之澤藪也。學者能通四史、三禮、三傳，由董、何而述春秋，因朱、陸而求論語，深沈於四朝學案，博考於通鑑、通考，聖道統緒，爲學本末，亦已得其綱領矣。進之大道，庶幾有基。又曰：耶氏有徒十二人，尚有一賣主之猶大。然能行其教，傳其道，則發揚布濩，遍於天下。吾在滬同學不滿二十人，吾不以爲少，果能信吾言，傳吾道，若龍樹、保羅者，則亦澤流於萬世矣」。

〔注二〕按，據李雲光著康有爲家書考釋第三十五信注引年譜續編油印本，此句作：「諸天書成，先君自謂此書可超觀宇宙間，爲四庫全書意境所無。」

曰：「人之生也，與憂俱來」。吾則以爲，人之生也，與樂俱來。生而爲天人，諸天之物咸備於我，天下之樂，孰大於是？自至愚者不知天，只知有家庭，則可謂爲家人；或只知有里閭族黨，而不知天，則可謂爲鄉人；進而知有郡邑，而不知天，則可謂爲邑人；又進而知有國土，而不知天，則可謂爲國人。近者大地交通，能游寰球者，數五洲如家珍，而不知天，則可謂爲地人。蔽於一家者，其知識神思行動以一家之法則爲憂樂，若竈下婢然，終身蓬首垢面於竈下，一食爲飽，快然自足，餘皆憂苦，爲地最隘最小，則最苦矣。蔽于一鄉一邑者，其知識神思行動以一鄉一邑之風俗爲憂樂，多穀翁之十斛麥，乘障吏之自尊，其爲地亦最隘小，而苦亦甚矣。蔽於一國者，其神思知識行動以一國之政教爲憂樂，或以舞刀筆效官職，或以能殺人稱功名，或以文學登高科至高位，或以生帝王家爲親貴，爲王、爲帝，上有數千年之教俗，下有萬數千里之政例，自貴而相賤，自是而相非，以多爲證，以同爲正，用以相形而相傴、相傾、相織也，其爲地亦隘小矣，其爲人亦苦而不樂矣。夫大地棣通，遊學諸國，足偏五洲，全球百國之政藝俗日輸於腦中、耳目中，其神思知識行動，以歐美爲進退，或更兼搜埃及、印度、波斯、阿拉伯各哲學，與其舊政舊俗爲得失，比較而進退焉，斯爲地人。其庶幾至矣乎，其亦樂矣乎！然彼歐、美之論說、風俗，溺於一偏，易有流弊，其更起互落，驟興乍廢，不可據依者，皆是也。當時則榮，没則已焉，奚足樂哉？其去至人也，抑何遠矣！然則，欲至人道之極樂，其爲天人乎？莊子曰：「人之生也，與憂俱來」。況其壽至短，其知有涯，以至短之壽，有限之知，窮愁苦悲，日夕之勞困不釋。或苦寒飢，家累國争，憧憧爾思，雷風水火，震撼駭疑，或日月遇食，彗星流飛，火山噴火，地裂海嘯，洪水汎濫，神鬼精魅，幻詭離奇，不辨其物質，不得其是非，哀恐畏懾，憂患傷之，痛心莫解，驚魂若癡，此亦人間世之最可憫悲者也。且愛惡相攻而吉凶生，情僞相感而利害生，惟天生人，有欲不能無求，求之不給，不能無争，争則不能無亂。一戰之慘，死人百萬，生存競争，弱肉强食。故諸教主哀而拯救之，嬌託上天，神道設教，怵以末日地獄，引以極樂天國，導以六道輪廻，誘以淨土天堂，皆以撫慰衆生之心，振拔羣萌之魂。顯密並用，權實雙行，皆所以去其煩惱，除其苦患，以至極樂而已。然裹飯以待餓夫，施藥以救病者，終未得當焉。以諸教主未知吾地爲天上之星，吾人爲天上之人，則所發之藥，未必對症也。康有爲生于繞日之地星，赤道之北，亞洲之東，崑崙之西南，中華之國土，發現海王星之歲以生。二十八歲時，居吾粤西樵山，北銀河之澹如樓，因讀曆象考成，而昔昔觀天文焉。因得遠鏡見火星之火山冰海，而悟他星之有人物焉。因推諸天之無量，卽亦有無量之人物、政教、風俗、禮樂、文章焉，乃作諸天書。于今四十二年矣，歷劫無恙，日爲天游。吾身在此地星之人間，吾心游諸天之無量，陶陶然，浩浩然。俛視吾地星也，不及滄海之一滴也；俛視此人間世也，何止南柯之蟻國也。吾國自唐虞之世，羲和曆象，日月星辰，授時成歲，立閏正朔，其在三代，巫咸甘石測天，其略存於史記天官書，其後渾、蓋、宣夜三説並馳，平、昕、安、穹四天騰沸。然古無精器，漢張衡地動儀，今存型於日本；元郭守敬渾天儀，吾摩挲於德國，今歸于京師觀象台。然在今日，皆廢而無用矣。中國天文書以隋志爲詳。隋時尚以星只一千五百六十，若張衡謂微星一萬一千五百五十，則隋志言衡圖堙滅，星名不存。歐土古先謂日爲神所乘火輪車，每日過天空，希臘之安邦瑞美謂天空運行，皆繞極星，地河天心，如平滑之圓壔而深無底。達名拉斯只言地自爲球，繞天心山之點，如宇宙火，以繩端之小石，其說盛行至第四紀乃滅。然日實如宇宙火，不謬也，但彼未識卽爲日耳。亞里斯加斯謂月大于地，則大謬矣。自哥白尼出，乃知地之繞日。奈端乃發重力之吸拒。天文乃有所人。今測銀河之星已二萬萬，況銀河僅得渦雲天十六萬之一乎？其他占驗，尤巨謬不足辨。詩曰：「克廣德心。」周子曰：「見其大則心泰。」吾之談天也，欲爲吾同胞天人發聾振聵，俾人人自知爲天上人，知諸天之無量。人可乘爲以太而天遊，則天人之電道，與天上之極樂，自有在矣。夫談天豈有盡乎？以久而未布。丙寅講學於天游學院，諸門人咸請刻布此書，以便學者。雖槧簡陋，亦足爲見大心泰之助，以除人間之苦，則所穫多矣。

八月，重遊京師，居於文園，卽其婿羅文仲家，與門人連日歡宴，明月照席，飲酒太懽。張君篁溪卽席賦詩，先君答之，並示諸子：

草堂萬木久蕭蕭，吾道何之離索遙。舊學新知窮兀兀，樂天知命故囂囂。銀河霧散星辰夜，綠酒人懷今古潮。華月明明光可掇，超觀各自上丹霄。

九月十六日，先君歸滬後，曾與張篁溪一書，中有成住聚散，人天之常，無可爲言云云，蓋已知死期將至矣。

民國十六年丁卯（一九二七年）先君七十歲。

二月四日，徐良由津抵滬，齎到帝御筆「嶽峙淵清」四字匾額一幅，玉如意一柄，賀先君七十壽辰，感慨萬分，乃寫謝恩摺，其文如左：

奏爲敬謝天恩，以臣行年七十，特賜臣壽，恭摺仰祈聖鑒事。竊以今年二月初五日，爲臣七十歲覽揆之辰。二月四日徐良由津抵滬，齎到皇上御筆，「嶽峙淵清」四字匾額一幅，玉如意一柄，賜臣爲壽。臣喜舞忭蹈，當卽恭設香案，望北叩謝天恩，祇領迄。徐良並述聖旨，謂自京隻身出津，無多長物可賜，欲撰聯，只得出聯，忽忽未成對語。伏聽感極，以喜以傷！伏念臣海濱鄙人，又質無底，雖十三世之爲士，而門非華胄，既四十歲以無聞，徒竽濫科第。先帝憂國阽危，疇咨俊乂，擢臣于側陋冗散之中，諮臣以變法自强之業，諭臣專摺奏事。由是感激，竭盡愚忠。先帝御二千年之積弊，政厲雷霆；順四萬萬之人心，令如流水。書朝上而電夕下，國雖舊而命維新，百日變政，萬彙昭蘇，擧國更始以改觀，外人動色而悚聽。乃爲那拉后所廢除，遂幽先帝而興獄。既誅六士，而戮及臣弟，更掘先墓，而逮捕臣孥。大索京師，則閉城門而斷鐵道；嚴搜津滬，則發緹騎而停舟車。既布太上訓政之詔，謂圍頤和園以危后體，更師明季紅丸之案，誣進毒丸已弑聖躬。臣捧詔驚號，絶心蹈海，英吏謂聖躬猶在，救臣偷生。然圖臣之形，徧于中外，捕臣之電，敷于全國，網羅遮布，羽翼難飛。若非衣帶之密詔促行，飛鷹之兵艦煤絶，臣久已上巴黎斷頭之台，灑東市朝衣之血。閲今卅載，墓木拱矣，豈有餘生以上拜聖恩哉！逮英吏以雙艦救臣，乃得出亡而奔外。然購臣之頭，懸賞至五十萬；刺臣之事，暗殺至五六擧。或賄通護卒，冒深夜以登樓，或賃居隣舍，開地道以行炸，此則在香港也。或託于知交之舊故，而密來挾刃；或遲于已行之不遇，而刖及車夫，此則在星架坡也。若暫過而夜焚所居，殃及清議報館，此則在橫濱也。凡茲十死之至危，自維全生之無術。遂自印度遠避美歐，流離絶國之風波，飄泊西洋之天地，梯山航海，行徧四洲，追日逐月，三周大地，歷經三十一國，行道六十萬里，出亡在外，十有六年。每當向若望洋，睨驚濤之拍拍；殘星落月，望北斗以依依。聽胡笳之悲鳴，思漢月以日遠。蘇武之節旄，齧之垂盡；班超之玉門，生還無期。上哀聖主瀛台之幽囚，下痛親友柴市之慘戮；內悲老母倚閭之不見，外慮生民亂世之多艱，未嘗不肝隨肺裂，心逐魂飛，賦遠遊而悲秋，誦大招而不返。中擬俄羅斯之漫遊，幸得陸徵祥之密告，謂俄允后約，來則執歸，行李戒塗，遄行遂止。不則，宋仲幾執歸周室，樊於期頭入秦匕矣。迺蒙天佑，竟得生還。然已鼎湖龍去，弓劍難攀；周室鼎移，玉步頓改。望帝之杜鵑血盡，華表之遼鶴空歸。雖載洵曾舉臣總揆，然大盜謀移國而未行，華僑多從臣保皇，縱會員有億兆，其何補于是！袁賊篡位，洪憲竊號，臣憤思討賊，義不帝秦，謂非亡新，不能復漢。乃密激志士，大聯羣帥，蔡鍔出臣門下，陸榮廷爲臣知故；西南諸將，鼓其仗義興師，東南七省，勸其嚴守中立。王莽遂殪，侯景無成。然雖盡瘁連年，當復明辟，人事外阻，天變日深。近乃至黃屋蒙塵，郊宮鞠草。臣回天無術，行澤悲吟，每念家國而咎心，宜使祝宗以祈死。我皇上不自軫清露之苦，乃垂注臣初度之生，入此歲來，年已七十，憐其馬齒之長，恤其牛走之勞；遠命使人，特銜天詔，宸章耀于蓬蓽，高深昜以岳淵；玉德賁于丘園，提携望其如意。仰雲章之爛河漢，撫寶玉之重連城，此豈微臣所當被蒙，尤爲老臣驚于受寵。付子孫傳後世，永載高天厚地之恩；以心肝奉至尊，願效墜露輕塵之報。所有感激下忱，理合具摺恭謝天恩，伏惟皇上聖鑒。謹奏。

二月五日，爲先君七十壽辰，門弟子及女同薇、同璧咸到上海祝嘏。梁啓超撰七十壽序，情文並茂，傳誦一時，又集漢賢成語撰一聯云：

述先聖之玄意，整百家之不齊，入此歲來，年七十矣！

奉觴豆於國叟，致歡忻於春酒，親受業者，蓋三千焉！

時因南北戰事方酣，過壽日後，卽去青島。當先君壽日，身體已覺不適，至二月二十八日午前五時三十分，逝世於青島福山路寄廬，卽陽曆三月卅一日，遺體葬於青島李村象耳山下。

先君去滬時，親自檢點遺稿，並將禮服攜帶。臨行，巡視園中殆遍，且曰：我與上海緣盡矣！以其像片分贈工友，以作紀念，若預知永別者焉。

（附）康南海先生墓碑文

公諱有爲，字長素，廣東南海人，乙未進士。博學雄才，受知於翁師傅。丁酉入都，適德人突據膠州灣，我國藩籬盡撤。公以外患日迫，非變法不足以圖存。而守舊諸臣，謗議紛紜，將請太后復訓政。帝速公出京，而以密詔袁世凱殺榮祿。袁以告榮，榮疾馳入京，誣帝信公逆謀，將圍頤和園，不利於太后。后大怒，幽帝於瀛台。戮二楊、康、劉、林、譚於市。公得英艦救護，出亡海外，十有六年。癸丑返國。清社已屋，不勝麥秀黍離之感。公以君主獨裁，既不適於今日。而法美之制，又未可驟致，故力主虛君共和。聯絡各省督軍，公推長江巡閱使張勳爲盟主。六月一日，張以調停督軍團爲名，率兵入京，宣布復辟。而段祺瑞興兵馬廠，各督軍均作壁上觀。數年心血，竟如曇花一現。國人如醉如狂，方肆力於内戰。公以國亡無日，遂避地來青。丁卯二月，公年七十，假敝寓以享客。先一日，其同鄉某，讌公於英記酒樓。未終席，腹大疼，急舁歸。次日，余往省之。公曰：嘔吐竟夜，毒已清矣。健談如昔。夜五鼓，忽急足來報，而公已逝矣。時二月二十八日也。公子同籛、同凝，均在滬寓。余與趙公，經紀其喪，葬於其所自擇之象耳山。後三日，其二歲幼女同令，亦夭逝，遂並葬於此。爰勒石以誌梗概，俾後之驅車過此者，有所憑弔焉。中華民國十八年新昌呂振文撰並書。

附録

康有爲傳（録自飲冰室文集卷九）

梁啓超

第一章　時勢與人物

文明弱之國人物少，文明盛之國人物多。雖然，文明弱之國，人物之資格易，文明盛之國，人物之資格難。如何而後可以爲真人物？必其生平言論行事，皆影響於全社會，一舉一動，一筆一舌，而全國之人皆注目焉。甚者全世界之人皆注目焉。其人未出現以前與既出現以後，而社會之面目爲之一變，若是者庶可謂之人物也已。

有應時之人物，有先時之人物，法蘭西之拿破崙，應時之人物也，盧梭則先時之人物也；意大利之加布兒，應時之人物也，瑪志尼則先時之人物也；日本之西鄉、木户、大久保，應時之人物也，蒲生、吉田，則先時之人物也。其爲人物一也，而應時而生者，則其所志就，其所事成，而其及身亦復尊榮安富，名譽洋溢。先時而生者，其所志無一不拂戾，其所事無一不挫折，而其及身亦復窮愁潦倒，奇險殊辱，舉國欲殺，千夫唾駡，甚乃身死絶域，血濺市朝，是亦豪傑之有幸有不幸乎？雖然，爲一身計，則與其爲先時之人物，誠不如爲應時之人物；爲社會計，則與其得十百應時之人物，無甯得一二先時之人物。何則？先時人物者，社會之原動力，而應時人物所從出也。質而言之，則應時人物者，時勢所造之英雄，先時人物者，造時勢之英雄也。既有時勢，何患無應此之英雄，然若無先此之英雄，則恐所謂時勢者渺不可覩也。應時者有待者也，先時者無待者也，同爲人物，而難易高下判焉矣。由此言之，凡真人物者，非爲一世人所譽，則必爲一世人所毁，非爲一世人所膜拜，則必爲一世人所蹴踏。何以故？或順勢而爲社會導，或逆勢而與社會戰，不能爲社會導者，非人物也；不敢與社會戰者，非人物也；然則其戰亦有勝敗乎？曰無有。凡真人物者，必得最後之戰勝者也，是故有早歲敗而晚年勝者焉，有及身敗而身後勝者焉。大抵其先時愈久者，則其激戰也愈甚，而其獲勝也愈遲。孟子曰，不知其人可乎？是以論其世也。觀人物者不可不於此留意也。

二十世紀之中國，必雄飛於宇內，無可疑也，雖然，其時機猶在數十年以後焉。故今日固無拿破崙也，無加布兒也，無西鄉、木户、大久保也，即有之而亦必不能得其志，且無所甚補益於國家。故今日中國所相需最殷者，惟先時之人物而已。嗚呼！所望先時人物者，其已出現乎？其未出現乎？要之今日殆不可不出現之時哉！今後繼續出現者幾何人，吾不敢言，若其巋然亙於前者，吾欲以南海先生當之。凡先時人物所最不可缺之德性有三端：一曰理想，二曰熱誠，三曰膽氣。三者爲本，自餘則皆枝葉焉耳。先時人物者，實過渡人物也，其精神專注於前途，以故其舉動或失於急激，其方略或不適於用，常有不能爲諱者。南海先生吾師也，以吾而論次其傳，後世或謂阿所好焉。要之，先生生平言論行事，雖非無多少之缺點，可以供人摭拾之而詆排之者，若其理想之宏遠照千載，其熱誠之深厚貫七札，其膽氣之雄偉橫一世，則並時之人，未見其比也。先生在今日，誠爲舉國之所嫉視，若夫他日有著二十世紀新中國史者，吾知其開卷第一葉，必稱述先生之精神事業，以爲社會原動力之所自始。若是乎，先生果爲中國先時之一人物哉！吾而不傳，曷貽來者，不揣愚陋，遂綴斯文。

第二章　家世及幼年時代

先生名有爲，字廣廈，號長素，廣東廣州府南海縣人。其先代爲粵名族，世以理學傳家。曾祖式鵬，講學於鄉，稱醇儒。祖父贊修，爲連州教諭，專以程朱之學，提倡後進，粵之士林，咸宗仰焉。從祖國器，當咸同間，從左軍，以功至廣西巡撫。懿修，當咸豐末葉，四海鼎沸之際，以一布衣辦七縣團練，境內肅謐。其後朝廷以三達官某某等充全粵團練大臣，假公謀私，氣焰熏灼，而懿修獨不肯以所屬置彼三人勢力範圍之下，三人者以全力敵之脅之搏之，不能奪也，卒使其地確然成一自治團體，至今食其賜焉。蓋其剛健任事，不畏強禦之風，有自來矣。父達初，早世，母勞氏，生子二人，仲曰廣仁，戊戌之役，死於國難，先生其伯也。先生既蚤孤，幼受教育於大父，每誦讀，過目不忘，七歲能屬文，有神童之目。然家學既正，秉性尤厚，故常嚴重，不苟言笑，成童之時，便有志於聖賢之學，鄉里俗子笑之，戲號之曰「聖人爲」，蓋以其開口輒曰聖人聖人也。「爲」也者，先生之名有爲也。卽此一端，亦可以知其少年之志氣矣。

吾粵之在中國，爲邊徼地，五嶺障之，文化常後於中原，故黃河流域、揚子江流域之地，開化既久，人物屢起，而吾粤無聞焉。數千年無論學術事功，皆未曾有一人出，能動全國之關係者。惟禪宗六祖慧能，爲佛家鉅子，風靡天下，然所及乃在世界外之世界耳。次則明代陳白沙，湛甘泉，以講學鳴於時，然其學系之組織完善不及姚江，故王學出而陳學衰。逮於近世，洪秀全、李秀成驟倡革命，蹂躪天下之半，實爲吾粤人物最有關係於全國者，然其才略不敵湘淮，故曾軍興而洪軍亡。微乎眇哉，粤人之在中國也！然則其關係之所及最大而最遠者，固不得不謂自先生始。

第三章　修養時代及講學時代

先生以十九歲喪大父，年十八，始游朱九江先生之門，受學焉。九江者，名次琦，字子襄，粤中大儒也。其學根柢於宋明，而以經世致用爲主，研究中國史學歷代政治沿革得失，最有心得，著書甚富。晚年以爲此等著述，無益於後來之中國，故當易簀之際，悉焚其稿，學者惜焉。先生從之游，凡六年，而九江卒，其理學政學之基礎，皆得諸九江。

九江卒後，乃屏居獨學於南海之西樵山者又四年。其間盡讀中國之書，而其發明最多者爲史學。究心歷代掌故，一一考其變遷之跡，得失之林，下及考據詞章之學。當時風靡一世者，雖不屑屑，然以餘事及之，亦往往爲時流所莫能及。又九江之理學，以程朱爲主，而間採陸王，先生則獨好陸王，以爲直捷明誠，活潑有用。故其所以自修及教育後進者，皆以此爲鵠焉。既又潛心佛典，深有所悟，以爲性理之學，不徒在軀殼界，而必探本於靈魂界，遂乃冥心孤往，探求事事物物之本原，大自大千諸天，小至微塵芥子，莫不窮究其理。常徹數日夜不卧，或打坐，或游行，仰視月星，俯聽溪泉，坐對林莽，塊然無儔，内觀意根，外察物相，舉天下之事，無得以擾其心者。殆如世尊起於菩提樹下，森然有天上地下惟我獨尊之慨，先生一生學力，實在於是。其結果也，大有得於佛爲一大事出世之旨。以爲人相我相衆生相既一無所取無所著，而猶現身於世界者，由性海渾圓，衆生一體，慈悲普度，無有已時。是故以智爲體，以悲爲用，不染一切，亦不捨一切。又以願力無盡，故與其布施於將來，不如布施於現在；大小平等，故與其惻隱於他界，不如惻隱於最近。於是，浩然出出世而入入世，横縦四顧，有澄清天下之志。

既出西樵，乃游京師，其時西學初輸入中國，舉國學者，莫或過問，先生僻處鄉邑，亦未獲從事也。及道香港、上海，見西人殖民政治之完整，屬地如此，本國之更進可知。因思其所以致此者，必有道德學問以爲之本原，乃悉購江南製造局及西教會所譯出各書盡讀之。彼時所譯者，皆初級普通學，及工藝兵法醫學之書，否則耶穌經典論疏耳，於政治哲學，毫無所及。而先生以其天稟學識，別有會悟，能舉一以反三，因小以知大，自是於其學力中，別開一境界。

其時，天下未知有先生也。先生之旅行，凡五六年，北出山海關，登萬里長城，南游江漢，望中原，東詣闕里，謁孔林，浪跡於燕、齊、楚、吴、荆、襄之間，察其風土人物，交其士大夫，西泝江峽，如桂林。疇昔山中所修養者，一一案之經歷實驗，學乃益進。

先生以爲欲任天下之事，開中國之新世界，莫亟於教育，乃歸講學於粤城，歲辛卯，於長興里設黌舍焉。余與先生之關係，實始於此。其時，張之洞實督兩粤，先生勸以開局譯日本書，輯萬國文獻通考，張氏不能用也。乃盡出其所學，教授弟子，以孔學、佛學、宋明學爲體，以史學、西學爲用，其教旨專在激厲氣節，發揚精神，廣求智慧。中國數千年無學校，至長興學舍，雖其組織之完備萬不達泰西之一，而其精神則未多讓之。其見於形式上者，如音樂至兵式體操諸科，亦皆屬創舉。先生講學於粵凡四年，每日在講堂者四五點鐘，每論一學，論一事，必上下古今，以究其沿革得失。又引歐美以比較證明之，又出其理想之所窮及，懸一至善之格，以進退古今中外。蓋使學者理想之自由，日以發達，而別擇之智識，亦從生焉。余生平於學界稍有所知，皆先生之賜也。

後又講學於桂林，其宗旨方法，一如長興。先生又以爲，凡講學莫要於合羣，蓋以得智識交換之功，而養團體親愛之習。自近世嚴禁結社，而士氣大衰，國之日孱，病源在此，故務欲破此錮習，所至提倡學會。雖屢遇反對，而務必達其目的然後已，其見忌嫉於當世，此亦一原因也。甲午敗後，遂開強學會於京師，一時張之洞、袁世凱之流，皆贊成焉。不數月，爲政府所禁，然自是學會之風偏天下，一年之間，設會百數，學者不復以此爲大戒矣。強學會之開也，余與其役。當時創議之人，皆贊此舉，而憚會之名號，咸欲避之，而代以他字，謂有其實不必惟其名也，而先生斷斷持之，不肯遷就，余頗怪焉。先生曰：吾所以辦此會者，非謂其必能成而有大補於今時也，將以破數百年之網羅，而開後此之塗徑也，後卒如其言。先生之遠識大膽毅力，大率類是。乙未丙申以後，先生所欲開之學風，漸萌芽浸潤於全國矣。

第四章　委身國事時代

先生經世之懷抱在大同，而其觀現在以審次第，則起點於愛國；先生論政之目的在民權，而其揆時勢以謀進步，則注意於格君。自光緒十五年，卽以一諸生伏闕上書，極陳時局，請及時變法以圖自強，書格不達。甲午敗後，又聯合公車千餘人，上書申前議，亦不達，世所傳公車上書記是也。自此以後，四年之間，凡七上書，其不達也如故，其頻上也如故，舉國俗流非笑之，唾罵之。或謂爲熱中，或斥爲病狂，先生若爲不聞也者，無所於撓，鍥而不捨。其結果也，爲今上皇帝所知，召對特拔，遂有戊戌維新之事。

戊戌維新，雖時日極短，現效極少，而實二十世紀新中國史開宗明義第一章也。凡物必有原動力以起其端，由原動生反動力，由反動力復生其反動力，反反相衝，動動不已，而新世界成焉。惟戊戌之原動力，其氣魄雄厚，其潮勢壯闊，故生反動力最速而最劇，僅百日間，挫跌一無所存，而反動力之雄厚壯闊，亦與之相應。其高潮之點，極於團匪之禍，神京蹂躪，朝列爲空，今者反動力之反動力又起矣。自今以往，中國革新之機，如轉巨石於危崖，遏之不可遏，必達其目的地而後已，此事理所必至也。然則戊戌之役，爲敗乎？爲成乎？君子曰成也。

戊戌維新之可貴，在精神耳！若其形式，則殊多缺點。殆猶大輅之僅有椎輪，木植之始見萌坼也。當時舉國人士，能知歐美政治大原者，既無幾人，且掣肘百端，求此失彼，而其主動者，亦未能游西域讀西書，故其措置不能盡得其當，殆勢使然，不足爲諱也。若其精神，則純以國民公利公益爲主，務在養一國之才，更一國之政，採一國之意，辦一國之事，蓋立國之大原，於是乎在。精神既立，則形式隨之而進，雖有不備，不憂其後之不改良也，此戊戌維新之真相也。吾雖不敢盡以此爲先生一人之功，然其主動者在先生，又天下人所同認而無異詞也。先生所以盡力於國家者，於是爲不薄矣。

政變以後，先生之志不少衰，復聯合海内同志，創一中國前此未有之大會，以圖將來，及至去年，漢口之難又一挫跌，以至於今，而先生委身國家之生涯，其前半段落暫停頓焉。其此後若何？非吾之所得言也。要之，此新舊兩世紀之交，中國政治界最有關係之人物誰乎？吾敢應之而不疑曰，康先生也。

第五章　教育家之康南海

先生能爲大政治家與否，吾不敢知。雖然，其爲大教育家，則昭昭明甚也。先生不徒有教育家之精神而已，又備教育家之資格，其品行方峻，其威儀嚴整。其授業也，循循善誘，至誠懇懇，殆孔子所謂誨人不倦者焉。其講演也，如大海潮，如獅子吼，善能振盪學者之腦氣，使之悚息感動，終身不能忘，又常反覆説明，使聽者渙然冰釋，怡然理順，心悦而誠服。中國學風之壞，至本朝而極，而距今十年前，又末流也。學者一無所志，一無所知，惟利禄之是慕，惟帖括之是學。先生初接見一學者，必以嚴重迅厲之語，大棒大喝，打破其頑舊卑劣之根性，以故學者或不能受，一見便引退，其能受者，終身奉之，不變塞焉。先生之多得得力弟子，蓋在於是。其爲教也，德育居十之七，智育居十之三，而體育亦特重焉。

今案長興學舍之綱領旨趣，造一學表如下：

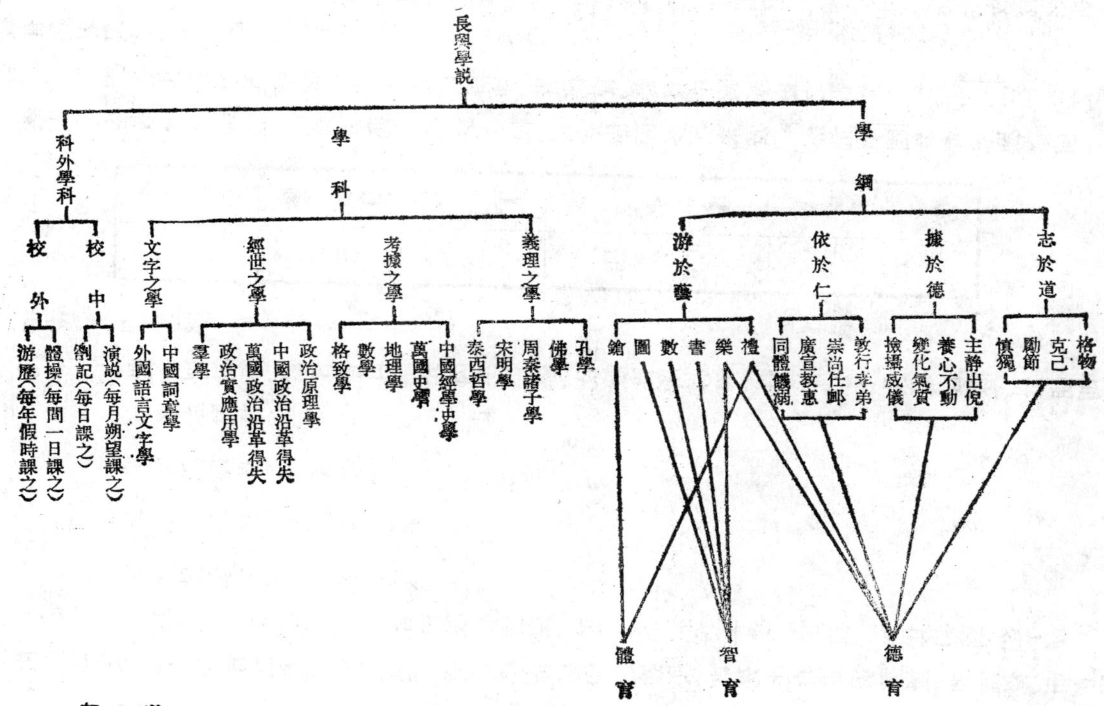

由此觀之，先生教育之大綱可知矣。至其學舍組織之體段，則先生自爲總教授，總監督，而立學生中三人或六人爲學長，分助各科。又舍中設有書藏，儀器室，亦委一學生專司之，其規制如下：

師
- 博文科學長（主助教授及分校功課）
- 約禮科學長（主勸勉品行糾檢威儀）
- 干城科學長（主督率體操）
- 書器庫監督（主管理圖書儀器）

凡學生人置一劄記簿，每日各自記其內學外學，及讀書所心得，時事所見，及以自課，每朔則繳呈之，先生爲之批評焉。

一	二	三	四	五	六
養心	修身	接人	執事	讀書	時務

然則先生教育之組織，比諸東西各國之學校，其完備固多所未及。然當中國教育未興之前，無所憑藉，而自創之，其心力不亦偉乎？至其重精神，貴德育，善察中國歷史之習慣，對治中國社會之病源，則後有起者，皆不可不師其意也。

先生教育之大段，固可以施諸中國，但其最缺點者有一事，則國家主義是也。先生教育之所重曰，箇人的精神，曰世界的理想，斯二者非不要，然以施諸今日之中國，未能操練國民，以戰勝於競爭界也。美猶爲憾，吾不敢爲諱。

第六章　宗教家之康南海

先生又宗教家也。吾中國非宗教之國，故數千年來，無一宗教家。先生幼受孔學，及屏居西樵，潛心佛藏，大澈大悟，出游後，又讀耶氏之書，故宗教思想特盛，常毅然以紹述諸聖普度衆生爲己任。先生之言宗教也，主信仰自由，不專崇一家，排斥外道，常持三聖一體諸教平等之論。然以爲生於中國，當先救中國，欲救中國，不可不因中國人之歷史習慣而利導之。又以爲中國人公德缺乏，團體散渙，將不可以立於大地，欲從而統一之，非擇一舉國人所同戴而誠服者，則不足以結合其感情，而光大其本性，於是乎以孔教復原爲第一著手。

先生者，孔教之馬丁路得也，其所以發明孔子之道者，不一而足，約其大綱，則有六義：

一　孔教者，進步主義，非保守主義。
二　孔教者，兼愛主義，非獨善主義。
三　孔教者，世界主義，非國別主義。
四　孔教者，平等主義，非督制主義。
五　孔教者，強立主義，非巽懦主義。

六　孔教者，重魂主義，非愛身主義。

其從事於孔教復原也，不可不先排斥俗學而明辯之，以撥雲霧而見青天，於是其料簡之次第，凡分三階段：

第一　排斥宋學，以其僅言孔子修己之學，不明孔子救世之學也。

第二　排斥歆學，（劉歆之學）以其作僞，誣孔子誤後世也。

第三　排斥荀學，（荀卿之學）以其僅傳孔子小康之統，不傳孔子大同之統也。

昔中國之言孔學者，皆以論語爲獨一無二之寶典，先生以爲論語雖孔門真傳，然出於門弟子所記載，各尊所聞，各明一義，不足以盡孔教之全體，故不可不推本於六經。六經皆孔子手定，然詩書禮樂，皆因前世所有而損益之，惟春秋則孔子自作焉，易則孔子繫辭焉。故求孔子之道，不可不於易與春秋。易爲魂靈界之書，春秋爲人間世之書，所謂致廣大而盡精微，極高明而道中庸，孔教精神，於是乎在。

先生之治春秋也，首發明改制之義，以爲孔子愍時俗之敝，思一革而新之，故進退千古，制定法律，以貽來者。春秋者孔子所立憲法案也，所以導中國脫野蠻之域，而進於文明也。故曰：春秋，天子之事也。但孔子所處之時勢地位，既不能爲梭倫，亦不必爲盧梭，故託諸記事，立其符號，傳諸口說，其微言大義，則在公羊、穀梁二傳，及春秋繁露等書。其有未備者，可推甲以知乙，舉一以反三也。先生乃著孔子改制考，以大暢斯旨，此爲孔教復原之第一段。

次則論三世之義，春秋之例，分十二公爲三世，有據亂世，有升平世，有太平世。據亂升平，亦謂之小康，太平亦謂之大同，其義與禮運所傳相表裏焉。小康爲國別主義，大同爲世界主義，小康爲督制主義，大同爲平等主義。凡世界非經過小康之級，則不能進至大同，而既經過小康之級，又不可以不進至大同。孔子立小康義以治現在之世界，立大同義以治將來之世界，所謂六通四闢，小大精粗，其運無乎不在也。小康之義，門弟子皆受之，而荀卿一派爲最盛，傳於兩漢，立於學官。及劉歆竄入古文經，而荀學之統亦篡矣。宋元明儒者，別發性理，稍脱劉歆之範圍，而皆不出於荀學之一小支。大同之學，門弟子受之者蓋寡，子游、孟子稍得其崖略，然其統中絶，至本朝黄梨洲稍窺一斑焉。先生乃著春秋三世義、大同學說等書，以發明孔子之真意，此爲孔教復原之第二段。

若夫大易，則所謂以元統天，天人相與之學也。孔子之教育，與佛說華嚴宗相同，衆生同原於性海，舍衆生亦無性海，世界原具含於法界，舍世界亦無法界。故孔子教育之大旨，多言世間事，而少言出世間事，以世間與出世間，非一非二也。雖然，亦有本焉，爲尋常根性人說法，則可使由之而不使知之；若上等根性者，必當予以無上之智慧，乃能養其無上之願力。故孔子繫易，以明魂學，使人知區區軀殼，不過偶然幻現於世間，無可愛惜，無可留戀，因能生大勇猛，以舍身而救天下。先生乃擬著大易微言一書，然今猶未成，不過講學時常授其口說而已，此爲孔教復原之第三段。

此外，先生所著書，關於孔教者，尚有教學通議一書，爲少年之作，今已棄去。有新學僞經考，出世最早。有春秋公羊傳注，孟子大義述，孟子公羊相通考，禮運注，大學注，中庸注等書，皆未公於世。

以上先生發明孔教之大略也。吾自從學以來，悉受斯義，及今既閲十餘年，騖心末學，久缺研究，而瀏覽泰西學説以後，所受者頗繁雜，自有所別擇，於先生前者考案各義，蓋不能無異同。要之，先生目光之炯遠，思想之鋭入，氣魄之閎雄，能於數千年後以一人而發先聖久墜之精神，爲我中國國教放一大光明，斯不獨吾之所心悦誠服，實此後中國教學界所永不能諼者也。

先生於佛教，尤爲受用者也。先生由陽明學以入佛學，故最得力於禪宗，而以華嚴宗爲歸宿焉。其爲學也，即心是佛，無得無證，以故不歆淨土，不畏地獄，非惟不畏也，又常住地獄，非惟常住也，又常樂地獄，所謂歷無量劫行菩薩行是也。以故日以救國民爲事，以爲舍此外更無佛法。然其所以立於五濁擾擾之界而不爲所動者，有一術焉，曰常惺惺，曰不昧因果。故每遇横逆困苦之境，輒自提醒曰，吾發願固當如是，吾本棄樂而就苦，本舍淨土而住地獄，本爲衆生迷惑煩惱故，入此世以拯之，吾但當愍衆生之未覺，吾但當求法力之精進，吾何爲瞋恚？吾何爲退轉？以此自課，神明俱泰，勇猛益加，先生之修養，實在於是，先生之受用，實在於是。

先生於耶教，亦獨有所見，以爲耶教言靈魂界之事，其圓滿不如佛，言人間世之事，其精備不如孔子。然其所長者，在直捷，在專純，單標一義，深切著明，曰人類同胞也，曰人類平等也，皆上原於真理，而下切於實用，於救衆生最有效焉，佛氏所謂不二法門也。雖然，先生之布教於中國也，專以孔教，不以佛、耶，非有所吐棄，實民俗歷史之關係，不得不然也。

先生所以效力於國民者，以宗教事業爲最偉，其所以得謗於天下者，亦以宗教事業爲最多。蓋中國思想之自由，閉塞者已數千年，稍有異論，不曰非聖無法，則曰大逆不道，即萬國前事，莫不皆然，此梭格拉底所以瘐死獄中，而馬丁路得所以對簿法庭也。以先生之多識淹博，非不能曲學阿世，以博歡迎於一時，但以爲不抉開此自由思想之藩籬，則中國終不可得救，所以毅然與二千年之學者，四萬萬之時流，挑戰決鬬也。嗚呼，此先生所以爲先生歟？泰西歷史家，論近世政治學術之進步，孰不以宗教改革之大業，爲一切之原動力乎？後有識者，必能論定此公案也。

第七章　康南海之哲學

先生者，天禀之哲學者也。不通西文，不解西說，不讀西書，而惟以其聰明思想之所及，出乎天天，入乎人人，無所憑藉，無所襲取，以自成一家之哲學，而往往與泰西諸哲相闇合，得不謂理想界之人傑哉？今就疇昔所聞者，略敍其一二：

（一）先生之哲學，博愛派哲學也。先生之論理，以「仁」字爲唯一之宗旨，以爲世界之所以立，衆生之所以生，家國之所以存，禮義之所以起，無一不本於仁，苟無愛力，則乾坤應時而滅矣。是故，果之核謂之仁，無仁則根幹不能茁，枝葉不能萌。手足麻木者謂之不仁，衆生之在法界，猶四肢之在一身也，人而不相知不相愛，則謂之不仁，與一體之麻木者等。苟仁矣，則由一體可以爲團體，由團體可以爲大團體，由大團體可以爲更大團體，如是徧於法界，不難矣。故懸仁以爲鵠，以衡量天下之宗教之倫理之政治之學術，乃至一人之言論行事，凡合於此者謂之善良，不合於此者謂之惡劣。以故三教可以合一，孔子也，佛也，耶穌也，其立教之條目不同，而其以仁爲主則一也。以故當博愛，當平等，人類皆同胞，而一國更不必論，而所親更不必論。故先生之論政論學，皆發於不忍人之心，人人有不忍人之心，則其救國救天下也，欲已而不能自已，如左手有痛癢，右手從而煦之也，不然者，則麻木而已矣，不仁而已矣，其哲學之大本，蓋在於是。

（二）先生之哲學，主樂派哲學也。凡仁必相愛，相愛必使人人得其所欲而去其所惡，人之所欲者何？曰樂是也。先生以爲快樂者衆生究竟之目的，凡爲樂者固以求樂，凡爲苦者亦以求樂也。耶教之殺身流血，可爲極苦，然其目的在天國之樂也；佛教之苦行絕俗，可謂極苦，然其目的在涅槃之樂也；卽不歆天國，不愛涅槃，而亦必其以不歆不愛爲樂也，是固樂也。若夫孔教之言大同，言太平，爲人間世有形之樂，又不待言矣。是故使其魂樂者，良宗教良學問也，反是則其不良者也；使全國人民皆樂者，良政治也，反是則其不良者也；而其人民得樂之數之多寡及其樂之大小，則爲良否之差率。故各國政體之等級，千差萬別，而其最良之鵠，可得而懸指也。墨子之非樂，此墨子所以不成爲教主也，若非使人去苦而得樂，則宗教可無設也。而先生之言樂，與近世西儒所倡功利主義，謂人人各求其私利者有異。先生之論，凡常人樂凡俗之樂，而大人不可不樂高尚之樂，使人人皆偏於俗樂，則世界之大樂真樂者，終不可得。夫所謂高尚之樂者何也，卽常自苦以樂人是也，以故其自治及教學者，恆以樂天知命爲宗旨。嘗言曰，凡聖賢豪傑之救世任事，亦不過自縱其救世任事之欲而已。故必視救世任事如縱欲，然後可謂之至誠，可謂之真人物，是先生哲學之要領，無論律人律己，入世間出世間，皆以此爲最終之目的，首尾相應，盛水不漏者也。

（三）先生之哲學，進化派哲學也。中國數千年學術之大體，大抵皆取保守主義，以爲文明世界，在於古時，日趨而日下，先生獨發明春秋三世之義，以爲文明世界，在於他日，日進而日盛。蓋中國有創意言進化學者，以此爲嚆矢焉。先生於中國史學，用力最深，心得最多，故常以史學言進化之理，以爲中國始開於夏禹，其所傳堯舜文明事業，皆孔子所託以明義，懸一至善之鵠，以爲太平世之倒影現象而已。又以爲世界既進步之後，則斷無復行退步之理，卽有時爲外界別種阻力之所遏，亦不過停頓不進耳，更無復返其初。故孟子言天下之生久矣，一治一亂，其説主於循環；春秋言據亂升平太平，其説主於進化；二義正相反對，而先生則一主後説焉。又言中國數千年政治雖不進化，而社會甚進化。政治不進化者，專制政體爲之梗也；社會進化者，政府之干涉少而人民自由發達也。先生於是推進化之運，以爲必有極樂世界在於他日，而思想所極，遂衍爲大同學説。

（四）先生之哲學，社會主義派哲學也。泰西社會主義，原於希臘之柏拉圖，有共產之論，及十八世紀，桑士蒙康德之徒，大倡之，其組織漸完備，隱然爲政治上一潛勢力。先生未嘗讀諸氏之書，而其理想與之闇合者甚多，其論據之本，在戴記禮運篇孔子告子游之語，其文曰：

大道之行也，天下爲公，選賢與能，講信修睦。故人不獨親其親，不獨子其子，使老有所歸，壯有所用，幼有所長，鰥寡孤獨廢疾者皆有所養，男有分，女有歸。貨惡其棄於地也，不必藏於己；力惡其不出於身也，不必爲己。故謀閉而不興，盜竊亂賊而不作，故外户而不閉，是謂大同。

先生演繹此義，以組織所謂大同學説者，其理想甚密，其條段甚繁，以此區區小篇，勢不能盡其義蘊，今惟提其大綱，先列一表如下：

大同學說
- （第一）原理
- （第二）世界的理想
  - （甲）理想之國家
    - （一）國家與人民之關係
    - （二）萬國相互之關係
  - （乙）理想之家族
    - （一）親子之關係
    - （二）夫婦之關係
  - （丙）理想之社會
- （第三）法界的理想
  - （丁）世間之法界
  - （戊）出世間之法界
- （第四）理想與現在之調和及其進步之次第

（第一）原理

先生哲學之主綱，既以求人類全體之最大快樂爲目的，乃以爲雖求其樂，當先去其苦，欲去其苦，當先尋其致苦之源於是以慈悲智慧之眼，觀察世界各種社會，條別其苦惱之種類與其所從出今略舉其數如下：

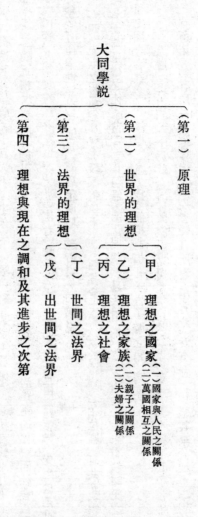

苦惱

- 特別之苦
  - （一）夭折之苦
  - （二）廢疾之苦
  - （三）鰥寡孤獨之苦
  - （四）奴隸之苦
  - （五）婦女之苦
- 普通之苦
  - （一）天然界之苦如癘疫水旱等類野蠻社會尤多
  - （二）戰爭亂離之苦（一）兩國相戰（二）本羣內亂
  - （三）不自由之苦（一）政府壓制（二）家族壓制
  - （四）牽累之苦家族牽累
  - （五）相處不睦之苦家族强合
  - （六）弱不能與人平等之苦雖非奴隸雖非婦女亦常不得平等
  - （七）貧無業之苦
  - （八）交通不便之苦
  - （九）勞作之苦
  - （十）不得學問之苦
  - （十一）不得名譽之苦（一）己身（二）本羣
  - （十二）愛戀之苦
  - （十三）仇敵之苦
  - （十四）疾病之苦
  - （十五）老羸之苦
  - （十六）死之苦
  - （十七）諸凡求而不得避而不得去者之苦

既察種種苦惱相，而求其所自出，不外三端：一曰天生，二曰人爲，三曰自作。又總三者而求其最大之根源，曰妄生分別，於是乎講普救之術。曰天生之苦惱，人智日開，藝術日精，則可以勝之；人爲之苦惱，公德日進，政事日修，則可以勝之；自作之苦惱，理想日高，智慧日大，則可以勝之。而其總根源既在分別，則其對治之總方法，厥惟大同。

大同根據之原理，以爲衆生本一性海，人類皆爲同胞，由妄生分別相故，故惟顧己之樂，而不顧他之苦，常以己之自由，侵人之自由，相侵不已，相報復不已，而苦惱之世界成焉。人私其身，家私其家，羣私其羣，國私其國，謀用是作，兵由此起，一切苦惱，永無窮極。欲治其本，不可不以宗教精神爲歸宿，而其下手之方法，不可不務國家改良，家族改良，社會改良。蓋先生之爲此學說，非徒欲施之一國，而將以施之天下，又非欲行之於現在，而欲行之於將來。質而言之，則其博愛主樂進化之三大主義，所發出之條段也。

（第二）　世界的理想

（甲）理想之國家　先生謂所貴乎有政府者，謂其爲人民謀公益之一公局也，故苟背此目的者，則不得認爲政府，苟不盡此責任者，亦不得認爲政府。雖然，先生所謂政府責任者，其範圍頗廣大，主張干涉主義，以爲民間一切教養之事務，政府不可不經理之指導之。其詳見下社會節其外形乃有似希臘之斯巴達國政體，但其選任政府，則一由人民公舉，採萬國制度而改良焉。禮運所謂天下爲公，選賢與能也。惟一政府所轄之境域，必不可過大，如中國十八行省之地，最少亦須分爲四五十政府，各因其風俗之程度以施政，初時不必齊等，久乃歸於大同。至於萬國相互之關係，先生爲各強國對立，各謀私益，互爭雄長，最爲文明進步之害，故第一須破國界。凡各大國向來統治於一總政府之下者，宜聽其人民自治，分爲若干對等之小國，略如美國聯邦、瑞士聯邦之例，合全地球無數之小政府，爲獨一之大聯邦，而爲總憲法以樞紐之。但此憲法與各小政府之憲法異，小政府之憲法務極繁，大聯邦之憲法務極簡。聯邦既成，則兵盡廢，但有警察，而無海陸軍，禮運所謂講信修睦也。此義西人發之者固甚多，今後數百年間亦斷不能行，而其爲天下之公理，爲將來世界所必至，蓋不可誣也

（乙）理想之家族　先生以爲尋常一般苦惱，起於家族者居大半，今日中國無論何人，問其家事，必有許多難言者。雖其外强爲熙熙融融，然其中非含隱戾不平之氣，即蓄愁鬱不堪之象。此何故也？（其一）「凡人性質之不相同，如其面焉，强合數軀殼或至數十軀殼，使處於一室，其魂不相洽，而其體不能相離，故悍者勃谿鬩爭，柔者抑鬱疾瘵。」（其二）「一家之中，分利者衆，生利者寡，婦女無論矣，孩童無論矣，即壯歲之子弟，亦常復仰食於父兄，故家長爲一家之人所累，終歲勤動，而猶不足自給，一家之人亦爲家長所累，半生壓制，而終不得自由。」以此兩端，故凡有家者無不苦，萬國皆然，而中國爲尤甚也。然則，家者煩惱之根也，故既破國界，不可不破家界。破家界之道奈何？凡子女之初生也，即養之於政府所立育嬰院，凡教養之責，皆政府任之，爲父母者不與聞。故凡人一出世，即爲公民，爲國家之所有，爲世界之所有，父母不得而私也。父母之恩，不在於生而在於養，故受育膝下，三年免懷，飲之食之，教之誨之，則義不可以不報，不孝者罪無赦焉。若夫養育於國家，則報國家之恩，重於父母，其天性

厚者，竭誠奉養焉，固可貴也，卽不能然，亦不責也。雖然，猶有一義焉，凡人之養子，大率爲晚年侍養之計者多，若爾爾，則老者不其殆乎？曰凡人之既成年也，受各種教育，因其性之所近，使之執事，爲社會盡責任者若干年。及其老而衰也，則入於政府之公立養老院，盡養以終其餘年，是又社會之報各人也。記有之，十六以下，上所得也，六十以上，上所養也，如是則老者無殆也。禮運所謂人不獨親其親，不獨子其子，老有所歸，壯有所用，幼有所長也。是使人人皆獨立於世界之上，不受他之牽累，而常得非常最大之自由也。若夫夫婦之間，則以結婚自由，離婚自由爲第一要義，政府一切不干涉，而惟限其年，若一夫多妻，一妻多夫，則所嚴禁也，此義也，西人固已實行之。

案：先生所言親子之關係，似甚駭聽聞。雖然，不過其理想如是耳。凡行一制度，必與他制度相待而成，若行甲而遺乙，行乙而遺甲，是不可謂之制度也。故此等關係，到大同之後，勢固不得不行，若在今日，萬不能以爲藉口者也。先生説教，最重報恩，常言佛法出家，於施報之義大有缺點焉，既有家則不可不愛家，既受父母之教養，則不可不孝父母，故先生事母以孝聞，學者勿誤會此言以自取罪也。

（丙）理想之社會　前所述理想之國家，實無國家也，理想之家族，實無家族也。無國家無家族則奈何？以國家家族盡融納於社會而已。故曰社會主義派哲學也，故其一切條理，皆在於社會改良。今試舉其特色者，略條論之：

（A）進種改良　欲造大同之世界，不可不使人類有可以爲大同公民之資格，故進種改良爲最要焉。此事固甚難，然亦非不可致，用人事淘汰之法，需以日月，則人種必可以日進。先生之議，以爲女子平日當受完全之教育，不待言矣。而又必定市廛鄉宅之地，使各有別，凡居室不許在城市工場廛阓之地，使其有清淑之氣，而政府又別置各種旅館於山水明秀之諸地，以爲士女行樂之所。其時人必樂居旅館不樂自置令其受生之始，已感天地清明之氣。及婦人之有身也，卽入公立之胎教院，其院尤必擇勝地，院內結構精雅，陶養性情之具無不備，有名醫以司理其飲食，調節其運動，有名師間日演說，以熏善其德性。他日胎教之學，日精一日，則人種自日進一日。又凡廢疾者，有腦病者，肺病者，又曾犯某某類之重罪者，若經名醫認其有遺傳惡種之患，則由公局飲以止產藥，無俾育茲稂莠，如是則種必日良矣。

（B）育嬰及幼稚教育　育嬰之事，必由公局，父母不得與聞。固由破家族之累，亦因養子之學，非人人盡能，不如專門名家之爲愈也。公家立育嬰院，與胎教院相連，孩童一生，卽移斯院，院內保母，皆專門此學，終身以之，兩三歲後，移於幼稚園，受幼稚教育。

（C）教育平等　欲使人類備大同之人格，則教育爲第一義矣。自六歲至二十歲，皆爲受教育之時期，無論何人，皆當一律。今各國惟小學年度，必須受學，著爲功令，其中學高等學以上，則任人自由，蓋子弟爲父母所有，其父母境遇不同，無能強也。若大同之制，則世界自教其後進，凡任公家教育之職者，皆有全權以主持之，必不可使有畸輕畸重，如是久之，則人類之智德，可以漸臻平等矣。凡自二十歲以前，一切舉動，皆受先輩所監督，分毫不許自由。

（D）職業普及　二十歲後，教育期已滿，則直屬於政府，爲公民，一切自由，其執何職業，政府雖不得干預之，然若有不得職業者，則謀爲位置，責在政府，政府當多所興作，使民得便，與民同樂，但其人非穉非老非廢疾，而不執業，坐食分利者，則政府罰之。

（E）勞作時刻減少　近世最大問題，勞作社會問題也。頻年以來，工價屢增，時刻屢減，實爲進化之一大現象。雖然，不過萌芽耳。物質學日進步，工藝機器，發明日多，則人類勞作之力，愈可節省，及大同時，必有每日只需操數刻之工，而所出物產，百倍於今日，所受薪金，十倍於今日者，除此數刻之外，則皆爲行樂之時，熙熙春臺，其樂只且。

（F）說教　每來復日必說教，一如今日之泰西，政府有教院，會通羣教，而擇一最良之德育方案。然各教會之設立，及各人之信何教，皆許自由也。

（G）衞生　凡公衆衞生之事，常以全力使之進步，民間築室，政府皆檢定之，其有病者，則入公立養病院。

（H）養病　公家立養病院，聚名醫焉，聚專門之看護婦焉，有病者經醫生認可，謂爲當入病院則入之，醫藥飲食，皆取給於公焉。養廢疾院，亦附屬於養病院，惟養鰥寡孤獨院則無之，大同之世，無鰥寡孤獨也。

（I）養老　公家必立養老院者，非徒若中國舊說敬老引年之意云爾，蓋基於社會報德之原理焉。人自二十一歲以後，卽出於社會，操種種之職業，爲公衆盡瘁，有助於進步者不少，既已劬劬數十年，則社會宜有以報之，故養老之典最重。公設此院，務極宏敞，起居飲食，務極精良，其中又分特別普通二者，特別院，凡有功德在民，曾受公賞者居之，當令天下第一娛樂之地，無出其右；普通院，則尋常老人居之，其體制亦較尋常居宅有加焉；其自有府第，不入公院者，亦聽。

（J）土地歸公　政府直轄之事業，如此其多，則其費浩繁，將何所出？勢固不可不仍取於民。然租稅重，名目繁，則民且滋不便，於是略仿井田之意，凡地球之土地，皆歸公有，民不得私名田。政府量其地能出之富力幾何，隨時定其率，約十而稅一，惟此一稅，他皆除之。

（K）公立事業　公府財源所出，除土地稅外，其次則多興公業，如大鐵路，大輪船公司，大礦務，種種大製造局，雖聽民間自設，然政府亦常募公債以自辦之，務使公業極多，百務畢舉。

（L）遺產處置　其次則各人遺產，例以一半歸公，其餘則聽本人處置，或贈知友，或贈公家。

（M）獎厲名實　大同之世，人爵不榮，雖然，有功德於民者，則社會宜表敬謝之意，以旌其美，且勸後人，是亦不可廢也。彼時獎厲之格，惟有兩途，一獎厲知識，一獎厲慈善，即不外智人仁人二位而已。有國（即一小政府）之智人仁人，有天下之大智人大仁人。凡能著新書，發明新理，制新器者，皆謂之智人。仁人之種類頗繁，如任政府而盡瘁有大功者，爲教師能感化多人者，醫生之名家者，及捐私財以行公善者，皆稱焉。又有普通之仁人，如育嬰院之保母，小學校之教師，在職若干年者，院長考其勞績，加徽號焉。養病院養老院之看護人，在職若千年者，由病人老人出具考語，加徽號焉。凡此等智人仁人，皆受社會特別之優待，政府常予以加等權利，以酬其勞，及其入養老院也，亦處於特別院。

又養老院養病院之看護人，除自願專門名家久於其職者外，凡男女二十歲卒業學校後，必須充當此役一年。如現世各國，凡國民皆須有當兵之義務。不過彼則殘殺事業，此則慈善事業耳。凡在此一年中，被老人病人加以劣考語者，則政府剝減其終身之權利。

附獎厲生育　大同之世，有一事甚可慮者，則婦人不願生子是也。人人獨立，生子無私利於己，而惟受其苦痛，誰則樂之？若爾則人道幾乎息矣。故不可不立特別之優獎以爲生子者勸，何也？生子者爲將來世界永續文明之大原，其功德固不淺，公衆酬其勞，不亦宜乎？

(N)刑罰　大同之世，幾刑措矣。雖然，人與人相處，固有未能盡免者焉，而大同世又有特別之律二條：一曰無業之罰，政府既多興事業以應人民之求，猶有無業者必惰也，不盡責任於社會也，故罰之宜也。二曰墮胎之罰是也，凡所用刑罰，惟有苦工，餘皆廢之。

(O)男女同權　今泰西女權雖漸昌，然去實際猶遠，即如參政權一事，各國之婦女有權投票者，不過美國及澳洲，間有一二州耳，餘皆無聞。自餘各事，無一能平等者，若東方更不必論矣。大同之世，最重人權，苟名爲人，權利斯等。

(P)符號畫一　自語言文字，乃至紀元、貨幣、律度、量衡，皆設法以漸畫一之，省人之腦力焉。

若合以上各端，設理想的大同政府，則其官制，大略如左：(見二六三頁表)

以上各條，略舉大概。至其條理之分目，及其每條所根據之理論，非數十萬言不能盡也。先生現未有成書，而吾自十年前，受其口說，近者又專馳心於國家主義，久不復記憶，故遺忘十而八九，此固不足以盡先生之理想。雖然，所述者，則皆先生之言，而毫不敢以近日所涉獵西籍，附會緣飾之，以失其

- 政府
  - 總政府
    - 立法院
      - 上議院（代表各國）
      - 下議院（代表全地球人民）
    - 行政院
      - 司法部（糾察各國不守法者及裁判國際）
      - 理財部（主總政府之財政）
      - 工部（郵政電報等總政府掌之大鐵路等巨工非一國所能任者亦屬焉）
      - 教部（總政府立最高之大學於各地）
  - 分政府
    - 立法院
      - 上議院（議員任終身選大智人大仁人充之）
      - 下議院（議員三年或四年一任民公舉之）
    - 行政院
      - 司法部
        - 婚姻裁判所
        - 財産裁判所
        - 刑罰裁判所
        - 行政裁判所
        - 高等法院
      - 教部
        - 教育事務局
        - 各種學校
      - 養民部
        - 胎教院
        - 育嬰院
        - 養病院
        - 養老院
        - 民業局（民無職業者則位置之）
      - 工商部
        - 工務局（礦務等附焉）
        - 商務局
        - 農務局
      - 理財部
        - 租税局
        - 公業局（政府生利事業屬焉）
        - 會計檢查局
      - 警察部
        - 警衛局
        - 衛生局

真也。此等理想，在今日之歐美，或不足爲奇，而吾獨怪乎先生未讀一西書，而冥心孤往，獨闢新境，其規模如此其宏遠，其理論如此其精密也，不得不叉手贊嘆曰，偉人哉，偉人哉！

（第三）　法界的理想

（丁）世間之法界　先生此種理想，既非因承中國古書，又非勦襲泰西今籍，然則亦有所憑藉乎？曰，有。何憑藉？曰，藉佛學。先生之於佛學也，純得力大乘，而以華嚴宗爲歸。華嚴奥義，在於法界究竟圓滿極樂，先生乃求其何者爲圓滿，何者爲極樂。以爲棄世界而尋法界，必不得爲圓滿，在世苦而出世樂，必不得爲極樂，故務於世間造法界焉。又以爲軀殼雖屬小事，如幻如泡，然爲靈魂所寄，故不度軀殼，則靈魂常爲所困，若使軀殼無缺憾，則解脱進步，事半功倍。於是原本佛説舍世界外無法界一語，以專肆力於造世界。先生常言，孔教者佛法之華嚴宗也。何以故？以其專言世界，不言法界，莊嚴世界，卽所以莊嚴法界也。佛言當令一切衆生皆成佛。夫衆生根器，既已不齊，而所處之境遇，所受之教育，又千差萬別，欲使之悉成佛難矣。先生以爲衆生固不易言，若其已受人身者，能使之處同等之境遇，受同等之教育，則其根器亦漸次平等，可以同時悉成佛道。此所以苦思力索，而冥造此大同之制也，若其實行，則世間與法界，豈其遠哉？

（戊）出世間之法界　前表所列諸苦惱，若大同制行，則悉消滅矣，而所餘者猶有一焉，曰死之苦是也。然則，專言世間法而不言出世法，亦不足爲圓滿。故先生之哲學，以靈魂爲歸宿，使人知身雖滅而有不滅者存。先生以爲佛法之必出家，固非得已，雖然，在當今之世界，而勸人出家，其義理之不完，有正多者。夫度人出家，爲使其人去苦而得樂也。然一人樂矣，而其一家之苦頓增，衆生平等，若此則何其偏毗乎？且佛法最重報恩，父母鞠之育之，罔極劬勞，一旦棄去，其何爲心，此所以世間法與出世法，常不相容也。若大同制行，則人人無家，不出自出，如是乃可言出世法，然先生以爲雖大同之後，猶當立律以制限之，非至四十歲以外者，不許離世務也。何也？以其曾受社會教養二十年，則有當爲社會做事二十年之義務以相償，報恩之義則然也。但人人既享世俗之樂，則又當知器世虛假，軀殼無常，勇猛精進，竿頭一步，盡破分別相，以入於所謂永生長樂之法界者，是則先生之志也。人智日進，真理日明，大同之後，有不期然而然者矣。

（第四）理想與現實之調和及其進步之次第

然則此理想與現世之實際，不悉相衝突乎？且將由何道以達之乎？先生以爲萬物並育而不相害，道並行而不相悖，春秋三世，可以同時並行，或此地據亂而彼地升平，或此事升平而彼事太平，義取漸進，更無衝突。凡法律務適宜於其地與其時，苟其適宜，必能使其人日以發達，愈發達，愈改良，遂至止於至善，故不可以大同之法爲是，小康之法爲非也；猶佛言大乘不廢小乘也。先生教學者常言：「思必出位，論語「君子思不出其位」。所以窮天地之變；行必素位，中庸「君子素其位而行」。所以應人事之常。」是故其思想恆窮於極大極遠，其行事恆踐乎極小極近，以是爲調和，以是爲次第。

第八章　康南海之中國政策

先生固以行大同救天下爲最終之目的，但以爲吾所最親者，中國也；今日衆生受苦最深者，中國也；人民居地球三之一者，中國也；於是乎內觀實踐，以救中國爲下手之第一段。戊戌夏秋之間，雖贊政三月，然百事掣肘，所志不能行萬一，今略述其所懷抱之政策如下：

（第一）中國倡民權者以先生爲首，知之者雖或多，而倡之者殆首先生。然其言實施政策，則注重君權，以爲中國積數千年之習慣，且民智未開，驟予以權，固自不易，況以君權積久，如許之勢力，苟得賢君相，因而用之，風行雷厲，以治百事，必有事半而功倍者。故先生之議，謂當以君主之法，行民權之意，若夫民主制度，則期期以爲不可，蓋獨有所見，非徒感今上之恩而已。

（第二）近年聯漢撲滿之議頗行，先生以爲驟生此界，是使中國分裂，而授外國以漁人之利也。苟使能去專制之秕政，進人民之公益，則漢人自居國民之大多數，兩利俱存，何必仇滿？

（第三）近世多有倡各省獨立之說，先生以爲中國自秦以來，數千年皆統一之歷史。蓋地理上人種上習慣上有不得不然者也，雖欲分之，必不可得分，徒取糜爛，且生外憂。

（第四）先生以爲欲維新中國，必以立憲法、改官制、定權限爲第一義。以今日之法，以今日之官，雖日下一上諭言維新，無益也。其所謂改官制者，條理甚繁，不能具述，所謂定權限者，定中央政府與地方自治之權限也。

（第五） 先生雖極非各省獨立，而最重地方自治。 以爲中國議會，萬不能速立，而地方議會，不可不早開。 因數千年來自治之習慣，其事甚順，且使民練習政務，爲將來參政之基也。

（第六） 先生以爲今日中國分省太大，宜縮小之，約以今一道爲一省， 置議會焉。 直隸爲中央政府，一道中各成一小政府之形。

（第七） 先生謂中國當以工商爲國是，以天産之富，工價之廉，而其人精於商務，若天授焉。 苟以政府之力獎厲之、扶助之、上下一心，同此目的，不十年而中國之雄甲天下。

（第八） 先生謂宜立教務部，以提倡孔教，非以此爲他教敵也，統一國民之精神，於是乎在。 今日未到智慧平等之世，則宗教萬不可缺，諸教雖各有所長，然按歷史，因民性，必當以孔教治中國。

（第九） 先生謂内治稍有端緒，當經營西北，移民實蒙古、新疆、西藏，闢其富源，一以紓東南人滿之憂，二以爲爭雄歐西之基。

（第十） 先生謂當留意殖民事業，今南洋一帶，華民居百分之九十九，但使能在其地得參政權，則我國民之發達，不可思議矣。 又以南美洲巴西各地，地廣人稀，頗欲招華工，政府宜以實力速行之、勸導之、保護之，將來可立新中國於西半球。

（第十一） 先生以爲今日中國無取多兵，何也？ 若能立憲法、改官制、行真維新， 則内亂必不生；無取兵也。 泰西各國，專務商業，咸願平和，苟外交無失，内治日興，誰則開釁，亦無取兵也。 故以養兵之費，興學勸工，爲得策矣。

（第十二）先生以爲維新十年或二十年後，民强國富，則可從事於兵。兵既成，號召英國美日以擯强俄，一戰而霸，則地球大同之幕開矣。

此其大概也，至如重教育、廣鐵路、興警察等事，雖其所常言，然人多知之，且或已行之，故不及焉。先生之政策，與余所見，有同者，有異者，故不置論其是非得失惟臚列之以供當世之評隲采擇云爾。

第九章　人物及其價值

康南海果如何之人物乎？吾以爲謂之政治家，不如謂之教育家；謂之實行者，不如謂之理想者。一言蔽之，則先生者，先時之人物也。如雞之鳴，先於羣動，如長庚之出，先於羣星，故人多不聞之不見之，且其性質亦有實不宜於現時者乎？以故動輒得咎，擧國皆敵，無他，出世太早而已。

大刀闊斧，開闢事業，此先生所最長也。其所爲之事，至今未有一成者，然常開人之所不敢開，每做一事，能爲後人生出許多事，無論爲原動力，爲反動力，要之使由靜而之動者，先生也。先生者，實最冒險最好動之人也。嘗有甲乙二人論戊戌維新事，「乙曰，康有爲亦尋常人耳，其所建白，吾皆能知之，能行之。甲曰，然則君何爲不爲？乙曰，難也。甲曰，知其難而爲之，此康有爲所以爲康有爲也。」可謂知言。

先生最富於自信力之人也，其所執主義，無論何人，不能搖動之，於學術亦然，於治事亦然，不肯遷就主義以徇事物，而每鎔取事物以佐其主義，常有六經皆我注脚，羣山皆其僕從之概。故短先生者，謂其武斷，謂其執拗，謂其專制，或非無因耶。然人有短長，而短卽在於長之中，長卽在於短之內，先生所以不畏疑難，剛健果決，以旋撼世界者，皆此自信力爲之也，蓋受用於佛學者深矣。

先生任事，不擇小大，常言事無小大，惟在比較。與大千世界諸星諸天比，何者非小？與血輪微蟲兎塵芥子比，何者非大？謂有小大者，妄生分別耳。故但遇一事，有觸動其不忍人之心者，卽注全力以爲之，雖費勞甚多，而結果甚少，不惜也。其半生常爲阻力所圍繞，蓋自好爲之也。

先生腦筋最敏，讀一書，過目成誦，論一事，片言而決。凡事物之達於其前者，立剖析之，釐然秩然，雖或有不悉當者，然皆爲自達其目的之助也。先生之達觀，真不可及也。素位而行，順受其正，是其生平所最服膺之語。又以爲我不入地獄，誰入地獄，救此衆生，故遇患難，遇窮困，皆謂爲我所應有，必如是乃盡吾責任也。雖日日憂國憂天下，然於身世之間，常泰然也。

先生爲進步主義之人，夫人而知之。雖然，彼又富於保守性質之人也，愛質最重，戀舊最切。故於古金石好之，古書籍好之，古器物好之，篤於故舊，厚於鄉情。其於中國思想界也，諄諄以保存國粹爲言。蓋先生之學，以歷史爲根柢，其外貌似急進派，其精神實漸進派也。吾知自今以往新學小生，必愈益笑先生爲守舊矣。雖然，苟如是，是中國之福也。

要之，世人無論如何詆先生、罪先生、敵先生，而先生固衆目之的也，現今之原動力也，將來之導師也。無論其他日所成就或更大與否，卽以今論，則於中國政治史，世界哲學史，必能占一極重要之位置，吾敢斷言也。雖然，此非先生之所期也。先生惟乘願而來，隨遇而行，率其不忍人之心，做一事算一事，盡一分算一分而已。顧吾中國不患無將來百千萬億之大政治家、大外交家、大哲學家、大教育家，而不可無前此一自信家、冒險家、理想家之康南海，吾安得不注萬斛之熱血，爲中國爲衆生表感謝也。海天萬里，先生自愛！

英國名相克林威爾，嘗呵某畫工曰，"Paint me as I am" 蓋惡畫師之諛己，而告以勿失吾眞相也，世傳爲美談。吾爲康南海傳，無他長，惟自信不至爲克林威爾所呵。凡起草四十八點鐘，傳成。孔子二千四百五十二年十一月九日，梁啓超記於日本橫濱山椒之飲冰室。